健康旅游的伦理抉择

张玉龙　著

中国海洋大学出版社
·青岛·

图书在版编目（CIP）数据

健康旅游的伦理抉择 / 张玉龙著. —青岛：中国海
洋大学出版社， 2022.12
ISBN 978-7-5670-3363-4

Ⅰ.①健…　Ⅱ.①张…　Ⅲ.①旅游保健－伦理
学－研究　Ⅳ.①F590-05

中国版本图书馆CIP数据核字（2022）第244561号

出版发行	中国海洋大学出版社		
社　　址	青岛市香港东路 23 号	邮政编码	266071
网　　址	http://pub.ouc.edu.cn		
出 版 人	刘文菁		
责任编辑	付绍瑜		
电　　话	0532-85902533		
电子信箱	184385208@qq.com		
印　　制	青岛国彩印刷股份有限公司		
版　　次	2022 年 12 月第 1 版		
印　　次	2022 年 12 月第 1 次印刷		
成品尺寸	170 mm × 230 mm		
印　　张	15.25		
字　　数	220 千		
印　　数	1—1000 册		
定　　价	49.00 元		
订购电话	0532-82032573（传真）		

发现印装质量问题，请致电 0532-58700166，由印刷厂负责调换。

目 录

序言

"身体是革命的本钱"，一个健康壮朗的体魄是行万里路的伊始，是做任何事的根基，正所谓生命有限、健康无价。

虽然中华保健史是滔滔不息五千年文明长河的一条重要支流，在古代便有《周易》《黄帝内经》《老子》等蕴含丰富养生原理的经典，有孔子"君子三戒"和苏轼"和、安"等养生观念，也有华佗的"五禽戏"和张三丰的"太极拳"等养生之法，但长期以来，囿于脆弱的封建小农经济扼喉，人们为求温饱而疲于奔走，瓮牖绳枢之户只有病到一定程度才敢求医问药，保健则更成了钟鸣鼎食之家的特权，甚至直到新中国成立后，很多国人对健康的认识仍停留在"病来，医病；看医生，保健康"的朴素层面。

随着经济社会的发展，人们认识水平在提高，生活质量在改善，医疗卫生事业和保健产业也在不断成长，之前少数人才可能享受到的"健康体检"，开始渐渐走入大众生活。而今，"为之于未有，治之于未乱""治未病"的理念已经深入大多数人的意识中，定期体检、没病保健也已成为城市居民常态化的生活方式。人们对健康的期待不断提高，开始渴望通过更多的手段来追求更为理想的健康状态。2020年初，新冠肺炎疫情席卷全球，给全球人民生命健康带来了前所未有的危机和挑战，时至今日，新冠肺炎病毒还在不断变异，不断给全世界人民带来恐慌，与此同时人们健康意识也因此有了明显的增强。长期从事健康旅游产业研究的北京中医药大学管理学院教授、世界中医药学会联合会国际健康旅游专业委员会副会长侯胜田认为："疫情结束之后，与健康相关的消费领域大概率会有一个明显性增长，尤其是健康旅游这个领域，这么多人长时期禁足家中，会有精神压抑、心理和生理上不适，他们一定渴望到处走走，而健康旅游就是以实现身体健康为目的，愉悦心情、休闲放松的一种方式。"

大妈大爷们伴随着轻快的音乐跳跳广场舞，三五成群的年轻人跋山涉水、户外远足、在家进行"囚徒式"锻炼等等，越来越多的男女老幼加入了运动保健的大军。即便是那些因为案牍劳形或者其他因素的桎梏无法锻炼的人们，也要抽空去做做SPA、足疗、针灸、刮痧等等。可以说，人们寻求健康的方式已然迎来了一轮快速的迭代升级。

研究证明，短期来看，旅游比健身锻炼更能有效促进人体的健康长寿，有益于人们身心愉悦。旅游逐渐在这场重新认识健康的变革中被逐步纳入追求健康的选项里，它开始被直接赋予更多的健康色彩，体检、医治、康养、保健、美容等相关健康消费与传统的旅游相结合，健康旅游的新型旅游业态应运而生。

健康旅游的产生是有其必然性的。首先，健康观念的革新带动人们生活态度和生活方式的转变，人们不再满足于亚健康的生活状态，渴望通过更多非传统医疗的手段来实现健康水平的提升。而融合康复、保健元素的健康旅游可以使人们在享受美景、愉悦心灵的同时收获健康状况的实质性改善，这就使其成为人们追求更理想健康状态的一个自然选择。其次，我国社会的主要矛盾已经变成了人民日益增长的美好生活需要和不平衡不充分的发展之间的矛盾，整个社会的发展必然要紧紧围绕匹配人民生活需要这个目标展开，而健康作为人们的最基本需求，也就势必需要优先保证。健康旅游的核心是帮助人们获得更好的健康状态，它完全契合了目前中国社会的发展主题，顺应了社会的发展方向，也就天然具备充足的发展动力。再次，旅游行业的可持续发展离不开与消费者理念与诉求的动态匹配，当人们的旅游观念不再仅仅局限于观赏的层面时，旅游行业就需要寻求新的突破点。随着健康成为人们消费的重要考察要素，健康旅游这一围绕于健康、致力于健康的新型旅游模式也就成了旅游行业谋取新发展的必然选择。另外，自然旅游资源的丰富、人们经济条件的充足、医疗行业的发展与渗透以及社会老龄化等问题等也为健康旅游的产生与发展提供了契机。如此来看，健康旅游的发展时机的确是逐步成熟了。

在如此内部动力和外部条件的共同作用下，国内的健康旅游逐步发展起来。国内健康旅游起步较晚，真正意义上的兴起仅有10年左右。2001年，国家旅游局公布了"中国体育健身游"相关方案并将其确定为旅游主题，由此标志着健康旅游作为独立的旅游业态，开始进入市场。受2003年"非典"和2004年"禽流感"的影响，北京、浙江、湖南各地纷纷试水健康旅游，市场反应良好，健康旅游的概念逐步被公众了解并接受。2009年，国务院发布《关于加快发展旅游业的意见》，提出将在全社会大力倡导"健康旅游、文明旅游、绿色旅游"。2012年，国家旅游局推出"欢乐健康游"的旅游宣传主题。2014年，国家旅游局和国家中医药管理局签署合作协议，推进中医药旅游的发展。2015年，李克强总理在"两会"上第一次把"健康中国"写入政府报告，习近平总书记在十八届三中全会上第一次把"健康中国"写入党的文件报告。2016年，中共中央、国务院印发了《"健康中国2030"规划纲要》，明确"共建共享，全民健康"的战略主题，推动"健康"主题上升至国家战略层面。2017年，国务院印发的《关于促进健康旅游发展的指导意见》提出，到2020年，建设一批各具特色的健康旅游基地，形成一批健康旅游特色品牌，推广一批适应不同区域特点的健康旅游发展模式和典型经验，打造一批国际健康旅游目的地；到2030年，基本建立比较完善的健康旅游服务体系，吸引更多的境内外游客将我国作为健康旅游目的地。

现阶段，国内健康旅游的发展呈现出这样几个趋势：

一是规模化。目前，世界上已经有超过100个国家和地区开展了健康旅游，近5年，全球健康旅游增长率为9.9%，已经成为旅游行业中增长速度最快的产业。未来几年，全球健康旅游的市场规模将进一步扩大。在这股席卷全球的健康旅游热潮中，中国市场同样发展迅猛。《大健康十大投资热点市场规模预测》显示，2016年我国大健康产业规模近3万亿元，居全球第一位，而健康旅游作为大健康产业的重要组成部分，在旅游业受新冠肺炎疫情影响巨大的情况下，其发展潜力同样可观。

二是产业化。我国健康旅游市场还处于初级的发展阶段，尚未形成完整的产业链。但从供给端来看，我国旅游资源丰富，医疗技术水平较高且具有中医药等特色鲜明的医疗资源，同时医疗费用水平相对较低。同时，随着亚健康现象的日益普遍和人口老龄化问题日益突出，人们对于健康管理的投入还将不断增加，对健康旅游的需求将进一步扩大。在消费需求的拉动下，市场投入也将进一步增加，尤其是2017年后，健康旅游市场已经开始出现大额融资，资本呈现出了往龙头企业集中的趋势，这意味着我国健康旅游的商业模式将逐步清晰，完备的健康旅游产业链将形成。可以预见，我国健康旅游的服务质量在未来几年将迎来一轮大的升级，服务模式将向着涵盖人体身、心、德、灵全健康要素发展，服务形式逐渐融合医疗、养生保健、休闲放松、心理疏导以及文化艺术等多个元素，向着系统化、优质化和可持续化的方向发展。

三是多元化。在目前客户多元化、求新氛围浓厚、变迁频率大的背景下，一个成功的行业必须提供差异化的服务和差异化的产品，才可以保持自身成长的活力。而健康旅游作为一种新兴的旅游方式，更需要通过贴合消费者诉求来提升产品的多元性，以不断增强自身的吸引力。目前，我国的健康旅游市场已经推出了一系列差异化产品，如为老年群体"银发族"推出的"体检游"和"疗养游"、针对年轻群体推出的"健身游"、为女性群体设计的"美容游"，这些健康旅游产品都充分结合了不同群体的不同健康诉求。未来，健康旅游产品的多元化还将进一步深化，旅游内容将更具针对性，更注重实效性，并向着更高层次的人性化、个性化、定制化的方向发展。

四是特色化。充分挖掘自身的优势、特色资源是健康旅游产业发展壮大的源泉。中华医药保健史源远流长，体现了中华民族对生命、健康和疾病的认识，为中华民族健康延续至今做出了巨大贡献。实际上，独成体系的中医药对国内外潜在游客具有较大的吸引力。但是在许多游客的心中，作为国粹的中医药依然"犹抱琵琶半遮面"，这会使一部分人作壁上观、徘徊犹豫，从而影响了市场。因此，中医药要想走入国民的日常生活进而成为时尚，必须要有一个大众科普的过程，而将中医药文化融入健康旅游就是改变这种现状的一个理想突破点。事实上，国内的健康旅游市场已经兴起了一股中医药热潮，多地的健康旅游产品都将中医药作为重要卖点，如湖北黄冈"李时珍蕲艾文化游"、黑龙江"龙江医派主题游"、云南"滇派温泉游"。2016年，国务院印发的《中医药发展战略规划纲要（2016—2030年）》，提出要大力发展中医养生保健服务，推动中医药健康服务与旅游产业有机融合。2018年，国家旅游局和国家中医药管理局联合发布《关于国家中医药健康旅游示范基地创建单位名单公示》，确定第一批共73家国家中医药健康旅游示范基地创建单位。可见，下一步中医药与健康旅游的融合范围和质量将进一步扩展和升级，中医药文化将越来越成为中国健康旅游独树一帜的品牌。

当旅游遇见健康生活，一段更悠闲、更舒适、更健康的全新时尚体验之旅开始了。但这不是克莱德曼的《午后的旅行》，并不能只是漫无目的地悠闲婉转，在开始旅程之前，我们还必须要知道如何规范市场、如何及时解决阻碍市场良性发展的问题、如何增强发展的可持续性。这就亟需政策的制定者、行业的从业者和相关领域的学者在热潮中保持冷思考。本书的研究正是基于厘清理论思路、探明实践方向、突破发展瓶颈的现实需要，从健康旅游伦理的角度展开批判性的研究。

本书第一部分为引言，主要对研究背景、意义、研究现状和本书的思路等基本情况作了阐释；第二部分为正文第一章，健康旅游一般概述，主要对健康旅游的含义和内容、主体、客体及意义进行了阐述；第三部分为正文第二章，健康旅游中存在的伦理问题，主要对健康旅游中旅游者、旅游开发经营者和旅游地居民存在的伦理问题进行了研究；第四部分为正文第三章，健康旅游中伦理问题的成因，主要就义利关系不平衡下的健康旅游开发、业内追求与生态维护张力下的健康旅游发展、旅游者自身认知实践差距下的健康旅游参与及旅游地居民价值标准差异下的健康旅游资源保护等方面进行了详细分析；第五部分为正文第四章，健康旅游应遵循的伦理原则和行为规范，主要介绍了健康旅游的伦理原则和行为规范；第六部分为正文第五章，从政府角度提出了构建健康旅游伦理秩序的路径。

总体来看，此项研究不仅在旅游与伦理的跨学科研究方向上做了有益探索，填补了国内健康旅游伦理研究的空白，拓宽了健康旅游理论的研究范围，更深刻地分析了现阶段我国健康旅游市场所暴露的伦理问题，挖掘了相关不道德行为的根源。在此基础上，作者以问题为导向，紧密结合我国市场实际，构建出了健康旅游的伦理体系。这套体系不仅为健康旅游市场的管理及行业规章的制定提供了科学依据，避免了道德乱象的恶化，推动我国健康旅游行业的规范化发展，更为健康旅游产业的可持续发展提供了有力保障，助推发展质量和服务水平的提升，使我国的健康旅游产品更具竞争力。

当前，我国健康旅游的发展正处于快速发展的关键节点，能否把握时机沿着正确方向前进，关系到健康旅游行业的未来。庆幸的是，国家层面已经逐步深入对健康旅游市场的管理与引导，相关企业也在借助互联网、区块链等渠道与技术谋取服务质量的提升，更多的专业性人才开始涌入健康旅游行业，更多的专家学者开始投入到更加深刻、更具意义的研究中。如此一来，有了国家的推动支持与国民的广泛参与，有了科技的助力支撑与文化的融合渗透，健康旅游的大发展也就指日可待了。

引言

　　追求健康是21世纪人类的主题，党的十八届五中全会提出推进"健康中国"建设，健康旅游主动拓展了旅游方式，丰富了旅游的内涵，符合时代发展潮流。自从20世纪80年代早期出现健康旅游的概念，目前全球已有100多个国家和地区开展了健康养生旅游，产业规模已超7500亿美元。由于新冠肺炎疫情的蔓延严重影响了居民生活，也将影响健康旅游的发展水平，跨国跨境健康旅游业务必将受到冲击。但同时，新冠肺炎疫情的全球大流行也使人民群众对健康的重视程度日益增强，中国健康旅游产业正迎来前所未有的发展机遇，人民对美好生活的向往极大激发了健康旅游新需求。

　　我国是旅游资源大国，拥有以中医药为特色的极为丰富的健康医疗资源，当前面临着加快推进旅游产业转型升级的问题，发展以康复疗养为主要内涵的健康旅游新型产业，将成为未来旅游产业发展的一个重要趋势。探讨和研究健康旅游的理论和实践问题，迫切而必要。

一、研究背景

（一）健康旅游产业概览

　　旅游对经济社会发展的综合贡献日益显化。新冠肺炎疫情出现之前，世界旅游业持续发展，根据世界旅行与旅游理事会（WTTC）发布的《2019旅行与旅游全球经济影响报告》，2018年旅游业增加值相当于全球GDP的10.4%，提供了3.19亿份工作岗位，占全球工作岗位的10%，同时2018年世界旅游联盟（WTA）发布的《世界旅游发展报告2018——旅游促进减贫的全球进程与时代诉求》也指出，旅游业在贫困地区经济社会发展体系中的作用已经从辅助角色发展为关键推动力量。据世界旅游经济趋势报告中的数据，2019年全球游客总数达到123亿人次，全球旅游总收入（包括国内旅游收入和入境旅游收入）为5.8万亿美元，相当于全球GDP的6.7%。2020年受到新冠肺炎疫情的影响，国际游客数量比上一年下降74%。随着新冠肺炎疫情的缓和，全球各地有出游意愿的人数大大增加。根据世界旅游城市联合会和中国社会科学院旅游研究中心联合发布的《世界旅游经济趋势报告（2022）》，在基准情境下，预计2022年全球旅游总人次达到84.5亿人次，同比增长27.9%，恢复到疫情前（2019年）水平的68.8%；全球旅游总收入达到4.0万亿美元，同比增长21.2%，恢复到疫情前（2019年）水平的67.8%。

1999年的"国庆黄金周"开始，我国就不可逆转地进入国民的、大众的、现代的旅游经济发展新轨道。2009年，国务院发布《关于加快旅游业发展的意见》，提出要把旅游业培育成"国民经济的战略性支柱产业和人民群众更加满意的现代服务业"。2010年，国民人均出游率达到2次，旅游成为中产阶层的常态化消费。2015年，人均出游率超过3次，达到发达国家国民旅游权利普及的门槛水平，旅游开始进入老百姓的日常生活。2016年，李克强总理在《政府工作报告》提出"迎接一个大众旅游的新时代"。2017年，我国已形成国内和出境游合计51.3亿人次，5.40万亿元总收入的空前市场规模，人均出游率近3.7次，中国旅游业综合贡献8.77万亿元，对国民经济贡献达11.04%，对社会综合贡献达10.28%，"全域旅游"成为党的十八大以来100个热词之一。"世界那么大，我想去看看。"对大家而言，来一场说走就走的旅行已成为现实——大众旅游时代已经到来。这个时代，年轻人出行成为刚性需求，但是他们个性突出，主导散客化、去中心化、"小确幸"的生活方式，于是包括这个群体在内的很多游客其旅行动机、出游组织方式、在景区的消费模式、消费兴趣和内容发生了巨大的变化，很多都是革命性的根本变化。"去看看"不单单是看大千世界、风花雪月、美丽风景，更要有高雅的内涵、益于身心的品质生活。受疫情影响，2020年旅游行业受到重大挫折，但旅游消费习惯早已形成，疫情缓和后旅游业展现出强大的韧性，旅游消费需求迅速恢复。作为现代服务业的重要组成部分，"后疫情时代"旅游业将在促进消费、稳定居民就业和恢复经济增长等方面将发挥更大作用。

　　旅游的健康属性被不断深入挖掘。2500年前，古希腊的名医希波克拉底就指出，阳光、空气、水和运动，是生命和健康的源泉。按照这一逻辑，旅游是达到健康状态的途径之一，康养旅游将健康和旅游结合在一起，从产业发展角度来看具有巨大的市场空间与发展潜力。作为一种新兴的旅游形式，健康旅游出现后发展迅速，医疗机构与旅游企业合作不断加强，医疗服务和旅游服务得以统筹推进，各领域拓展服务空间，延伸产业链，为人们提供体检、健康管理、医疗服务等多方面完整的健康服务。1973年，国际官方旅游组织联盟（IUOTO，世界旅游组织（WTO）的前身）以"将国家自然资源，特别是矿泉和气候资源开发为健康旅游产品"作为健康旅游的定义，标志着一种重要的经济、生态和社会性综合活动被广泛认可。同时，随着对健康旅游产业的不断完善，越来越多的专家学者对其的认识和理解不断加深，健康旅游的研究范围随之不断扩大。经过近30年的探索，健康旅游的概念和内涵、产品形态、消费动机、市场营销以及最佳健康旅游实践都得到了长足的发展。健康旅游成为旅游行业中增长最快的行业，专业医疗领域的增长速度最快，因为旅游者想要追求低费用，降低等待时间。根据健康旅游权威机构Patients Beyond Borders 和世界卫生组织的研究估算，2022年旅游产业将占世界GDP的11%，健康产业将占世界GDP的12%，2030年健康旅游将实现约3000亿美元的市场规模。作为世界两大支柱性产业融合的产物，健康旅游发展前景将会非常广阔。全球健康研究所（GWI）曾发布数据称，2017年全球健康旅游市场规模为6390亿美元，增长了10%，预计2022年将达到9190亿美元，年均增长率7.5%，高于全球整体旅游业6.4%的增长率。虽然这是疫情之前所做的预测，而今旅游业仍在艰难复苏面临变数，但也许新冠肺炎疫情让人们更加关注自身健康，将进一步扩大未来健康旅游的市场潜力。

健康产业的蓬勃发展，离不开规范的行业发展规划和有效的促进措施与政策。20世纪以来，许多国家政府相继出台了一系列政策措施来鼓励和促进国内健康旅游业的发展。在中国，2001年，"健康旅游"一词伴随着国家旅游局推出的"中国体育健身"主题旅游年出现了。《中国旅游业"十二五"发展规划纲要》中明确提出，"鼓励自驾车旅游、红色旅游、健康旅游、文化旅游等专项旅游市场发展"。2013年《国务院关于促进健康服务业发展的若干意见》也指出，"发展健康文化和旅游。支持健康知识传播机构发展，培育健康文化产业。鼓励有条件的地区面向国际国内市场，整合当地优势医疗资源、中医药等特色养生保健资源、绿色生态旅游资源，发展养生、体育和医疗健康旅游。"国务院的上述意见颁布后，各地落实和鼓励措施也不断颁布，市场反应强烈，健康旅游在我国呈现出遍地开花之势，开始步入快速发展时期。例如，2013年，国务院下发《国务院关于同意设立海南博鳌乐城国际医疗旅游先行区的批复》，在医药卫生、土地、投融资及对外开放等方面推出9项优惠政策，海南省依据批复，制定下发了《海南博鳌乐城国际医疗旅游先行区医疗产业发展规划纲要（2015—2024年）》，提出"依托当地生态环境资源，突出特色，聚焦高端，走医疗机构集群化、医疗产业规模化的发展路子，形成先行区良好的集聚规模效益，支撑国际旅游岛医疗旅游产业发展。"2014年11月1日，广西壮族自治区召开巴马长寿养生国际旅游区发展座谈会。座谈会上，巴马长寿养生国际旅游区十县（区）人民政府发布《巴马宣言》，联合10个县区共同推进以长寿养生为主体功能的国际旅游目的地建设。近年来，随着丝绸之路经济带核心区医疗服务中心的建设，有越来越多的外籍患者前来新疆就诊，这为新疆发展医疗旅游业奠定了基础。2013年，新疆医科大学第一附属医院与新疆旅游局签署了《关于建立独联体游客在新疆开展医疗旅游活动的联系制度》，达成多项合作协议，共同开发医疗旅游资源，以吸引更多的中亚国家游客，新疆旅游协会也以此致力于把新疆打造成辐射中亚的一流医疗旅游目的地。总体来看，国内很多地区已经率先推出了健康旅游产品，并初步形成了产学研一体化的发展模式。北方的北京、河南，南方的广东、福建、广西、贵州、四川等地都提出长寿养生、健康旅游及其促进健康旅游和相关产业发展的新思路，并逐步形成了健康旅游产业体系。健康旅游集合了旅游业与医疗健康业的优质特性，代表着旅游业未来的发展方向，作为我国"十四五"时期重点发展的战略产业，其快速发展已经成为不可阻挡的趋势。党中央、国务院在2016年10月印发《"健康中国2030"规划纲要》作为今后15年推进健康中国建设的行动纲领，其中提出要积极促进健康与旅游产业相融合，推进健康旅游产业快速发展。国家卫计委、发改委、财政部、旅游局、中医药局等五部门在2017年印发了《关于促进健康旅游发展的指导意见》，意见中指出健康旅游是健康服务和旅游融合发展的新业态，其发展对于扩内需、稳增长、促就业、惠民生、保健康和提升我国的国际竞争力意义巨大。作为新旧动能转换综合试验区，2018年，山东省印发了《山东省医养健康产业发展规划（2018—2022年）》，将医养健康产业作为"十强"产业的五大新兴产业之一，要求依托市场新需求、培育发展新动能、赢得未来竞争新优势，努力打造成万亿级体量、全国一流乃至世界有影响的产业集群。

从市场角度看，健康旅游的内涵和外延与中国的养生思想一脉相承。我国传统养生文化起源于原始氏族社会，从已经出土的甲骨文考证可以得出结论，殷商时期人民对养生非常重视，比如在生病、分娩时要祈祷祖宗神灵佑助，对吉凶祸福与健康状况进行卜问，频繁举行各类祭祀活动以清除不祥保卫安康。养生，古称"摄生""道生""卫生"等，是通过各种方法和一定程序使人体的生命状态得到休养生息、滋补调理，获得最佳生命质量和功能状态，增强体质、防病祛疾以达到延年益寿、尽终天年的理论和方法。有资料表明，我国历史上的旅游养生以《黄帝内经》理论为指导，根据《易经》阴阳、五行原理，将旅游分为动游、静游、怒游、思游、悲游、险游六类。

　　健康是人类的基本权利和幸福的源泉，人类对健康的追求是充分享受物质文明和精神文明成果的最高追求。随着经济社会和文化的发展，健康的内涵和外延不断深化和拓展，人民对健康的需求在不同层面上不断提高，具体到消费领域就刺激了健康产业的快速发展，也促进了健康服务与旅游的深度融合。可以说，健康旅游适应了人民对更高品质健康生活的追求，这种旅游形式对人们生理和心理的康复效益越来越被广大的旅游消费者认可，必将成为旅游业未来发展的潮流。如今人们生活节奏日趋紧张、工作压力加大、营养不均衡、劳动运动量缩减，加之生活和工作环境拥挤、污染物的大量排放等，社会快速转型发展过程中出现的国民健康问题十分严峻，现在大部分国人已从满足于温饱提高到追求小康，在健康层面的需求越来越旺盛。大家需要适合的环境和生态，去调整灰色水泥钢筋下的压抑，去缓解工作生活压力带来的紧张，迫切需要培养新的休闲健康生活方式，达到提高自身素质、改善自身身体状况的目的。这些貌似是个人问题，但实际上也是为在社会、组织和家庭中担负起更多的责任与义务奠定基础。所以，健康旅游顺应了小康需求，必将成为提高国民大众健康水平的重要途径。同时，人口老龄化已经成为我国目前一个极为严峻的社会问题，"世界上老年人口最多的国家""人口老龄化发展速度最快的国家之一"成为我国的新标签。作为全球老龄产业市场潜力最大的国家之一，中国的养老行业必然引起全社会的广泛关注。随着越来越多传统居家老年人养老观念的转变，旅游逐渐成为丰富"银发族"生活的重要方式之一，旅居养老已经成为健康旅游时代背景下一座有待挖掘的"金矿"。

　　在新冠肺炎疫情的冲击下，人们的消费和健康理念发生转变，对产品及服务的品质化要求越来越高，使得整个旅游行业的发展方向发生变化。一方面，旅游消费者更加重视自身的生命安全和健康，为健康旅游行业的发展奠定了基础；另一方面，消费者在健康生活上需求的转变将促使行业发展向集医疗、养生、休闲、旅游于一体的大健康方向转型。在以国内大循环为主体，国内国际双循环相互促进的发展格局和时代背景下，健康旅游可以成为绿色经济增长的引擎之一。

（二）健康旅游产业面临复杂的伦理问题

2013年，在Brent Lovelock与Kirsten Lovelock①合著的*The Ethics of Tourism—Critical and Applied Perspectives*一书中有这样一个案例。

医疗旅游引发了各种各样的伦理问题，这些问题集中在资格认证、护理质量（以及康复护理）、某些"特殊"医疗程序的正确性，例如移植旅游（通常不在病人自己的国家进行）以及回国的医疗游客可能携带的传染病及流行病所带来的生物安全风险等方面。内在的不平等也造成了多个伦理问题，对新的实验性操作来说尤其如此，各种各样不寻常的操作都受到了"市场逻辑"的驱使，监管也十分薄弱。

医疗旅游对目的地国家人民医疗的影响是一个时常提及的伦理问题。医疗旅游将病人带出国境，他们离开了之前感到舒服且熟悉的医患关系，来到一个在文化、气候及语言上都陌生的地方。主要的目的地国家有墨西哥，以及亚洲"四大国"：新加坡、泰国、马来西亚以及印度。几十年来，印度这类国家的医疗系统在西方被认作是不足的，设备、操作及医疗人士都是不足的。出发国的专业医疗团体一直在发出警告，因为他们可能需要对那些失败的操作以及并发症做出补救治疗。然而，那些记录了医疗事故的专业团体却有着明显的利益。真实的成功率和失败率是无法计算的：没有办法对它们进行记录，也没人指导如何计算成功率，尤其是在整形手术等领域，这些领域的失败和不满意的情况可能更多。

那些想要成为医疗旅游目的地的国家和医院需要投入足够多的资源来发展医疗体系，使其满足来自发达国家游客的需求，并且在出发国家宣传这些服务。这些投资大幅度提升了一些重点医院的医疗水平，最明显的就是曼谷康民医院——它可能是最大的医疗游客目的地。这些为医疗旅游服务的大医

① Lovelock, B. & Lovelock, K. *The Ethics of Tourism Critical and Applied Perspectives* ［M］. London & New York: Routledge, 2013.

院都拥有十分好的设备，以至于被称为"旅馆式私人医院"。对这种医院以及相关基础设施（例如交通、排水设备、水电供应）的投资通常集中在大多数医疗旅游设施所在的首都城市，而且因为开销是有限的，可能还使用了对农村及其他地区的投资。这就是为什么在大多数国家里最需要医疗的地方所获得的医疗服务就最少。

发展中国家（包括主要的医疗旅游目的地国家）医疗体系的不平等是众所周知的，而且在长期对城市有偏爱而偏远地区设施落后的情况下，这种不平等通常会越来越严重。私人化、医疗支出预算不足以及医疗旅游都加速了这种集中化。

通常所宣传的医疗旅游的样子与某些国家大部分医疗现状之间有着相当大的差距。这种差距在印度尤其明显，医疗旅游和连锁医院的出现都象征着公共医疗领域和越来越大的私人医疗领域之间的鸿沟。印度的公共医疗领域及卫生系统同医疗旅游是相分离的，它们都属于国家政治经济的一部分。私人医疗领域的扩大牺牲的是公共医疗领域，而在公共医疗领域中病人支付能力十分有限。印度医疗旅游增长下的大环境是：尽管国民经济快速发展，但仍约有40%的印度人口生活在贫困中，能够获得的基本医疗很少，这就是母婴死亡率很高的原因。

私人医疗领域的快速发展使得医疗工作者向城市的私人医疗领域转移，因为那里的工资和工作环境都更优越。有时包含了从农村地区向外部的转移，这就解释了获取医疗方面的区域不均衡问题。正如泰国健康基金会秘书长所说的："过去我们有人才流失的问题，医生想去国外工作挣更多的钱。现在他们不需要离开国家了，换作我们社会的一部分经历人才流失问题了。"5年之后，泰国健康基金会秘书长把医疗旅游视为"造成医生、高级专家以及其他医疗人士流失到私立医院的催化剂"。

许多医疗旅游目的地国家，尤其是印度，都存在医生（以及其他医疗专业人士）短缺问题。在印度，每1万人配有4名医生，在美国，这一数字为27，而全球医疗人士的加速转移意味着这一数字差异将会继续增大。泰国许多地方都存在医生严重短缺问题，随着持续的医生转移出现了"内部人才流失"。讽刺的是，医疗旅游一部分是为了解决发达国家等候时间过长问题，因此这种需求和长时间的等待被转移到了低收入或中等收入国家。医疗游客离开条件更好的祖国意味着医疗旅游的人员流动是反常的，因为它与国家的整体医疗能力高低相违背。

尽管这种医疗旅游有相当大的问题，但大多数有关医疗旅游所产生的社会经济影响的文献所基于的都是一些假设，很少触及如此宽泛的问题。一部分原因可能是医疗旅游所带来的问题是很难轻易找到答案的。然而在一些地方已经产生了"双重医疗体系"：心脏病、眼科、整容手术的专业化为外国以及有钱的国内病人服务，而大多数当地人缺少例如卫生、净水、定期除虫等的基本服务。这就是印度的典型情况，在泰国、马来西亚以及其他地方情况可能会稍微好一点，但是专业医疗人士从农村及公共医疗领域向私人医疗领域转移这一现象加重了上述情况。医疗旅游因此被描述成"精英的私人领域……与被围困的国家医疗系统密不可分"以及"精英的反面补贴"。在南非，医疗旅游同样深化了"医疗的种族化不平等问题"。

市场机制在医疗保健中作用越来越大。随着私人化以及愈演愈烈的全球市场竞争，医疗保健越来越全球化而不是区域化，越来越多被用以交易而不再被视作一种权利。通过医疗旅游将医疗进行外包表明了就算是看起来最定位专一的活动也是可以移动的。国家促进国内医疗发展的政策与全球通过促进国家之间流动性来增加收入的策略之间的紧张局势引发了新的伦理问题。所有形式的医疗旅游都提出了医疗工作者的使用、财政资源的分配以及医疗分配的问题。

上述案例体现了健康旅游面临的复杂的伦理问题，厘清健康旅游产业中的伦理问题对于健康旅游的发展至关重要。同时，正如上文提到的，我国健康旅游产业起步晚，发展处于起步阶段，不足和不完善的地方较多。比如，健康旅游的旅游地分布呈现零星状态，旅游设施不足，从业人员健康旅游专业性知识欠缺，针对健康旅游行业的系统的法规及标准不统一，等等。现实市场经济条件下，因为经济利益的驱动，健康旅游资源破坏比较严重，健康资源开发不仅是一个科学理论问题，更是一个伦理实践问题。改革开放的前三十年是中国旅游"长身体"阶段，也是健康旅游萌芽阶段，发展旅游的初衷是赚取外汇，因此"重规模、重速度、重效益"是必然的。现阶段我国已经进入经济发展新时期，旅游业的经济性依旧很突出，但已经不是唯一看重的属性，在此阶段的旅游发展必须讲秩序、讲品质、讲社会和谐，从"三重"到"三讲"的转变过程中，旅游伦理的研究愈发突显出来。

综上所述，经济社会发展、政府需求、产业自身发展等各个方面都需要加大健康旅游研究领域的科研投入，突出加强对健康旅游基础理论的阐释，不断升级健康旅游相关机构的科研平台建设，着力促进产业与科研相结合，致力于自主创新能力的突破和提升，为我国健康旅游产业的科学发展提供持续动力。正是基于以上事实，笔者以"健康旅游的伦理抉择"为题，试图通过考察与健康旅游相关的不道德行为的表现及其危害，深入挖掘不道德行为产生的根源，努力探索构建健康旅游合理伦理秩序的有效途径。

二、选题意义

从实践的层面来看，本课题研究是旅游全球化、大众化、升级化带来的现实需要。粗放式的旅游发展和粗暴的旅游行为破坏古老文化、影响环境、庸俗化社区，负面作用是显而易见的。健康旅游作为新兴的旅游产业行为，因其与人体、生命、康健等更加紧密的关系，与道德、伦理的交叉显然不可避免。在经济全球化趋势不断加剧的前提下，回答好健康旅游中"能不能走""该不该走"的问题显得更加重要，伴随着中国改革开放的持续推进，中国融入国际社会的进程明显加快，同时中西医结（融）合的步伐也明显加快，明确健康旅游的伦理界限变得更加紧迫和重要。

在健康旅游中，既有表现消费者个体的旅游体验和权利共性的一面，又有体现消费者个体与大自然、人类社会相协调、相融合特色的一面，这一旅游形式旨在提升个体生存质量，从而成为促进经济发展、生态文明的重要手段。在这样的经营和消费过程中，人与地（环境）的关系、人与人的关系必然充满了张力，必然需要关于健康旅游的全面研究，以期解答中国健康旅游业发展过程中遇到的结构性问题。因此，无论是从目前我国健康旅游业发展面临的瓶颈来看，还是从全球理论研究强调本土化的趋向上来看，开展健康旅游伦理研究是非常必要并且是非常急迫的。

从理论层面来看，健康旅游的伦理抉择研究的意义突出表现在两点。

一是大力促进健康旅游业的科学发展。一般来讲，旅游者、旅游从业人员、旅游利益相关者构成现代旅游活动的利益主体，这三者之间的利益诉求是错综复杂的。而在健康旅游活动中，需要处理的复杂关系就又深了一个层次，包含人与自然、健康与疾病、生命与生活等等。在普通旅游活动中，调整利害关系主要通过政治、经济及法律手段来实现，而在健康旅游中，特别要重视旅游伦理的调节功能，尤其是必须重视旅游伦理的价值导向作用。因此，我们有必要构建一个合理完善的健康旅游伦理指导体系，并且要充分发挥其调节功能，这既是一种在健康旅游活动中进行社会调控的重要方式，也是一种促使个人完善自我的精神力量，还是健康旅游业的可持续发展的基本保障。

二是拓展旅游学科关涉范围，开阔伦理学研究新视域。目前，大多数学者从经济学、管理学或者人类学、社会学角度研究旅游行为，从伦理学角度进行深度探索的学者数量较少，成果及影响力都相对处于弱势，健康旅游伦理研究更是少见。健康旅游作为现代人的一种生活方式，其科学发展对于人生的积极意义是不容低估的。而一种能够对健康旅游发展起到规范引导作用的旅游伦理学的建构归根结底就是在帮助人们搭建生活的意义世界，寻求更健康、更合理、更美好的生活方式，因而本书的选题实际上是在现代人的一种生活方式的基础上对伦理学使命的再次叩问。

三、国内外相关研究现状

旅游伦理研究是随着旅游政策和法规的完善逐步走进理论研究和实践者视野的，旅游作为新兴产业，对于资源的合理开发利用尤为敏感，引导游客的价值取向占据重要位置，刚性的政策和法规在价值观念的塑造上往往无法在短期内取得明显效果，更多的是通过道德约束。第二次世界大战结束后，世界局势稳定，人民的生活水平改善，闲暇时间和收入都明显提高，越来越多的人选择通过旅游进行休闲放松，旅游业迎来一段快速发展时期，但快速发展的同时，旅游活动出现了一些问题和矛盾，如旅游发展与当地生态环境保护的矛盾、旅游者与目的地居民之间的不对等关系、旅游开发商与居民之间的不对等关系。现实的问题引起了学者们的关注，但是由于旅游现象的复杂性和综合性，旅游伦理学涉及的对象比较广泛，包括生态环境、动物、旅游者、旅游企业、政府和非政府组织等众多群体，正如旅游学横跨多个学科，旅游伦理也涉及个人伦理、社会伦理、政治伦理、职业伦理、生态伦理等多个应用伦理学的内容。

据英国《可持续旅游杂志》1993年的研究，伦理与旅游联系起来出现在研究者视野中，最早是从"酒店服务业宾主关系的伦理研究"开始的。旅游学史上，两次著名的国际会议将"旅游伦理"研究扩大了影响：一是1992年巴黎的AIEST（国际旅游科学专家协会），首次提出通过创立委员会来处理旅游中的伦理问题；二是1992年6月在里约热内卢举行的环境与发展大会通过了《21世纪议程》，旨在鼓励发展的同时保护环境的全球可持续发展。这一时期，旅游伦理方面的研究并无多少建树，但却对旅游伦理的重要性渐渐达成共识。

1999年，第十三届世界旅游组织大会在智利首都圣地亚哥举办，会上通过了《全球旅游伦理规范》，试图让其成为旅游者和旅游利益相关者的旅游"圣经"，提出了促进旅游的可持续发展，制定了环境保护、经济发展和反贫困协调一致的基本原则，旨在通过这一规范促进旅游的可持续发展，尽管这一规范至今争议不断，却影响深远，成为旅游伦理研究史上的里程碑。从此，旅游活动进入伦理道德规范的领域，成为科学规范的专业实践。经过业内人士的不断努力，旅游伦理的研究涉及并拓展到旅游伦理主体、原则、规范和实践等方面，初步具备了新学科的雏形。随着时间的推移，伦理研究在旅游生态、营销、教育、气候变化和可持续发展等方面展开讨论，开始形成专业化的研究领域，根据Web of Science的检索结果分析，对于旅游伦理的研究数量在逐年增多，发文量较多的期刊有《可持续旅游杂志》《旅游研究年鉴》《旅游管理》《旅游地理》《旅游评论》等。2010年，《欧洲更年期杂志》上刊发了医疗旅游的伦理困境[1]；2020年，贾马尔在《可持续旅游杂志》发表文章，提出了一系列旅游伦理观点，包括包容性和认可性、可持续发展、幸福感与归属感等[2]；2021年，他又提出动物福祉和气候变化也是旅游伦理需要关注的问题[3]。书籍类代表作包括霍尔（2013）[4]的著作《医疗旅游：健康流动的伦理、规范和营销》、芬内尔和马洛伊（2007）[5]合著的《旅游伦理规范：实践、理论、综合》等。

查阅国内的文献可见，1988年，北京旅游学院的蔡树棠在《旅游学刊》上发表《"社会影响"理论和旅游职业道德教育》一文，提出"旅游职业道德教育"[6]的概念，首次将旅游与道德教育结合起来。国内对于旅游伦理的

---

① Lunt N., Carrera P. Medical tourism; Assessing the evidence on treatment abroad ［J］. *Maturitas*, 2010, *66*（1）: 27-32.

② Jamal T., Higham J. Justice and ethics; towards a new platform for tourism and sustainability ［J］. *Journal of Sustainable Tourism*, 2021, *29*（2-3）: 143-157.

③ Jamal T. Tourism ethics: a perspective article ［J］. *Tourism Review*, 2020, *75*（1）: 221-224.

④ Hall C. M. *Medical Tourism: The Ethics, Regulation, and Marketing of Health Mobility* ［M］. London: Routledge, 2013.

⑤ Fennell D. A., Malloy D. C. *Codes of Ethics in Tourism* ［M］. Bristol: NBN International, 2007.

⑥ 蔡树棠. "社会影响"理论和旅游职业道德教育 ［J］. 旅游学刊，1988（04）: 50-52，5.

关注和讨论始于20世纪90年代前后，1999年，湖南邵阳的彭忠信①在《湖南商学院学报》发表的《旅游中的伦理问题初探》，成为较为成形的旅游伦理学研究。早期的旅游伦理研究，主要体现在国家层面根据理论总结而制定出各种法规、规章。这之中最有代表性的就是对旅游经营和服务活动进行规范：1996年、1999年、2001年国务院分别颁布了《旅行社管理条例》《导游人员管理条例》《中国公民出国旅游管理办法》。据不完全统计，直到2003年9月，由国务院颁布的旅游法规共计3个，国家旅游局部门规章及规范性文件共计50个。这些文件的共同特点就是，主要规范的是旅游经营者行为，以法律形式的居多，大都吸纳了最新的旅游伦理研究成果。1999年公布新的《全国年节及纪念日放假办法》让"黄金周"走进中国老百姓的生活，带动了国内旅游迅猛发展，出境旅游业也得到了快速兴起。市场和实践的丰富，自然推动了对于旅游者本身的伦理关注、讨论、研究，并快速进入学者的视野，逐渐成为大众热点话题。一般认为，这是国内旅游伦理研究的第一阶段。

国内旅游伦理研究的第二阶段，学者们对旅游活动中出现的现实道德或伦理问题进行了更深入的研究探索，集中在旅游伦理理论构建（主要有概念和相关伦理体系等的研究）、旅游伦理实践探索（主要有旅游开发规划、企业责任等实践伦理研究）、旅游伦理规范建设（主要有生态伦理、旅游者伦理等的研究）和旅游伦理教育强化（主要研究适合我国国情的旅游伦理教育体系）四个领域。2000年4月11日，《光明日报》"理论周刊"发表《关于旅游伦理的思考》，文章对"旅游伦理"进行了较为严谨的定义，论述作为一个复杂系统的旅游伦理基本规范所协调的四大基本关系，提倡对旅游伦理的理论与实践给予更多的关注和思考，成为旅游伦理系统研究的关键成果。2001年，中国人民大学哲学系刘海鸥博士获批省级社科规划课题"旅游道德问题研究"。2002年北京第二外国语学院郭赤婴第一次系统地论述了旅游伦

---

① 彭忠信.旅游中的伦理问题初探［J］.湖南商学院学报，1999（03）：52-53.

理学①。2003年12月，湖南大学工商管理学院在其旅游管理专业硕士研究生培养方案里设立了旅游伦理学研究方向。在著作教材方面，2008年赵书虹、尹松波编著出版了《旅游伦理学概论》，2010年杨艳丽主编出版了《旅游从业人员伦理学》，两本书作为教材影响较大。2016年6月，白凯、王晓华出版了专著《旅游伦理学》，主要研究伦理道德在人类旅游活动实践领域中的具体应用，首次将伦理学与旅游学在相互交叉融合及应用中形成的新的学科理论进行了总结。笔者梳理的关于旅游伦理研究的文献中，总体来看，国内中文核心期刊所载文献比重不高，很多文献对旅游伦理相关问题的讨论如蜻蜓点水，不够深入，而且部分文献的重心都放在旅游活动中具体的伦理或道德问题上，像《旅游伦理学》一样对旅游伦理的哲学反思和理论构建的成果较少。从长远来看，旅游学术界对旅游伦理的关注在逐步加深，广度也在拓展。

与旅游伦理研究相比，专门研究健康旅游伦理的成果相对较少，对于健康旅游的研究比较集中在概念辨析、产品供给、市场需求和温泉旅游、森林旅游、医疗旅游等专项的研究。以医疗旅游为例，这种新兴的旅游形式在最近才开始获得研究界的关注，大多的实证研究都是在21世纪以来进行的。直到现在，大多数关于健康旅游的评论都是由记者撰写的，而且都是观察性评论而不是基于经验的探究。关于产业规模、病人数量、整体收益依旧没有确切的、可靠的数据，只有有限的研究记录了健康旅游对出发国和目的地国医疗系统的影响。越来越多的学者开始研究特定区域的医疗旅游以及医疗游客的活动方式和体验，有学者提出作为医疗游客主要目的地的发展中国家，旅游地居民和游客获得医疗保健的机会完全不平衡，医疗旅游不是补充地方卫生保健提供者，而是国家保健系统的扭曲者，并引发国家医疗道德和社会问题。至于对出发国家医疗系统以及医疗保健的影响，我们所知的就少了；英

---

① 郭赤婴. 从旅游职业道德的角度推进建设旅游伦理学［J］. 北京第二外国语学院学报，2002（04）：90-94，100.

国和新西兰学者在进行相关的研究①。缺少可靠研究并不能影响这样一个事实，那就是医疗旅游现在被视为一种重要的旅游形式，对个人医疗体系及医疗保健、具体区域、全球医疗的不平衡有着广泛影响。这中间交叉存在的伦理问题，是显而易见的。

在国内，21世纪之后健康旅游才开始得到关注，关于健康旅游的概念和内涵、产品形态、消费动机、市场营销以及实践都得到不断的发展，但如前文所述，关于伦理道德在人类健康旅游活动实践领域中的具体应用，即健康旅游伦理研究尚属空白，尤其是其系统化、建制化、跨学科和实践导向方面的探索非常少。

四、研究思路与研究方法

（一）研究思路

本书基于伦理道德维度研究和规范健康旅游活动，聚焦健康伦理与旅游伦理领域的理论和现实问题，分六个部分按照以下逻辑顺序展开研究。

第一部分是引言。介绍了研究背景、研究意义、国内外研究现状和本书的研究思路、方法及创新之处。研究背景是健康旅游产业的前景广阔、发展潜力巨大，同时指出目前健康旅游产业面临的复杂伦理问题需要解决；研究意义从实践上来说是旅游全球化、大众化、升级化的现实需要，从理论层面来看是促进健康旅游业的科学发展，拓展旅游学科的研究视域；梳理了国内外的相关研究现状，目前旅游伦理学的相关研究相对较多，但在健康旅游伦理领域仍有空白。本书在宏观上以马克思主义哲学为指导，主要采用逻辑推演和归纳论证的方法，具体运用到文献分析法、比较解读法以及多学科与跨学科研究法。本书的创新之处主要在于以不同的

---

① Lovelock B., Lovelock K. *The Ethics of Tourism Critical and Applied Perspectives* [M]. London & New York: Routledge, 2013.

利益主体作为切入点，多角度探究健康旅游活动过程及其伦理问题，并以伦理学的方法和原则提出解决方案，不足之处则在于提出的解决对策缺乏在实践中的运用。

第二部分是关于健康旅游伦理的一般概述。梳理了健康旅游的含义、特征及演变历程，明确健康旅游的客体和伦理主体，其中伦理主体是健康旅游者及目的地政府、旅游经营组织者、目的地居民以及其他健康旅游利益相关者，并进一步分析了伦理主体的利益诉求。除此之外，本书从经济、文化、产业结构等多角度阐释发展健康旅游的重要意义。

第三部分指出健康旅游活动中存在的伦理问题。本书通过分析和论述健康旅游项目开发建设和发展运营过程中，旅游者、目的地政府、旅游经营组织者以及旅游地居民四个伦理主体的常见表现，总结提炼健康旅游中存在的各类伦理问题，包括因为健康旅游而新生的问题等。

第四部分多层面分析了健康旅游中伦理问题的成因。主要涉及地方政府思想观念偏差、管理体系不健全、反哺机制的缺乏；健康旅游行业追求过度开发超出了生态的承载范围，行业内无序竞争轻视责任感与公德心，泛滥商业化和庸俗化代替了旅游中内应有的文化；旅游者本身意识和行为上的欠缺和道德修养的弱化也会破坏旅游地自然和社会环境；旅游地居民保护参与程度低，没有发挥好社会舆论的监督作用，同时缺乏正确的价值标准，保护和参与能力较低等。

第五部分结合理论和实践，提出了健康旅游中应遵循的伦理原则和行为规范。健康旅游的伦理主体应遵循的伦理原则主要有公正原则、有利与不伤害原则、可持续发展与责任原则、人与自然和谐发展原则；按照伦理主体进行行为规范的分析，提出实现健康旅游合理开发和发展的伦理抉择。

第六部分是健康旅游伦理秩序构建路径。通过分析温州市瓯海生命健康小镇、佛高区生命健康小镇、桐庐健康小镇、绍兴国科健康小镇四个小镇的典型案例，从政府部门的角度，总结出构建健康旅游伦理秩序的过程中可操作的具体对策，包括树立可持续发展伦理观、提升道德自律性，健全调控机制、完善法规制度，开发文化旅游资源、实现创造性转化创新性发展，聚焦行业责任、引导市场主体主动履责。

（二）研究方法

1.宏观上的哲学方法论

哲学方法论是关于认识世界、改造世界、探索实现主观世界与客观世界相一致的最一般的方法理论，在一定意义上带有决定性作用，它是各门科学方法论的概括和总结，是最一般的方法论，对一般科学方法论、具体科学方法论有着指导意义。健康旅游的伦理抉择研究在宏观上以马克思主义哲学为指导，积极吸收西方现代哲学中解释学理论、批判理论、结构主义（社会建构主义）、科学主义与人文主义融合论等理论进行研究。

2.中观上的研究范式

科学研究中，最常用的方法主要有归纳论证法和逻辑推演法。前者是一种由个别到一般的论证方法，也就是研究从原始资料出发，通过归纳分析逐步产生一个一般性的结论；后者则是"从现有的、被有关学科领域认可的概念、命题或理论体系出发，通过分析原始资料对其进行逻辑论证，然后在证实或证伪的基础上进行部分创新。如果在研究开始的时候没有现成的理论可借鉴，研究者通常根据逻辑分析或前人的研究自己预先构建一个理论，然后将其运用到当下研究现象的分析之中"①。

对于本研究来讲，目前健康旅游研究领域所积累的原始资料和实证性的案例分析，还不足于支持研究者对本课题进行独立的实证性归纳研究，这种方法的全面运用对于个人没有时间和精力上的保证。所以，健康旅游伦理抉择研究的理论建构主要采用逻辑推演或分析的方法。因此，在对健康旅游现象进行历史研究、事实研究、客观描述和比较其中的因果关系基础上，进行理论分析或逻辑分析，这也是进行伦理抉择研究的前提。

---

① 陈向明.质的研究方法与社会科学研究［M］.北京：教育科学出版社，2000.

不可否认，作为主要的科学研究方法，归纳论证法也在论文中得到使用，同时，辅之以实证性研究的方法。当然，这种实证主要是对已有的富有科学性的实证研究进行的借鉴。另外，系统论的研究范式也在本书中得到充分体现。系统论作为一种研究范式，已经广泛应用于各个学科的研究之中。本书主要是研究健康旅游的主体和客体构成的健康旅游体系，这是一个整体系统，各个层次上的子系统相互影响制约。

3. 微观方法

文献分析法。通过精读和泛读两种基本形式，在充分收集和查阅现有旅游哲学、旅游伦理、健康旅游等文献资料的基础上，展开文献的鉴别与整理、文献的解释与分析、文献的研究等具体工作，积极总结、开拓创新，形成自己关于我国健康旅游开发的伦理问题及应对策略的理论体系。

比较解读法。健康旅游开发本身就是一个具有实践意义的课题，理论研究的结果最终也是为了更好地指导实践。文本解读在于实现作者与读者的交流，即通过自己的实际去走进文本，走进现场，形成自己对旅游伦理实践的理解。通过比较，分析健康旅游开发中的成功与失败案例以及因此造成的不同结果，明确健康旅游开发伦理建设的重要性及必要性。

多学科研究与跨学科研究法。综合运用哲学、旅游学、伦理学、生态经济学及社会学等多门学科，以此来阐明健康旅游开发中的伦理问题及解决路径。事实表明，多学科与跨学科的研究视角能够让作者对健康旅游伦理问题有一个比较全面的认识，进而形成健康旅游价值观建设的基本思路，全面分析健康旅游，阐述其伦理向度应用指向以及成长空间。

五、创新之处与不足

本书的创新之处在于从不同健康旅游利益主体的角度，探究了健康旅游开发与发展的过程中的一系列伦理问题及其出现原因，并以旅游环境伦理学的方法和原则来解决这些问题。以往的研究者大都只停留在旅游开发中产生的自然环境问题的研究，而对旅游开发过程对旅游地居民价值观的影响、目的地社会文化环境的冲击着墨甚少，且已成为我国旅游伦理研究的一个空档。本书力求从这一方面进行尝试。

本书的不足之处在于，虽然对出现的伦理问题提出了解决对策，但有些伦理方法缺乏与实践的结合，因此不能得到良好的印证。笔者将在加强自身专业学习的同时，逐步提高个人的实践能力，将理论知识更好地落实到实践中，用实践去检验理论，用理论来指导实践，将二者更好地结合在一起。

第一章 健康旅游一般概述

第一节　健康旅游的含义、特征与演变历程

曹诗图著的《旅游哲学引论》提出了旅游价值论，总结提炼了旅游的十大功能，其中包括"旅游具有康体功能（或调试功能）"[①]。旅游活动可以促进旅游者的身体、心理的健康，是"调节身心的磁场"，而为保持和加强个人身心健康而进行的旅游，必然显现出旅游的别样价值来。

一、健康旅游的含义

健康旅游活动出现时间较早，古希腊时期就有通过温泉疗养获得健康的传统。20世纪70年代，现代意义上依靠专业的医学人才、发达的医疗技术和完善的医疗设备的健康旅游逐渐开始出现发展。到了80年代，"健康旅游"才作为概念开始被提出，学者们的研究内容主要是健康旅游的内涵，相

---

① 曹诗图. 旅游哲学引论［M］. 天津：南开大学出版社，2008.

关概念的辨析、区分和研究。关于健康旅游的内涵，国内学者多从功能、系统、资源等角度阐释，但目前对健康旅游概念的认识没有统一的界定；另一方面，由于"疗养旅游""康养旅游""保健旅游""养生旅游""医疗旅游"等概念被提出的历史背景不同，其代表的产品供给也有一些差异，因此概念之间的关系也尚未得到广泛统一的结论。如"疗养旅游"是出现于二战结束之后，当时大部分欧洲的温泉都被用于战争中伤员的恢复疗养，同时很多滨海、森林等气候宜人的区域都成为疗养旅游目的地；另有原因是国内健康旅游研究起步较晚，很多概念沿用了国外学者的研究成果，而学者在运用西方学者创建的概念时，没有深入解析概念背后的文化和社会背景，导致翻译的词汇出现内涵和外延的偏差，这既导致了中文概念泛滥且界定模糊，也导致后来的学者对于健康旅游类型进行细分研究时出现不同的内容体系。例如，"wellness"[1]是美国医生Dunn在1959年提出的词，他将"well being"和"fitness"结合，提出"wellness"，指的是高水平的健康状态。Mueller在此基础上提出"wellness tourism"[2]，指旅行中入住特定酒店、享受健身、禅修等个性化健康服务的旅游。中国学者王燕（2008）[3]将"wellness tourism"翻译成具有浓厚中国文化色彩的"养生旅游"，陈永涛和谭志喜（2014）[4]也认为在此处将"wellness"翻译为"养生"是合理的，且具有哲学基础；而另一部分学者如李鹏等（2020）[5]则将"wellness tourism"译为"康养旅游"，其

① Dunn H L. High-Level Wellness for Man and Society [J]. *American Journal of Public Health & the Nations Health*, 1959, 49（6）: 786.

② Mueller H, Kaufmann E L. Wellness tourism: Market analysis of a special health tourism segment and implications for the hotel industry [J]. *Journal of Vacation Marketing*, 2001, 7（1）: 5-17.

③ 王燕. 国内外养生旅游基础理论的比较 [J]. 技术经济与管理研究, 2008（03）: 109-110, 114.

④ 陈永涛, 谭志喜. 养生旅游概念探析 [J]. 商业时代, 2014（07）: 131-133.

⑤ 李鹏, 赵永明, 叶卉悦. 康养旅游相关概念辨析与国际研究进展 [J]. 旅游论坛, 2020, 13（01）: 69-81.

认为这是以康养为目的驱动的旅游。通过查阅已有研究资料，作者认为从范畴上看健康旅游是个更大的系统，养生旅游、保健旅游、医疗旅游、保健旅游等都是其下属的子系统，子系统之间有交集。

从语义学角度看，所谓健康旅游就是"有利于健康的旅游"。从整体意义或系统论上来讲，构成"有利于健康的旅游"的要素主要包括：有利于健康的旅游硬件设施或者旅游环境，有利于健康的、与旅游有关的、广义上的资源，有利于健康的旅游产品，与健康相关的旅游服务管理等。另外，有利于健康的旅游健康类学术研究成果的推广应用、有利于健康的出游行为等要素也包括在内。在健康旅游的诉求中，由旅游客体、媒介、主体组成的宏观系统围绕着"有利于健康"这一目标而相互作用、相互影响、互利共生，同时实现系统功能的最优化。一般来说，从旅游主体的视角出发来探讨研究健康旅游对于行业的发展意义较为重要。2017年《人民日报》刊发的《中国健康旅游发展仍处初级阶段，完整产业链未形成》一文中提出：所谓健康旅游，是以健康需求为导向，以维护和促进身心健康为目的，以旅游为载体，以健康与旅游深度融合为核心，面向健康人群、亚健康人群、患病人群等，提供预防保健、疾病治疗、康复疗养、休闲养生、健康促进等一体化、全方位服务，实现游客在快乐的旅游中增进健康的新型服务模式。边旅游、边疗养，这一"健康+旅游"的新模式契合了人民群众健康需求的新特点，适应医学模式转变的新要求，也践行了大健康、大卫生的新理念。结合国际官方旅游组织联盟对健康旅游的界定，理解健康旅游从宏观上应该把握以下要点：以维持和促进健康为目的，以生态环境为背景，以医养休闲活动为主题，其所倡导的是健康生活价值观和生活方式。从微观上说，健康旅游这种专项的旅游活动，利用的是医学、保健、康复、养生等技术手段，通过运动、学习等方式，提高生活质量，追求的是原生态、高品位服务。正如2015年薛群慧、白鸥[①]研究指出的，健康旅游是在旅游业、林业、农业、医疗等

---

① 薛群慧，白鸥. 论健康旅游的特征［J］. 思想战线，2015，41（06）：146-150.

行业原有的资源与设施基础上，利用行业交叉、创新集成、合作共赢的方法形成的，所以，它在节能增效、环保方面比一般旅游产品更具优势。事实上，学界认为国内外学者对于健康旅游的定义有两种趋势：一是从旅游机构或旅游地角度到从旅游者角度来定义健康旅游，二是随着健康概念的不断完善，健康旅游概念所涵盖的内容也不断扩展。

理解健康旅游的内涵，需要分析健康旅游的发展历史，结合健康旅游的功能和旅游者的需求，我们认为，健康旅游涉及以下几种要素：一是与人们健康息息相关的森林、温泉、山地、绿地等天然环境，属于自然健康旅游资源；二是满足人们精神需要的文化、民俗、理念等上层建筑，属于人文健康旅游资源；三是诸如健身、保健、运动等日常活动与旅游、休闲的融合；四是渗透到旅游活动中的健康生活价值观和生活方式，等等。这些要素的独立或者综合都构成了健康旅游，其中知识性是非常明显的，旅游就是与未知的世界不期而遇，健康旅游与养生理论、历史传统、康养标准等密不可分，旅游者在亲近大自然的同时，收获养生体验、医疗知识的同时，达到修身养性、健身康体、延年益寿的目的；教育性也是明确的，人们常说，健康旅游应该追求"教育性"，突出"实践性"，渗透"趣味性"，体现"服务性"，确保"安全性"，通过参与各种活动，游客在其中可以得到系统的健康教育，在增强体质、愉悦身心的同时，还可以提高认知水平和科学素质，进而使游客转变生活方式，提升生活质量；再有就是综合性，健康旅游是跨行业的旅游新业态，活动筋骨、调节心情是基本功能，养生理念、康养理论指导下各类实践与多种休闲方式结合，实现了将养生这一康复过程的娱乐化、休闲化，在满足人们多样化享受需求的同时，满足人们多方面发展的需要。

另外，我们还认为，健康旅游是一个复杂且综合的概念，其历史的传承和创新，显著的文化体验特征，科学的服务支撑与保障，多样的形式，丰富的内容，注重人的全面发展和可持续发展而带来的广阔市场前景，都是理解健康旅游的重要维度。

以医疗旅游为例，可以帮助人们深入了解健康旅游的内涵和外延。所谓医疗旅游，是指人们怀着接受医疗护理的目的到其他国家旅游，也就是在祖国之外接受非紧急医学治疗，可能包括在治疗前或治疗后待在国外，并在这一时间内进行一些旅游活动。有学者认为，医疗旅游是个人对在传统意义上被认作为政府事务（公民的健康）的解决方案。

医疗旅游与跨境医疗不同，医疗旅游也可能是国内游客或者主要来自发展中国家及发达国家寻求治疗的公民。造成跨境医疗现象的因素有多种，包括自己国家内等候治疗时间过长，自己国家内治疗花费过高，国内缺少治疗提供者或者不提供相关治疗——要么是因为技术太新，要么不合法。此外，互联网能使人们更容易了解到国外所提供的治疗、买到便宜的机票，随着中间人的出现，同其他医院系统可以轻松建立起联系。医疗旅游是健康旅游范畴中一个独特的待开发的市场，它与其他形式的健康旅游的区别在于医疗旅游中涉及了医疗干预。目的国的医疗保健提供者的营销包括故意将医疗保健同旅游相联系，强调了治疗前病人及陪同人员旅游活动以及治疗后在异国康复的可能性。所有这些相互关联的因素都使得医疗旅游发展成为一个价值亿万美元的产业。

在海南，经国务院正式批复设立的"海南博鳌乐城国际医疗旅游先行区"（简称"乐城先行区"），就是以医疗为特色的健康旅游典型实践者。2013年以来，乐城先行区依靠国务院批复文件中为其量身定做的9项特殊政策（包含加快医疗器械和药品入口注册审批、临床应用与研讨的医疗技术准入、大型医用设备的审批、放宽境外医师的执业时间、允许境外资本举行医疗机构、恰当下降部分医疗器械和药品进口关税等9项优惠政策，被称为"国九条"）和"四个特许政策"（特许医疗、特许研究、特许经营和特许国际医疗交流），经过数年的努力，缩小了与国际先进水平在医疗技术、设备、药品上的差距，成为全国唯一的医疗对外开放特区。

乐城先行区位于博鳌亚洲论坛核心区的万泉河两岸。乐城先行区总体发展定位为国际医疗旅游目的地、尖端医学研发和转化基地、国家级新医疗机构集聚地。包括首个健康产业示范项目"南北海生命养护中心"一期工程、先行区第一个"低碳生态"示范项目"博乐府"及先行区的第一个"新农村建设"示范项目乐岛共建安置区。大乐城低碳生态项目、健康医疗项目、国际合作项目三大项目中还包括被称为"东方日内瓦"的国际组织总部大厦及会议中心的"国际合作"示范项目，该项目作为博鳌亚洲论坛的延伸与发展，将致力于引进和创建低碳生态、健康医疗旅游、教育科研、新能源等方面新的国际组织或国际科研机构，吸引世界行业中的领先者加盟，推动先行区与博鳌亚洲论坛共同发展成为高层次公共外交的国际交流平台，努力使之成为21世纪新的国际非政府组织的聚集地——亚洲"东方日内瓦"。医疗项目抗癌城建成后将集世界最先进、最尖端的抗癌技术、设施设备、医疗理念于一体，以对抗癌症为主要功能，同时进行癌症的早期筛选，让癌症防患于未然。2021年7月底，乐城先行区已经实现引进超过150例的国际特许药械品种，同时引进100种国际抗肿瘤新药和罕见病药，首创一批重大疾病的全新特效疗法，大批罕见病患者通过在乐城先行区的康复治疗后控制住了病情甚至完全恢复健康。

综上，健康旅游作为一种集治疗、康复、养生、休闲于一体的旅游活动，已成为当代人们生活的一种时尚，由于其特定的调理作用，正逐渐成为人们观光旅游的首选。综上，正因为健康旅游主客体的复杂性，其定义不可能是简单的非此即彼，而是应该按照主客体角度的变化加以综合考虑。所以，为健康旅游确定一个最为精确的定义，既不是本书所能解决的问题，也不是本书研究和考察的主旨。为了满足本书研究的需要，综合国内外学者关于健康旅游定义的核心内容，给出一个概念：健康旅游是积极推进旅游本质和健康追求紧密融合，为消费者提供身心愉悦和健康服务的时尚旅游形式。这种旅游形式依托一流的自然环境、浓厚的历史文化背景，开发旅游目的地旅游保健、康复疗养、特色医疗等服务，促进现代旅游业与中医养生、医学治疗康复、心理疏导等理论和实践有机结合，以有益于身心的文化、运动、赛事等为途径，以改善、增进和保持旅游者身体和心理健康为最终目的。这种新型旅游活动融休闲、度假、疗养、观光、文化、运动、健身于一体，有较强的历史性、趣味性、娱乐性、文化性、体验性。

二、健康旅游的内容和特点

（一）健康旅游的内容

健康旅游是综合性很强的活动，建立在自然生态环境的基础之上，同时与文化和人文环境紧密联系，通过康体、休闲、游乐、观赏等多种形式，实现旅游者身体和心理的系统调控，最终达到延年益寿、修身养性、强身健体、医疗康复的目的。

从产品供给方面来看，健康旅游可以根据产品依托的资源分为自然资源依赖型、设施服务资源依赖型和综合依赖型三类。一是依托于自然资源特别是原生态的健康旅游产品，如依托旅游目的地岩石圈、水圈、生物圈或者大气圈的旅游资源，常见的有依靠森林、温泉、滨海、山地、草原、温泉、特色动植物等旅游吸引物，开展的一系列健康旅游活动。这类目的地通过为旅游者提供清新自然的空气、放松愉悦的环境来促进旅游者恢复或者改善身心健康，一部分是免费对大众开放，不存在商业的运营主体，主要靠政府相关部门运营维护；另一部分属于商业运作，要收取一定费用用于基础建设和日常的维护。二是依托于设施与服务的健康旅游，比如依托高端医疗机构、精品疗养院、休闲农业园等开展的医疗体检、修养康复、养老度假、宗教祭祀等活动，是旅游业与医疗、体育、农业、养老等产业深度融合的成果，专业的医护人员或康养工作人员帮助旅游者进行疾病治疗或者身体心理放松、消解压力情绪，使旅游者获得身心健康。三是同时依托上述两种资源的综合体类型，旅游业内部融合并与多个产业结合，目前健康旅游市场上的多数属于此类。比如，瑞士以酒店管理著称，当地的一些私立医院建立在风景优美、空气清新的地方，除了配备有先进的诊疗技术外，还引入星级酒店标准的个性化服务，为游客提供安心、周到、专业的服务，吸引了许多国内外政要、世界名流前往体检或就医。此类综合体很好地实现了"把治病变成一种享受和放松"，把带有疗养功效的目的与医疗行为联系起来，将医院、疗养、保健和度假结合到一起，成为瑞士健康旅游的新模式。此外，在产品项目开发方面，除健康的自然环境外，还提供健康客房、营养餐饮、绿色购物、环保交通、养生文化、康体娱乐、观光审美、户外休闲、深度体检、心理咨询、健康知识普及培训等系列健康休闲体验项目①。

　　从市场需求方面来看，可以将旅游者的健康旅游需求分为生理健康需求和心理健康需求（见图1-1）。治疗疾病、整形美容、医疗康复、养生保健和运动健身都属于生理健康需求，休闲娱乐、修身养性、净化心灵和解压放松都属于心理健康需求。由于健康旅游者年龄分布差异和职业、偏好各不相同，自身的需求不同，因此对于健康旅游的期待也有较大出入。如整形美容的需求主要来自以女性为主的年轻人，他们希望通过提高颜值获得他人的欣赏或者自信；减压放松的需求则主要来自工作或生活压力较大的上班族，他们因较长时间的高压工作需要偶尔的放松和排解；养生保健的需求主要来自年龄偏大、不适合剧烈运动的中老年群体，他们期望通过健康旅游获得身体保健和恢复。

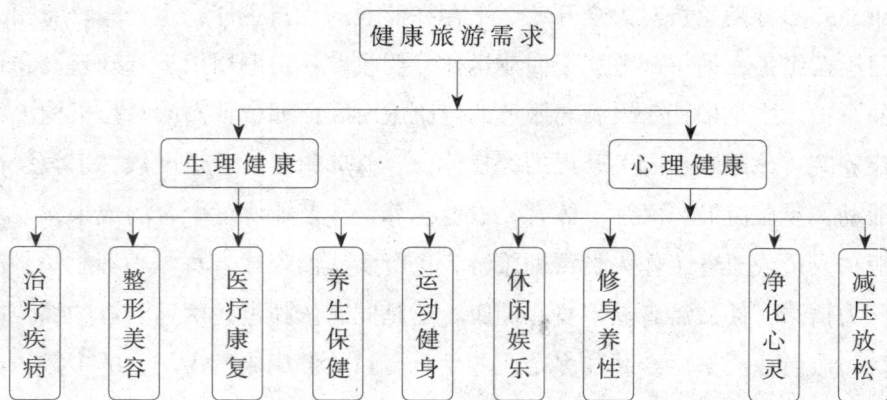

图1-1　健康旅游需求类型

　　① 刘少和，李秀斌.度假酒店（村）的健康体验经营管理研究——以广东江门市古兜温泉旅游度假村为例［J］.旅游论坛，2009，2（03）：384-389.

（二）健康旅游的特点

健康旅游是新的经济形势下，旅游市场的新业态、新亮点，是旅游业的重要组成部分，传统旅游服务产品具有的无形性、不可转移性等基本属性在健康旅游产品中仍然有所体现。健康旅游作为引领中国健康生活理念及全新生活方式的新产品，闪耀着具有自身特质的光芒。这些新产业和新业态的自发性、地域差异性及经济实用性，需要医疗资源、文化历史资源的协同等。以国内相关的文献研究内容为基础，聚焦旅游产业及健康服务资源的整合，促进中医药保健、康复疗养、休闲养生等综合产品的市场融合，推动健康旅游产业合作，引导健康旅游市场发展，结合本研究的需要，我们总结归纳出健康旅游的基本特点。

1. 健康的主题

健康旅游的产生和发展首先顺应了人们旅游观念的改变和健康观念成熟的趋势，在旅游的各个环节、设置的经历地点都要围绕有利于保持或者改善旅游者身心健康状态。健康旅游在各式各样的气候环境、地理位置、文化氛围、特色动植物等资源基础上，逐渐发掘出丰富的产品内容和多样化的形式，但是"健康+旅游"的内核不变、以健康服务为己任的追求和目标不变。健康旅游者对健康旅游中服务的专业性和个性化的要求是高的，与观光游不同，健身美容、营养食疗、性情熏陶，精神放松、调节、愉悦都是他们在健康旅游过程中追求的目标，要求旅游目的地提供上述服务是自然和必然的。保持和改善健康，是健康旅游者追求的核心价值，也应成为健康旅游产品和产业所追求的核心价值。

另一方面，大力发展健康旅游，不但有助于丰富我国的旅游业态内涵，更重要的是促进我国的健康产业转型升级。此外，在旅游中养生，使得我国以中医药文化为代表的养生文化逐渐渗透到人们的生活，对于促进中华优秀传统文化的传播也具有重大意义。

2. 愉悦的本质

四川大学旅游学院的杨振之教授曾通过对海德格尔现象学的理解，提出旅游的本质是"诗意的栖居"[①]，海南大学旅游体验研究与设计中心谢彦君教授将旅游的本质归结为"异地愉悦体验"[②]，健康旅游作为旅游的一种形式，其在根本上也是一种主要以获得愉悦为目的的审美和自娱过程。健康旅游产品设计的基本理念是在休闲愉悦中提供治愈或者恢复服务，健康旅游者一边享受身体检查、医美整形、健康保健等服务项目，一边把观景、娱乐、休闲合而为一，发挥整体效用。传统观念认为，只有亚健康或老年人群才需要健康服务，才追求新颖的旅游形式，事实上，在老龄化社会条件下，养生休闲服务覆盖了所有追求健康快乐生活的人群。这个群体不是"病人"，也不是普通游客，他们是将康养和提高生命质量作为追求目标的旅游者——旅游者不仅需要欣赏美景，更希望能实现一种"身心和谐"。因此对其进行的康复保养不宜在医院或养老院进行，而应根据不同的心理、身体需要，打造个案治疗、课程研修与团体活动，并开发相应周边产品。健康旅游追求为旅游者打造清新、优美的环境以及各种行为展开的轻松氛围，让他们在轻松自在的心情下接受治疗或者保健活动，以愉悦的心情游览景观，体验文化和风俗，让旅游成为真正的享受。

3. 专业性和国际化突出

健康旅游必须依托医疗、康养等机构或者设施，离不开专业的医务和康复人才。此类标准的旅游服务需要有国际认证的医学康复技术支持、需要有相应的法律法规提供保障，整个活动展开过程具有较强的专业性，并且很多养生休闲活动需要在专业人员的主持指导下开展，按专业规范和规定程序进行。从源头上看，国际客运航班的普及使旅游国际化成为现实，刺激了健康旅游的兴起。旅游者本国的健康旅游服务缺乏或者已有的服务项目满足不了需求，或因隐私保护而去别的国家接受健康旅游服务，这种情况是非常普遍的。最近几年，我国赴海外医疗的人数以及海外来中国的医疗

---

① 杨振之.论旅游的本质［J］.旅游学刊，2014，29（03）：13-21.
② 谢彦君.论旅游的本质与特征［J］.旅游学刊，1998（04）：41-44，63.

人数都有了很大的提升，充分说明了健康旅游的专业性和国际化，所以在建设和发展健康旅游时，也要面向国际化市场。这种跨国寻求医疗服务的人员流动不仅仅是由个人动机所驱动的，这种流动同许多其他流动一样，是由新自由主义导致的各种服务的自由化。医疗保健和其他形式的护理一样，变成了一种可以买卖的商品。医疗旅游和其他类型的医疗保健如健康服务贸易、医疗保健医疗保险对外投资以及远距离医学（直接的跨国贸易）属于同一阵营。

大多数的医疗游客来自北美、西欧以及中东。这种流动性似乎是有模式的，几个主要出发国家的病人对于目的地的选择也是有偏好的。这种偏好是根据目标营销中的目的地、价格、距离、所寻求的治疗以及宗教考察等因素形成的。从分布规律上看，欧洲人想要在亚洲寻求治疗，特别是泰国和马来西亚。马来西亚也是中东病人的目的地。然而，来自阿联酋的大部分人会选择新加坡治疗；阿曼人则更喜欢印度。而泰国和新加坡则在争取日本医疗游客。这些目的地国家各自因为心脏手术、口腔治疗、移植、生育辅助、整形等而出名。

4. 高消费和高实用性并存

与一般的观光或者度假休闲旅游相比较，健康旅游花费较高是显而易见的。高消费的原因主要有两点：第一是与普通旅游活动相比，健康旅游非常明显地体现了实用性和科学专业性，项目高端并且服务更丰富，定制化健身服务、营养保健美食、专业医护人员的陪伴，这些都大幅提高了健康旅游成本；第二是由于健康旅游功能性明显，所以体验时间相对较长，包括体检、疗养甚至治疗、保健、观光休闲等环节，无疑增加了旅游者的人均消费额度。瑞士莱芒湖畔的医疗旅游项目，其旅游者不仅需承担将近1万欧元的治疗费用，还会出入高档医疗旅游购物场所，购买高档的服务等。高消费的同时，健康旅游也强调天然混成、顺应自然，与古今中外、传统现代的康复思想、疗养方向逐步融合。例如，德国的阿拉伯医疗旅游中消费者花钱较为大方，通常携带家人、伙伴、助手等人参加医疗旅游项目，他们认为在医疗旅游健康类的项目花费较大的费用是值得的，且比起廉价的产品，昂贵的价格让他们更加放心。

5. 地域性和民族性鲜明

由于健康与环境的关系日益密切，医学地理学逐渐向文化方向延伸出了健康地理学。健康地理学是健康产业的基础，在健康旅游产业发展中，旅游目的地独特的健康诊疗方式、稀缺的自然环境氛围是健康旅游发展的基础。在全球来看，自然资源的分布是不均衡的，健康旅游者乐于追逐自然资源丰富、景区资源集中的区域是非常正常的。由于地域、人文环境和地理景观、自然资源乃至医疗资源的不同，全球各地会形成各具特色的健康旅游形式，文化的感受和体验也融入在其中。仅就中国而言，蒙古族的健康生活方式、雪域高原的康养理念、塞上明珠宁夏特有的回医回药等，无不具有鲜明的民族特色和地域风情。琴棋书画"四大雅趣"也是中国特有的文化资源，既是一种艺术，也是娱乐形式，能够让人在艺术创作中活动筋骨、舒畅情志，从而达到养神健形、延年益寿的目的。中医药既是我国独一无二的医疗资源，也是特色健康旅游资源，在世界上具有独特的地域性。中医药健康旅游目前作为中国医疗旅游的先行，发展过程中在不断顺应健康需求和旅游需求市场的变化。

三、健康旅游的演变历程

谢彦君教授在其第四版《基础旅游学》中，就旅游的产生进行了权威的研究和解释。他认为"自由时间、休闲活动和审美意识"是旅游现象产生的必要条件，但是，将社会文化发展史上的各个阶段中带有旅游性质和特点的活动纳入研究框架，不仅不会损害旅游研究的理论发展，相反，更有利于我们从各种视角认识旅游现象并实现知识在更高层次上的整合。[①]所以，本书对健康旅游的概览是全历史视域的。

---

① 谢彦君.基础旅游学［M］.北京：商务印书馆，2015：69.

（一）世界健康旅游概览

在国际上公认的是，健康旅游最初的产生和发展依托于河流或者温泉相关的自然资源。浙江农林大学薛群慧教授等研究表明，四大文明古国有四大流域——尼罗河、恒河、长江、约旦河，人们崇拜河流并在其中沐浴以净化身心。同时古希腊医生认为人类疾病的来源是水、火、空气和土地四个要素，温泉疗法是从自然界中摄取相应元素的重要途径，因此很多人会去附近的河流和温泉享受治疗和放松。古希腊和罗马帝国时期兴起的温泉疗法被普遍认为是康养旅游的起源，这可以说是健康旅游的雏形阶段。

进入中世纪，随着欧洲小城镇的发展，温泉和矿泉的使用越来越广泛，人们普遍相信温泉和矿泉具有治疗疾病的作用。抱着治疗风湿、皮肤感染等身体疾病的愿望，很多民众聚集在温泉旁边，周围配套的保健设施也开始兴建并大量使用，这些资源及其周边配套直到今天依然大受欢迎，例如，闻名于世的瑞士洛桑、德国巴登-巴登、奥地利的维也纳、匈牙利的布达佩斯、英国的巴斯等地。

16世纪以来，西班牙著名探险家、首任波多黎各总督，胡安·庞塞·德莱昂（Juan Ponce de Leon）在佛罗里达寻找不老泉水（Fountain of Youth），将为了寻求健康而旅游这个观念带入新世界，进入北美洲。于是，各种形式的与温泉相关的建筑和设施在大西洋两岸流行开来。美国也从德国、匈牙利和法国等地空运泉水进行相关保健和疾病治疗活动。

进入19世纪，尤其是第二次世界大战之后，中产阶级和城市里的富人阶层逐渐增多，工业化进程加快、人口的快速增长导致的城市污染和拥挤问题使得居民健康面临挑战，人们对新鲜空气的需求开始出现，海边和山区的旅游活动开始繁荣起来。全球健康研究所的资料表明，1939年，在美国名为"175美元一周，给你SPA和健康的隐居生活"（后发展为Rancho La Puerta健康中心）的健康机构开张，这标志着健康旅游的新时代开始、健康旅游生活观念被广泛接受。1958年，占地121公顷，早期仅仅作为减肥中心的金门（Golden Door）（创始人称其为一家"当山间住宅遇到日式茶艺花园"式的

SPA）后以奢华的个人服务和成功的身心项目著称，成为世界上最有吸引力的"退隐、休憩和重获新生之地"。1979年，以健康疗养、"生命改善项目"作为王牌的Tucson's Canyon Ranch开张，提供减脂塑形等健康项目服务。之后，健康农场（Health Farm）出现了，主营塑形和健康饮食。世界经济的快速发展使得全球范围内的交通和住宿变得更为便利，原来被视为奢侈消费的SPA、海滨度假和温泉普及开来，吸引了日益壮大的大众旅游群体。上述小众化的区域因为其健康宗旨，迎合了社会大众日益觉醒的健康理念，意识到日常锻炼、低脂饮食、休闲放松对于获得一个更为健康和幸福生活的价值的人群越来越多。同时，传统的医疗手段开始逐步接受整体的健康促进的方案。

20世纪80年代开始，西方一些国家就将其国家的医疗技术作为旅游吸引物，在本国打造医疗旅游目的地，医疗旅游逐渐突破了单纯的就医看病形式，转而向服务大众的方向发展，亚洲是健康旅游的新兴目的地。亚洲的印尼、韩国、印度等国家健康旅游产品特色鲜明，对国际游客具有很强的吸引力，在国际上迅速开拓市场。韩国以整容术为主，印尼用奢华的SPA来作为健康旅游的主要产品。而印度成为令人心仪的旅游目的地的原因在于其医疗基础设施、技术和美国、英国及欧洲其他国家不相上下，但费用低廉、医务人员英语熟练沟通方便。同时，印度的阿育吠陀（Ayurveda）、顺势疗法（Homeopathy）、尤纳尼（Unani）等传统医学为印度的医疗旅游提供了独特的优势。另外，泰国这几年不再单纯以其佛教、美丽的海滩而著称，医疗业和保健业的飞速发展使泰国有了新的吸引力。目前，泰国所有著名观光胜地都提供最先进精密的SPA疗程仪器及专业治疗师。土耳其则以其众多的温泉而成为健康旅游新的重要目的地。

很多地方甚至出现了移植旅游，是指在国外接受器官移植手术，但目前世界上大多数国家和地区停止为外国人做器官移植手术，因此通过移植旅游获得的移植器官是非法器官交易所获得的。移植旅游也涉及到中间商——寻找捐赠人并安排移植旅游的经纪人和医疗服务提供者。器官捐赠人的短缺导致了器官走私以及移植旅游的产生。根据世界卫生组织2007年的报告，移植旅游移植器官数量大约占全球的10%，中国和菲律宾是移植器官的供应大国。许多国家都宣传移植旅游，这些国家都出口商业性质的捐献器官。器官走私以及移植旅游在这些国家是违法的。器官交易也有其他的形式，例如来自不同国家的捐献者和接受者到第三国家进行移植手术。提供器官的人被金钱诱因所打动，他们都是生活在极度贫困的国家，为高收入国家的人们提供器官。与这一交易相关的中间人已经出现，其中心就是知情同意以及中间人与捐献者关系中胁迫本性的伦理问题。虽然金钱促使贫困的人提供器官，但是许多人在捐赠后健康状况有所恶化，这样反而加重了他们本来就贫困的生活条件，因为他们既无法工作又要支付医疗费用，并且被自己的社区所排斥。器官买卖对于商业的器官捐赠者、临床医生以及接受者来说都会带来严重的伦理问题。虽然所有的国家都在努力解决移植器官短缺问题，但不是所有的国家都在解决器官走私这种剥夺性的行为。

还有，就是生育旅游的兴起。生育旅游这一词语由Knoppers和Lebris最早提出，它描述了人们通过去国外接受本国所无法提供的服务或治疗来行使自己的生育选择权利。除了无法获得某些服务之外，生育治疗的高消费是另外一个人们出国寻求治疗的原因，同时在许多通过公共医疗体系提供生育治疗的国家，等待的时间很长，而人工授精成功率受年龄影响很大，因此很多人是不能等的。欧洲的生殖旅游是由所有的这些因素所驱使的，但是可以说最关键的驱动力还是某些治疗在旅游者本国被禁止了。例如，比利时和意大利是很多人选择一系列生育治疗的目的地国家，尤其是人工授精，因为这两个国家对医学辅助生殖几乎没有法律规定或监管。德国和法国的立法禁止某些生育治疗，因此这两个国家大量生育游客会到比利时或意大利接受国内无法获得的生育辅助。有时一些治疗因为没有被监管部门批准而无法获得，这使得欧洲的人们，尤其是西欧的人们去到中东接受治疗，因为在那里有更多的经验技术，且不受监管。还有人认为人们进行各种形式的医疗旅游是因为病人的记录会被放在另外一个国家，从而起到了匿名和保密的效果。例如，变性手术和整容手术通常在国外进行就是这个原因。生育旅游也同样如此，在对不孕不育有文化禁忌的地方，人们会选择到国外进行治疗，而且很容易掩盖他们的旅行动机。例如，来自亚洲的游客会在新西兰寻求不孕不育治疗，这不仅仅是因为治疗比在国内便宜，还因为可以把旅游原因说成蜜月或度假，然后在旅游归来的时候就能怀上他们的第一个孩子了。不孕不育所带来的文化羞耻促使这些游客在国外寻求人工辅助受孕，在那里他们是匿名的，整个过程也是不被熟人所知的。生育旅游的伦理问题围绕在权利这一概念上，尤其是道德自治。生育旅游避免了人们与社会的道德冲突，并使得他们在另一个社会中表达他们的道德自治。对生育旅游的接受表达了对其他人道德自治的认可。然而，道德自治受到了一些人的质疑，就像在贩卖器官的例子中突出了身体器官的商品化一样，他们认为在人工辅助受孕的情况下，中间人在全球最贫穷的女性中寻找有偿捐赠者，这是对穷人尤其是女性的剥削。对卵子捐赠者、精子捐赠者和代孕妈妈的寻找以及使用通常偏爱男孩的性别选择技术都引发了伦理问题。捐赠和代孕行为有时被称为"第三方生育"，它们引发了有关父母权利、身体商品化以及婴儿商品化的伦理问题。生育旅游体现了全球化不均等的本质，有钱人能够在全球范围内获得生育辅助，而穷人通常扮演"第三方"的角色。有大量的文献都在探讨生殖技术所产生的社会、政治和文化影响以及人工辅助受孕伦理争议，现在也开始有文献讨论生育旅游这一现象了。

随着老龄化社会的加速到来，人们对健康旅游的兴趣持续升温，在全球范围内，保健旅游、医疗旅游继承了传统温泉疗养旅游的优势，不断升级和普及开来。

（二）中国健康旅游纵览

中国是世界上养生思想历史最悠久、内容最丰富、体系最完善的国家，从《老子》讲"吾闻庖丁之言，得养生焉"，到《素问·宣明五气篇》强调养生的动静结合、动静兼修，《吕氏春秋》提出"动以养形"思想，中国古代养生学理论体系初步形成。汉末神医华佗提出了"人体欲得劳动，但不当使极耳"的养生观点，唐初医学家孙思邈以医理为基础，注重引导行气，将养生术推向了一个新的高度。中国养生学内涵丰富，所以对健康的理解也是多样的，但是用旅游来颐养身心、解郁强体的内核是非常稳定的。中国古代健康旅游的伦理思想着眼于以下三个方面：一是恰如中国尚德的传统，具有鲜明的道德修身倾向；二是回归自然、返璞求真的伦理诉求；三是尊重自然、天人合一，人与自然和谐发展的旅游伦理思想。

当下，随着全球范围内医学目的的转变，预防和整体健康理念革命性的影响，特别是人口结构的老龄化和"亚健康"的势不可挡，以养生为目的来选择景点，安排内容和进展，将健康与旅游结合非常必要。旅游活动与休息、运动、疗疾和益智等健康追求相辅相成，逐渐推广开来。资料显示，健康旅游一词是伴随着2001年国家旅游局推出的"中国体育健身游"主题旅游年而出现的，受2003年SARS和2004年H7N9病毒影响而迅速走红。各地旅行社推出了"健康游旅游线路"，旅游目的地提出要建立"健康旅游目的地"。例如：福建武夷山推出以"享受健康运动、享受健康文化"为主题的健康旅游；湖南推出了"十大健康旅游主题活动"；黑龙江以"强身健体"为主题，推出系列"绿色健身游"路线；四川九寨沟倾力打造健康旅游品牌；浙江组织"健康浙江万人游"活动；其他还有太极养生之旅、食疗滋养之旅、体育保健之旅、长寿村感悟之旅、心理康复之旅等，实质上都是打着"健康旅游牌"，并且收到了良好的效果。但是，这个阶段的健康旅游更多的是宣传和营销，完全意义上的健康旅游产品还未真正成形。我们从学术界的关注和热点也能判定这个初级阶段的特点，药膳——旅游益体健行、旅游之轮——全新身心健康感受、爬山——带来健康与活力的运动等，这些都是我国学术界对健康旅游研究的开始。[①]

随着理论研究和实践的深入，一系列鼓励措施的出台与不断增长的市场需求，健康旅游模式告别单一化，健康服务业发展为重点产业，我国健康旅

---

① 薛群慧，卢继东，杨书侠.健康旅游概论［M］.北京：科学出版社，2014：3.

游业步入了快速发展的时期（见表1-1）。

表1-1　我国部分健康旅游地区及其发展情况

地区	产业类型	突出特色	进展情况
海南	博鳌尊贵养生之旅	养生娱乐主题公园	2013年，国务院正式批复设立海南博鳌乐城国际医疗旅游先行区，海南养生度假联盟推出"博鳌尊贵养生之旅"等养生度假产品，把养生与旅游结合，丰富海岛国际旅游岛的旅游产品；海南岛养生科学与旅游学研究院将依托海南医学院的产、学、研、医的资源和力量，把国际养生论坛办成国际一流的特色论坛，并以此为切入点，建设养生娱乐主题公园
河北	健康旅游基地	生命健康产业创新示范区	统筹健康服务业、健康制造业、健康农（渔）业协同发展的健康产业集群。借助临近北京的医疗优势，坚持医、药、养、游协同市场化运作
新疆	医疗旅游	立足新疆辐射东亚	新疆旅游协会与新疆医科大学第一附属医院签署《建立独联体游客在新疆开展医疗旅游活动的联系制度》，目的是通过开发新疆医疗旅游资源，把中国新疆打造成辐射中亚的一流医疗旅游目的地
广西	长寿养生	国际旅游区	制定了《巴马长寿养生国际旅游区发展规划纲要》，努力打造"长寿圣地，养生天堂"的国际化旅游品牌
云南	养老养生	国际养生基地	借助丰富的自然资源、得天独厚的气候条件，民族文化资源、生态资源，主动应对市场变化，对养老养生产业进行政策扶持，积极推动养老养生产业的发展。目前，多方投资的云南省昆明滇池国际养生基地项目达成合作意向，欲借此形成养老养生产业聚集，推动地方经济发展
上海	疾病治疗	跨国医院	相对成熟，国际医学院、疗养院运行良好
香港	疾病专项康养	私人医院	治疗糖尿病、癌症的私人医院驰名世界
台湾	疾病诊治	国际化医疗服务旗舰	心血管外科、人工生殖国际化服务标准到位

近几年，北京、广东、福建、贵州、四川、河南等地已经率先提出长寿养生、健康旅游及其促进健康旅游和相关产业发展的新思路，推出了健康旅游产品，并初步形成了产学研一体化的发展模式，逐步形成了健康旅游产业体系。

2018年，在江苏无锡举办的主题为"旅行世界的互联互通"的中国智慧旅游峰会上，有专家提出，智慧旅游在繁荣发展，根本原因在于其适应了旅游规律的要求。在传统的、行政的旅游区域越来越不适应当代旅游的形势下，智慧旅游不仅重塑了旅游目的地格局，而且极大地满足了旅游多元化、多层次的复杂需求（FIT），实现旅游业大规模个人定制的要求，使一大批新业态得以出现，这些智慧旅游平台（以携程、去哪儿网、马蜂窝、Airbnb等OTA为代表），让民宿、冰雪、避暑、康养等曾经的小众旅游，融入大众市场。至此，健康旅游成为富有潜力的新兴大众旅游方式。

第二节　健康旅游的客体

健康旅游客体，等同于健康旅游对象，是在健康旅游活动中与游客发生互动的事物和现象的总称。很多学者将其解释为引发和诱使人们产生旅游行为并实现旅游活动的事物和现象，指在大自然和人类社会中，可以对健康旅游需求者产生吸引力的各种事物和元素。笔者认为，在旅游者到达目的地之前，引发旅游者产生旅游冲动的事物和元素，包括旅游目的地的品牌形象、自然人文旅游资源、旅游设施等，应统称为"旅游吸引物"，而旅游客体应是健康旅游者在旅游活动过程中与之产生互动的对象，二者包含的内容在客观上有很多重叠，但与旅游者接触的时间上有先后区分。旅游客体和旅游资源是旅游学科的核心概念，长期以来，很多领域内的专家学者对于二者内涵有着长期的研究和比较阐释，研究出的结论或者见解也是比较多的，具体到健康旅游领域，本书将健康旅游客体内涵和特点以及旅游资源与产品归结如下。

一、健康旅游客体的内涵和特点

第一，从健康旅游客体的经济学角度来看，部分客体处于潜在的待开发的状态，有的处于原始状态，需要通过开发和利用将潜在旅游资源转变为现实旅游产品；有的是部分被开发利用的旅游资源，需要通过技术手段呈现其全部价值和魅力，目的是实现社会收益和经济效益。

第二，从健康旅游客体的实用角度来看，健康旅游资源具有特殊性和稀缺性。任何作为旅游资源的自然存在、文化遗产和医疗优势，都不同于普通的旅游客体。这类资源的稀缺性符合经济学规律，其所产生的对旅游者的吸引力能带来生产力，促进资源所在地经济发展和产业结构调整，改变旅游地居民生活方式。

第三，从健康旅游客体的美学角度来看，特殊的自然美和人文美在健康旅游客体上尤为突出，这类美产生的价值可以给游客带来精神上的愉悦、身心上的放松、灵魂上的提升。这种客体的吸引力可以使人"上瘾"，从而进行多次的消费和领略。

综上可见，健康旅游客体尽管在研究领域与视角上有特别之处，但是必须向旅游者提供休闲愉悦体验，即旅游客体必须具有吸引游客的功能和旅游价值。显而易见，只要健康旅游客体的吸引力被重视，即使是人为赋予的意义和价值，其社会影响、市场效益、经济价值就会很快显现出来，这就为激发旅游者的旅游动机，开展全方位的旅游资源开发提供了可能。

结合学术界部分学者的观点，特别是对健康旅游客体概念的阐释，笔者总结出健康旅游客体有以下三个特点。

第一，客观体验性。任何健康旅游客体都能够与旅游者产生互动，其价值容易被定义和辨别。健康旅游中，各种物质类旅游资源、非物质旅游资源，有形可感知的资源、无形可体会的资源，都要分别或者同时满足游客不同层次的生理或者心理需求，是能够直接承载精神满足、移情、寄情的实实在在用于观赏或游玩的客体。

第二，潜在转化性。部分没有经过开发的健康旅游客体可以进一步进行开发和包装，转化为健康旅游产品，但加工和开发过程的影响因素比较多，比如审美观念、技术手段会削弱、干扰旅游资源的开发利用，甚至一些资源会无人顾及、被永远埋没。随着经济发展和技术手段的更新，经过追加一定量的为旅游而付出的人类劳动，那些容易被忽视的健康旅游资源会重见天日，逐渐转化成现实的旅游资源。

第三，范围拓展性。健康旅游客体能够融合物质旅游资源与非物质旅游资源，自然与人造的资源都能够经过进一步的开发与完善，经过市场化的运营和推广被市场所了解和熟知。随着生产力的解放和发展，人类思想开放，社会经济发展水平不断提高，市场更加活跃，资金投入和开发手段更加多元，旅游资源被人类所发掘的范围会日益广泛。随着科技进步与开发手段的不断完善、持续升级，健康旅游资源的开发也随之逐渐扩大范围，提质增量的趋势更加明显。

二、健康旅游资源和产品

（一）健康旅游资源

资源是自然、人类、文化相互结合的产物[①]（孙鸿烈、封志明，1998），其具有客观实在性的特征，也是健康旅游发展的物质基础。面对形式种类多样、数量丰富的资源，很多学者企图对其加以分类，分类指将不同的抽象或实体事物加以区分，作为认识事物的基本方法，分类的研究对于资源后续的

---

① 孙鸿烈，封志明.资源科学研究的现在与未来［J］.资源科学，1998（01）：5-14.

鉴别、评价和量化分析都十分重要。霍明远（1998）^①将旅游资源划分为自然资源、社会资源、知识资源三个类型，其中自然和社会资源是有形的，知识资源是无形的，其中社会资源和知识资源又可以归为人文资源层面。因此对于健康旅游资源的划分，本书沿用传统旅游资源的划分方式，分为自然健康旅游资源和人文健康旅游资源。

自然健康旅游资源是遵照自然发展规律天然形成的、可供人类旅游享受的自然景观和自然环境，寓于自然界一定的空间位置、具有特定的形成条件和历史演变阶段，它的形成是自然要素之间相互联系、相互作用的结果，其产生有一定的地学条件。自然健康旅游资源包括森林、温泉、滨海地带、山地、草原草地、花卉园艺地等健康旅游吸引物。在森林旅游中，具体形式有森林休闲、度假、森林疗养院等，以卫生、保健、疗养为目的；温泉可以治病，适宜于健康疗养、亚健康康复，特别是系统性疾病、职业性疾病、皮肤病的辅助治疗与康复疗养；滨海地带负氧离子高，有蓝天、大海、阳光等美丽景色，旅游者可通过运动、休闲、观景来缓解压力，提高身心健康水平；山地有高矮起伏、有悬崖坡度，是开展户外运动、游憩等健康旅游活动的重要场所；草原草地辽阔无边，构成独特的生态系统，是良好的生态环境，更是极具开发潜力的健康旅游资源；花卉园艺地是开展园艺疗法、健康休闲活动的优良场所。

人文健康旅游资源则是在人类历史发展和社会进程中，受人类社会行为影响形成的、具有人类社会文化属性的悦人事物，其形成与分布受历史、民族和意识形态等因素的约束，同时也会受到自然环境的影响。人文资源不仅包括建筑等有形的资源，还包括养生习惯、文化风俗、保健形式等无形的健康旅游资源。因此自然旅游资源、人文旅游资源构成了健康旅游资源的全部，其中既包括有形资源，也包括无形资源。社会健康旅游资源最典型的就是具有康乐、健身、疗养、休闲度假功能的吸引物，也就是康体游乐休闲度假地；还有利用农业景观资源和农业生产条件，发展健康旅游的新型农业生

---

① 霍明远. 资源科学的内涵与发展 [J]. 资源科学，1998（02）：13–18.

产形态，也就是休闲农业；还有环境优美区与医疗或者康复资源相结合形成的可以开展健康旅游的地域，也就是疗休养院与体检中心；还有具有宗教意识、民俗文化和艺术追求的重要媒介，也就是各类宗教与祭祀活动场所；还有运用工程技术和艺术手段营造的适宜游览的地方，也就是园林康复区域；还有各种开展文化、娱乐、知识传播的场地和设施，也就是文化活动场所；最后是专门饲养动物、栽培植物供展览观赏的场所，也就是动物与植物展示地。以中国为例，我国传统人文养生旅游资源非常丰富，一般认为包括养生术、武术、文化和医学四类。养生术历史悠久，涉及延缓衰老，延长寿命，通过人文和终极关怀，促进人身心健康；武术通过调节气息、松弛身心、锻炼运动，以达到强身保健的目的；文化主要指以琴棋耕读、书画诗词为主体的中国传统文化，让人们在文化艺术创作中实现舒畅情志、颐养心神、益寿延年；医学主要是指中医养生旅游资源，通过阴阳协调、饮食调养、舒畅经络，实现科学保健养生。

另外，还应该注意到旅游资源的特点，很多都是以潜在的或半开发的状态存在于旅游地，因此必须加大旅游资源开发力度，通过更新改造、赋予新蕴含等多样的技术手段，发掘、利用、包装好，特别注意在吸引人方面下大气力，使其往日和当前的价值显现出来，于是整个旅游开发活动中最主要的环节就集中在健康旅游的客体上了。健康旅游的资源是健康旅游活动中不可或缺的利益相关体，保护好并开发好各种形态的健康旅游资源，深入挖掘旅游资源的本身价值、附加价值，提高服务内涵和吸引力，把旅游资源搞活，把多种功能充分发挥出来，是决定整个旅游开发质量的关键。

（二）健康旅游产品

食、宿、行、游、购、娱是旅游的六大要素，具体到健康旅游，就是养生、医学、运动、心理疏导、美容、体检等元素的综合，都是市场开发的热点。

健康旅游小镇是目前重要的健康旅游开发和开发经营形式，根据其依托资源的类型不同，目前形成了三大主流健康小镇模式。第一类是天然资源引领的健康养生小镇。其特点是依托当地的资源禀赋，如自然、生态、人文、历史和文化，打造以优势资源为主题引领特色的健康养生小镇。此类小镇的建设发展对业态的区别化定位、特色元素打造及长期运营能力均有特殊要求。其核心业态以休闲养生、文化娱乐、休闲观光、生态农场和医疗旅游为主。第二类是产业科技驱动的健康科技小镇。其特点是以当地具有较强的生命科学或大健康产业为基础和发展引擎，依托现有产业及人才基础，打造具备科技价值含量特色的健康科技小镇，而且多具有或毗邻较为优质的大学和科研资源。此类小镇的打造对于吸引、聚集和协同产业及人才落地的能力有特殊要求。其核心业态以生物科技、医药研发、创投孵化、教育科研和医疗服务为主。第三类是医疗服务导入的医疗健康小镇。其特点是依托当地特定的自然环境与交通辐射能力，规划、导入和构建优质、综合性的医疗健康服务体系，服务当地及所辐射、吸引的特定医疗服务受众或老龄人群，打造以医疗健康服务为特色的医疗健康小镇。此类小镇对吸引优质合作伙伴、构建较强的医疗品牌及长期高品质运营能力有着特殊的要求。其核心业态体现为以医疗服务、康复护理和养老养生为主。

健康旅游产品的开发既需要依托自然资源、文化环境和科技发展，也需要考虑旅游目的地周边的市场情况，综合不同地域的市场需求和资源情况，目前健康旅游产品供应类型大致有四类。第一类是高端医疗服务。国际上，私人医疗服务往往等同于高端医疗服务，甚至取而代之。在国内，所谓的高端医疗服务在公立医院中较为少见，在独资、合资、公私合作等投资模式下建立和管理的医院、高端私立医疗机构，成为提供此类服务的主体。其服务主要通过建立综合医院、专科医院、门诊部、诊所等方式，鼓励社会资本提供以体检和疾病治疗为主的国际先进医疗服务，采用法人治理的组织架构，按照公司化的治理模式进行运营，在北京、上海等医疗资源丰富、基础公共设施较好的大城市，通过建立国际医学园区的方式，集中提供集医疗、预防保健、养生康复为一体的高端医疗服务。当前，市场繁荣推动着消费升级，中高端医疗服务和运营机构正在全面提前布局，他们看中的也正是医疗服务消费升级的趋势。第二类是中医药特色服务。作为旅游与中医药融合发展的新兴业态，中医药健康旅游对优化旅游产业结构、弘扬中华传统文化、提高经济效益、推进中医药全面发展具有重要意义。国务院办公厅印发的《中医药健康服务发展规划（2015—2020年）》中也明确提出："发挥中医药健康旅游资源优势，整合区域内医疗机构、中医养生保健机构、养生保健产品生产企业等资源，引入社会力量，打造以中医养生保健服务为核心，融中药材种植、中医医疗服务、中医药健康养老服务为一体的中医药健康旅游示范区。"目前，中医药医疗康复游、文化体验游、观赏品味游、疗养养生游等各类旅游产品构成了中医药健康旅游产品体系，体现出体验性强、参与度广的特点。正是因为政策的推动和市场的需求，中医药健康旅游产品和项目的开发正在全面提速，特色化、品牌化医药健康旅游主题线路不断丰富。第三类是康复疗养服务。康复疗养旅游是个综合体，需要拥有特殊自然资源条件的疗养环境，传统的保健技师和掌握OT、PT康复等现代康复技术的康复师，一流的健身康复辅助器械和设施，把休息度假、健身治病与旅游有机统一起来。康复疗养服务经营组织者，结合当地特色优势，开发康疗产品，提供配套服务，在日光、水疗、地热、温泉等方面下功夫，推广日光浴、矿泉浴、森林浴并提升服务质量，实现治疗、康复与旅游观光的配套；建设针灸、按摩、理疗以及气功、中草药药疗等特色健康旅游线路，提供理疗康复、慢性病疗养、骨伤康复、老年病疗养和职业病疗养等个性服务。第四类是休闲养生服务。我国适宜开展的休闲养生旅游形式很多，各地旅游和养生资源是其运行的基础条件，相应服务经营组织者把养生保健、修身养性、休闲度假等服务自由组合、和谐搭配，不断创立和拓展养生保健服务的新模式，开展农事体验、生态果蔬花卉养生、宗教民俗养生、农家餐饮养生、田园慢生活等活动。经营者针对不同人群需求特点，引导人们走向山野林间，寻求大自然赐予人们的健康启迪，推出调补养生、美食养生、美容养生、居住型养生、环境养生、文化养生、运动养生、生态养生系列旅游产品，开发抗衰老和健康养老等旅游服务新形式。

第三节　健康旅游的伦理主体

　　伦理主体在伦理学研究中有非常重要的意义，健康旅游的伦理主体是研究健康旅游伦理问题核心的内容之一。在过往的研究中，旅游伦理的主体常常被限定为旅游者或者旅游经营者，一般讨论其旅游活动中的行为是否符合一般的伦理准则。为避免旅游伦理主体局限或无限扩大，同时突出旅游伦理的针对性，夏赞才（2003）将旅游伦理主体限定为旅游者及旅游利益相关者，既包括经济利益也包括精神利益[1]。"利益相关者"是来自管理学的概念，是指那些能够影响企业目标实现或者受到企业实现目标过程影响的人和群体。旅游领域的学者将旅游地利益相关者定义为有能力对旅游地的发展方向施加影响或其利益受到旅游地开发和管理影响的组织或个人。世界旅游组织第13届大会决议通过的《全球旅游伦理规范》，对于旅游所涉及的旅游利益相关者有了相应划分，"包括国家、地区和地方行政管理部门、企业、商业协会、旅游部门的员工、非政府组织和属于旅游产业的各种团体，以及东道社区、媒体和旅游者自身等"。由此健康旅游的伦理主体也应包括健康旅游者及旅游活动中包含的利益相关者。

　　国外不少学者针对旅游利益相关者进行了界定和归类，索特和雷森[2]（1994）将旅游利益相关者分为8类，包括游客、国家商务、员工、居民、

---

　　① 夏赞才. 旅游伦理概念及理论架构引论［J］. 旅游学刊，2003（02）：30-34.

　　② Sautter E. T., Leisen B. Managing stakeholders: A tourismplanning mode［J］. *Annals of Tourism Research,* 1999, *26*（2）：312-328.

积极团体、竞争者、政府、商户；莱恩[①]（2002）将旅游利益相关者做了更细致的划分，将旅游利益相关者划分为包括压力团体、媒体机构等在内的十二类。根据本书的研究需要，除健康旅游者外，笔者将健康旅游活动中伦理主体分为旅游目的地政府、旅游活动开发经营者、旅游目的地居民及其他利益相关者，其中其他利益相关者包含了除了上述四者之外的其他所有健康旅游利益相关者。

健康旅游各利益相关者的主体和职责义务不同，其利益诉求也是复杂和多样的，且在不同的区域、不同的文化背景下、旅游发展的不同阶段，伦理主体的利益诉求都会不同。健康旅游伦理主体之间的关系是互利互惠的协作关系，在健康旅游发展的过程中，各伦理主体相互达成动态的平衡关系，而出于对自身利益的考虑，在争取自身利益的过程中就会出现矛盾和分歧，这也是健康旅游目的地发展过程中出现问题的根本原因。

一、健康旅游者

一般认为，旅游者就是暂时离开常住地，通过游览、消遣等活动，以获得精神上的愉快感受为主要目的的人群。结合对健康旅游本质的认识，健康旅游者可以定义为以改善身心状态、促进或者维持健康为出发点，暂时离开常态的工作、生活、学习的居住地，通过康复、体检乃至医疗等方式开展健康休闲等活动，并且获得生理、心理健康恢复的人。

（一）健康旅游者的分类

银发旅游者一直被视为健康旅游的主要市场群体，但实际上健康旅游市场在不断扩大，从年龄上可以分为中青年亚健康群体、老年养生康复需求群体、学生健康旅游潜力群体等；从消费层次上可以分为高端豪华型健康旅游产品消费者、追求身份尊严和社会地位的中端消费者、庞大而复杂的低端健

---

① Ryan C. Equity, management, power sharing and sustain ability: Issue of "new tourism" [J]. *Tourism Management*, 2002, *23*（1）:17–26.

康旅游者。由于涉及利益关系均衡的研究，本书依据健康旅游在提高和改善旅游者身体健康状况中发挥的不同作用，将健康旅游者划分为康复追求、休闲度假和自我实现三种类型。

1. 康复追求型健康旅游者

这一类型的消费者，期望通过旅行达到治疗、康复、体检、医疗养生养老的目的，实现生理上、心理上的治疗和康复，包括疾病的治疗、整形美容等，一般是高端豪华型的健康旅游消费。最初这一类型的旅游者旅游路线比较固定，普遍是从发展中国家前往以美国为主的欧美发达国家，因为在很长的一段时间内，欧美国家先进的医疗技术、可靠的医疗服务、一流的医疗设施、密集的医院布局和良好的医疗信誉等优势十分明显，发展中国家的富裕阶层会选择到美国接受高品质的医疗服务。后来，先进的医学技术和仪器设备被逐渐引入发展中国家，这些国家与欧美国家的医疗水平的差距在缩小，同时美国医疗费用增加和预约等候时间较长，国际康复追求型的健康旅游者开始转向医疗水平先进、疗养环境舒适同时更具有价格优势的国家开展医疗旅行，因此目前的康复追求型健康旅游者从最初的"土豪阶层"逐步向精英阶层扩散，同时呈现出消费者年龄多样化和目的地区域丰富化的特征。

同时各个国家也依据国内的医疗特色，发展起专项的康复旅游产品项目。瑞士蒙特勒充分利用羊胎素活性物质这一资源，整合瑞士10多家权威医疗机构，专注私人定制健康抗衰，提供全程的医疗翻译、陪护人员，通过完备的医疗设施和完善的医疗相关服务，开辟出对消费者贡献巨大的健康旅游产品，为高端人群提供养生服务、抗衰老治疗，这类服务主要针对各国的精英人士。在美容养颜风气盛行的韩国，最著名的高档消费区首尔江南区的狎鸥亭洞和清潭洞的街道上，与众多国际大牌消费品相邻的是200多家大大小小的整容医院和美容机构，为来自世界各地的人们提供专业、优质的服务，这一区域成了吸引外国游客的"流行整容一站式服务街"。康复追求型健康旅游者不仅能够在旅行过程中获得医疗服务，还能够为当地治疗机构和跨国的医疗中介机构带来巨额收入，从而促进健康旅游发展。

2. 休闲度假型健康旅游者

不同的健康旅游方式对于提高和改善旅游者身体健康状况所发挥的作用是有差异的，休闲度假型健康旅游者期望通过健康旅游消除疲劳，他们很大一部分是所谓的"都市白领"，受教育程度和收入相对较高，集中在金融、互联网等高薪行业中，工作紧张压力较大，生活作息长期不规律且缺乏运动，很多人都处在亚健康状态。日常生活和工作环境所产生的压迫感和非自由状态，使得他们心理压力加大，长期处于紧张状态，无法缓解，导致生活质量下降。这类人群渴望一种能够把握自身命运的自由状态，寻求心理压力的释放。他们把健康旅游作为一种心理宣泄的理想出口和方式及一种能调节心理状况的理想活动。根据2016年世界卫生组织报告，全球亚健康人数超过60亿人，占全球总人口的85%。对于亚健康人群来说，旅游可以起到一定的调节身心的作用，尤其是休闲度假旅游，而高薪白领具有一定的消费能力，在闲暇时有能力通过健康旅游实现身心调节。尽管中国目前还是发展中国家，但人们对于休闲调整的需求具备相当的规模，环城市带区域成了休闲度假型健康旅游者的重要目的地。这类健康旅游者为了缓解或消除亚健康状态，会选择户外游憩、滨湖旅游、养生文化休闲、健康度假、森林浴、温泉健康旅游等多种方式。

位于加勒比海北部，有着"滨海养生之都"美誉的墨西哥坎昆，依托一流的自然环境和气候优势，集气候养生、水疗养生、运动养生等为一体，提供舒适齐全的度假配套服务，建成了综合性休闲养生目的地，受到世界各地白领群体的追捧。随着高端游客的数量增多，他们的需求愈加多样，休闲度假型健康旅游产品也在开发更多项目，在泰国，著名的豪华疗养胜地Chiva-Som度假区能够为高端游客提供多达230种健康服务，如按摩、健身、SPA、水疗、瑜伽、气功、物理治疗及体能活动，每夜起价为1400美元。健康旅游者对旅行体验的需求永无止境，而多样化的需求也意味着未来健康旅游市场充满了潜力，未来市场通过为游客打造更加丰富多彩、更加高端的健康旅游体验，能够进一步提高健康旅游行业产值。

3. 自我实现型健康旅游者

根据马斯洛需要层次理论，自我实现是人类需要的最高层次。自我实现型健康旅游者希望通过冒险或者平和的方式，使身心潜能在适宜的环境中得以充分发挥，让自己更好地认知世界。他们不追求声名显赫的高端酒店品牌或者比较著名的目的地，而更多追求精神上和心灵上的体验。自我实现型的健康旅游者又可以细分为两类，第一类是喜欢户外运动、探险类健康活动的旅游者，他们以探索未知世界、挑战身体极限、最大限度地发挥身体的潜能、追求惊险刺激为目的；第二类是喜欢室内冥想灵修类活动的旅游者，冥想能够让内心深处保持冷静，让思想、身体和精神融为一体。旅游者是健康旅游活动中最主要的利益群体。旅游消费已经进入以消费者为中心的感性消费阶段，人们越来越重视心灵的满足，自我实现型健康旅游者早已不能满足于旅游地区单一的旅游项目，更加强调精神、健康的追求，他们在健康旅游过程中追求更加个性、非正式的体验。人们正在改变对休闲、健康、小康等的观念，希望通过旅游的形式获得心灵的宁静以及身体的健康，他们注重景区的配套设施、交通运输，特别在意景区的医疗机构、人文环境。为了满足市场多样化、个性化的需求，旅游经营者打差异牌，强化经营场所的文化友善程度，这些适应旅游者的细微变化，体现的是对旅游者的人性化和人文关怀，促进的是健康旅游项目的多元化、专业化，满足的是游客更加多样的服务需求。

（二）健康旅游者的利益诉求

健康旅游者在健康旅游活动中的利益追求不同于其他伦理主体，因为经济利益不是他们追求的重点，他们追求的利益核心是健康旅游体验，在保障基本的人身安全、生活需求的基础上，以追求健康为目的，尽可能享受舒适和惊喜体验。谢彦君[①]认为旅游体验分为审美体验和世俗体验，二者都是旅游者在旅游过程中通过观赏、交往、模仿和消费等方式体验到的放松、变

---

① 谢彦君. 基础旅游学［M］. 北京：商务印书馆，2015.

化、新奇等心理快感，但由于并非所有旅游者都能自觉地追求这种审美体验，将其视作旅游体验的内容，同时即使是以追逐审美愉悦为目的的旅游者，其个人的审美能力差异也会影响到审美效果，所以尽管审美愉悦是旅游体验的基本目标，但并非所有旅游者都能体验到。健康旅游者的基本目标除了审美体验之外，还有生理和心理的健康体验。健康旅游者期望高质量的健康旅游体验，当旅游体验超出期望时，健康旅游者会产生兴奋感；当旅游体验与期望相当时，健康旅游者会产生镇定感；当旅游体验低于期望时，健康旅游者会产生失望感。高质量的健康旅游体验，是需要外在因素保障的，其他健康旅游者、目的地政府、旅游开发经营者等都会对其产生影响。健康旅游者正向的行为能够增强其他旅游者的旅游体验，因此旅游者之间会有行为期待，旅游者都希望其他旅游者能遵守行为规范，确保自己的旅游体验质量。

二、健康旅游目的地政府

本研究所使用的"政府"概念包括旅游主管部门和其他涉及旅游相关事务的政府部门。旅游主管部门的职能在于宏观调控和管理旅游活动的运行和发展，其他涉及旅游相关事务的政府部门包括与食住行游购娱等要素有关的政府部门和法律、经济、环境保护等事业部门。

（一）健康旅游目的地政府的功能与作用

在我国，多数旅游目的地的打造和发展是依靠政府主导驱动的，健康旅游产业的发展离不开目的地政府的支持。目的地政府的基本行政职能包括协调、制定和出台政策规定、制定规划、引入投资、保护旅游资源、收集和发布旅游信息、维护市场秩序等。在健康旅游者消费前、消费中和消费后，目的地政府向游客提供一些基础、无差别的服务，在三个阶段分别发挥着健康旅游目的地形象打造和品牌治理、健康旅游目的地公共服务的提供和健康旅游舆论危机管理作用。在大众旅游时代背景下，随着人们健康旅游经验不断丰富和健康旅游目的地建设逐渐完善，游客对于服务和形象品牌的要求已经提高到个性化、品质化和情感化。健康旅游目的地政府在满足游客标准化基本需求后，还需进一步创造优质的情感化的游客体验价值。

1. 健康旅游目的地形象打造和品牌治理

旅游目的地形象并不完全依赖于客观事实，而是由健康旅游主体和经营者共同打造。健康旅游目的地品牌形象的打造过程，就是社会建构过程，是利用"旅游凝视"这一特性，通过游客对健康旅游符号的收集和消费得以构建，旅游符号包括旅游宣传视频、导游词、游记等旅游语言。

随着互联网对人们生活的重要性日益增强，旅游者获取旅游信息的方式更多来源于互联网。目的地政府作为官方权威的代表，建立的官方旅游网站和通过官方渠道发布的旅游信息更让旅游者信服。例如"好客山东"旅游品牌，由山东省牵头提出，首创"联合推介，捆绑营销"品牌传播模式，联合全省十七城市，在包括中央电视台在内的多个主流媒体进行长期的形象宣传，"好客山东"的广告词和品牌形象深入人心，这也成了全国旅游品牌集群式传播的典范。"好客山东"品牌推动了山东作为区域旅游目的地的竞争力大幅提升，品牌带动力和辐射力在旅游收入和游客人数上得到了明显体现。2019年山东省旅游总收入1.17万亿元，全年接待游客总数达到9.3亿人次。

2. 健康旅游目的地公共服务的提供

健康旅游目的地的公共服务是为满足健康旅游者公共需求，通过政府行为或政府指导下的市场行为，提供的一系列产品和服务的总称，既为旅游地居民提供，也为健康旅游者提供，其供给主体是当地政府，虽然公共服务的生产者、组织者可以是多种的，但目的地政府始终是责任主体。健康旅游的公共服务体系可以分解为健康旅游公共交通基础设施服务、健康旅游公共信息服务、健康旅游公共安全保障、健康旅游公共环境服务和健康旅游公共行政服务体系五个体系。公共交通基础设施服务体系包括公路服务、铁路服务、水路服务、航空服务、公共交通服务、集散服务、风景道（包括慢行系统）、公共特色交通节点（驿站、自驾营地、码头、高速公路服务区等）；公共信息服务体系包括智慧旅游公共服务、旅游信息咨询服务、旅游解说系统服务、旅游交通指示、旅游标识标牌、环境解说等；公共安全保障体系包括旅游公共安全预防与控制、旅游应急救援与善后处置服务等；旅游公共环境服务体系包括旅游"厕所革命"、旅游环境卫生管理服务、旅游环境质量监测服务等；公共行政服务体系包括旅游管理体制机制改革、旅游行业监管服务、旅游行业标准化服务、旅游便民惠民服务等。

3. 健康旅游舆论危机管理

伴随着互联网技术广泛应用，健康旅游者的信息传播方式演变成以自媒体为主，每个普通大众都能够通过数字科技与全球连接起来，同时也能在网络上分享他们的想法和观点，人人都是信息的受众，同时也是信息的传播者。当健康旅游者对于目的地出行安全、服务质量不满意或遇到问题时，在网络平台上表达诉求已经是非常常见的方式。而此时需要目的地政府制定好回应策略，积极及时地应对舆情。近年来，多级政府部门都对舆论危机的处置重视程度越来越高，然而大多数情况下尽管事件得到了及时的回应，仍不能平息负面的舆论，导致事件经历多轮发酵。

在信息化高度普及的当下，政府职能部门要对舆论场保持足够的重视，树立良好友善的公众形象，尽早发现苗头性、倾向性的问题，化解其于萌芽状态，避免陷入舆论旋涡中，更应该彻底改变以往的推诿、敷衍塞责甚至与商家沆瀣一气坑害消费者的行为，地方政府应该以严苛的问责制度督促相关部门认真履行好职责。

（二）健康旅游目的地政府的利益诉求

目的地政府批准开发经营者开发本地健康旅游资源，期望本地包装文化和自然资源吸引健康旅游者前来，为当地创造经济价值，但是同时担心文化和自然资源在开发和经营过程中遭到开发商和旅游者的破坏，占用大量公共资源，使旅游地居民产生不满，甚至被隐形驱逐。目的地政府是目的地社会全体利益的代表者和发言人，其利益诉求可以归纳为社会效益、环境效益、文化效益、经济效益。保障旅游地居民和旅游者的人身财产安全是最基本的社会效益诉求；环境效益则体现在对于空气、水、土壤各个方面的保护；文化效益的诉求体现为对当地文化历史资源、居民风俗传统的维护，同时提高城市和区域的知名度；而经济利益则是希望通过发展健康旅游增加政府的财政收入，为当地带来资金和商机。

三、健康旅游开发经营者

（一）健康旅游开发经营者的作用

从类型看，健康旅游开发经营者包括开发商、供应商、旅游区的管理商以及接待区域的餐饮住宿经营者等。他们的作用是负责健康旅游活动中对旅游区域的经营管理、日常运行及其后续保障工作，推进健康旅游者的高效体验，保证经营者经济效益的实现。

健康旅游目的地与其他类型旅游目的地发展阶段略有不同。健康旅游目的地的形成通常是旅游目的地已经发展了一段时间，有比较稳定的游客数量，在逐渐发展过程中，根据当地的资源特点和市场需求等原因，健康旅游要素被挖掘出来，开始逐渐往健康旅游方向侧重。在旅游目的地还未被开发之前，资本还没有进入市场，只有少部分零散的游客自由行前往，最先出现的开发经营者是当地社区居民单独或合伙开办的个体或者集体所有的旅游企业，为少量的旅游者提供餐饮、住宿、向导等服务；当目的地政府或者资本关注到旅游发展潜力时，旅游开发经营者开始进入，旅游目的地未被开发的自然和社会资源将得到开发，当地的公共服务将得到"旅游化改造"，旅游服务设施、旅游住宿、旅游餐饮、旅游购物都是旅游开发经营者改造的重要旅游服务设施，这一阶段中旅游目的地食住行游购娱各个要素的服务设施被完善；在旅游发展过程中，健康旅游要素被逐渐挖掘并融入旅游中，专业的健康旅游开发经营者开始进入，在原本的接待体系中进行"健康旅游化"改造，同时与其他健康旅游产业协同发展。三亚和北戴河的健康旅游发展都是这种模式。三亚处于海南岛南端，是我国唯一的热带滨海旅游城市。基于独特的自然环境和旅游资源优势，三亚从20世纪就开始发展旅游产业，1992年，三亚亚龙湾股份有限公司成立，并经国务院批准在此建立亚龙湾国家旅游度假区，1998年，三亚开始创建中国优秀旅游城市活动，并逐步建立了完善的食住行游购娱服务设施。21世纪初，健康旅游产业被列入三亚重点发展的新型产业之一。三亚开始探索中医药健康旅游发展模式，系统梳理当地的中医药健康旅游资源，打造集健康服务、休闲度假、旅居康养、临床治疗、治未病、康复保健于一体的中医药健康旅游目的地。北戴河位于秦皇岛，受海洋气候的影响，当地夏无酷暑冬无严寒。基于良好的气候优势，北戴河成为新中国成立后第一个休疗基地，改革开放后，北戴河休疗基地被划拨给旅游部门，北戴河成为中国发展旅游业的第一批城市之一。最开始的时候，接待设施跟不上大量的游客需求，滨海的农户和居民把房子腾几间出来，成立家庭旅馆开始收留游客，一些会英文的居民还给外国来的游客做向导和讲解，后来，旅游开发经营者进入，改善了旅游服务硬件设施，游客接待能力提升，当地旅游业开始快速发展。2017年，北戴河生命健康产业创新示范区被国家卫生计生委等5部门列为国家首批健康旅游示范基地之一，开始推动旅游与康养融合发展。

（二）健康旅游开发经营者的利益诉求

逐利性是资本的天然属性，在旅游开发和发展过程中，旅游开发经营者是资本的代表，因此，健康旅游开发经营者最基本和核心的利益诉求就是经济利益，开发经营者从最初投资开发，到建设运营，以及提供服务都是为了最终从消费者身上获得利润。开发商有合法的收益权，追求投资的高回报，旅游产品供应商和代理商则有合法经营权，追求盈利能力。但是资本逐利性容易引发与伦理原则相悖的行为和价值取向，从而带来一系列的负面影响，包括盲目无序竞争、不诚信经营等，这需要政府、媒体和公众从行政、舆论等多方面进行监督和管理。随着旅游可持续发展理念受到越来越多旅游者的认同，政府出台了大量关于严厉打击违法经营行为的政策，确保旅游市场的正常运行，因此维持生态环境、维护社会稳定等也逐渐成为开发经营者的诉求。

四、健康旅游目的地居民

在打造健康旅游目的地景点时，旅游地居民扮演的角色举足轻重，这一点受到旅游学者普遍认同。在健康旅游活动中，其相关的利益可以从时间上划分为三个阶段进行讨论。

在前期健康旅游开发过程中，旅游环境，也就是消费的目的地，是旅游地居民正常生活的场地，他们世世代代在这片土地上繁衍生息，健康旅游开发或多或少需要破坏或改造一些当地原有的建筑、道路、自然景观，使其适应旅游者的需求。而旅游地居民在整个健康旅游系统中，既是健康旅游发展的利益相关者，也是健康旅游目的地社会环境构成的一部分，甚至是人文旅游资源的重要部分。开发过程会影响和改变旅游地居民原有的生活秩序和习惯，但同时由于健康旅游开发会占用一些土地，旅游地居民在此过程中会获得一些经济上的补偿。

在中期，健康旅游目的地开始接待旅游者且人流量增加。旅游地居民通过加入旅游经营组织或者自己经营，为旅游者提供服务，收入会提高，但同时当地的经济结构改变，旅游者的涌入会提升当地物价，引起小范围的"通货膨胀"现象，提高旅游地居民的生活成本。但在与旅游者互动过程中，旅游者和开发经营者带来的外来文化会改变旅游地居民的社会信念和知觉、价值观和准则、习俗和行为。同时，旅游地居民也是向外传播当地文化的主要窗口，旅游者和旅游地居民之间发生文化采借（cultural borrowing），由此可以看出，健康旅游的开发和发展对于当地文化来说有利有弊。著名人类旅游学家埃里克·科恩在论及旅游文化时是这样描述的："当旅游最初渗透进一个偏僻的少数族群中时，当地原生的生活方式和习俗是对于游客的重要吸引，但随着旅游业发展成熟，文化交流变多，这一族群在文化上被来往旅游者逐渐同化，其文化独特性在逐渐消解，导致旅游吸引力在下降，为了弥补这一矛盾，他们将曾经的真实性搬上舞台。如穿着曾经的民族传统服饰展现在游客面前，在家中身着普通的城市服装；把一些手工作品卖给游客，但其实他们生活中已经不使用这些物品。"①在健康旅游中，一些传递给旅游者的养生理念、保健方式，旅游地居民可能早已不在日常场景使用。由于本土文化是历史的、社会的，且与环境紧紧联系在一起，所以那些呈现给游客的文化表演已经失去了真实的文化内核。而从另一个方面来看，旅游者经过健康旅游了解了当地独特文化，回到常住地会将目的地文化进行一定程度的传播，尤其是当目的地非上述所说的偏僻、少数族群时，对外传播和交流会更明显。以中医药健康旅游为例，国外旅游者来到中国接受中医的康复治疗、养生保健体验以及文化科普，有机会深入了解中医药文化，如果旅游者得到满意的服务，他们回到自己的国家时也会向身边的人介绍中医药文化，甚至推荐接受中医治疗。健康旅游在发展过程中需要引进很多健康相关机构、设施和专业的人才，同时城市的基础设施得到优化和提升。这些专业设施和基础建设能够同时服务于旅游地居民，提升旅游地居民享受到的公共服务水平。

在健康旅游发展后期，旅游目的地会开始衰落或复苏。根据巴特勒在1980年提出的旅游地生命周期理论，任何一个旅游地的发展过程都包括探索、起步、发展、稳固、停滞和衰落或者复苏六个阶段。健康旅游目的地旅游市场经过一段时间的发展繁荣后，由于产品单一、新兴旅游地抢占市场等挑战，当地房地产的转卖率会提高，而由于逐利性资本与生俱来的属性，当地市场面临风险时，资本会立刻撤出转而投向新的市场。而当地的居民被留下，在健康旅游大肆发展时，他们放弃了原有的职业和谋生途径，转而投身到健康旅游服务产业中，主要的收入来源是游客，他们此时便面临着难以维生的困境；同时开发健康旅游时兴建的设施如疗养院、体检中心等将会失去维护，被发展健康旅游破坏的建筑、道路、景观、生态环境等无人修复，健康旅游地可能会变成"旅游贫民窟"。

---

① 埃里克·科恩. 旅游社会学纵论［M］. 巫宁，马聪玲，陈立平，译. 天津：南开大学出版社，2007.

　　发展健康旅游会扰乱旅游地居民原有的生活秩序，他们应该获得一些物质和精神上的补偿，同时在开发过程中，不仅他们的利益诉求应当被充分考虑和满足，还应该平衡游客和旅游地居民的诉求。旅游地居民既是旅游发展带来的积极影响的受益者，也是旅游带来的消极影响的承受者；既是旅游接待地的主人，也是当地文化和景观资源缔造者。事实上，在日常生活中追求和美、健康，同时也是旅游地居民最根本的价值取向。[①]要注意到，他们希望在自己原有的生活不被打扰的前提下，因为医疗条件或者设施的完善提升康养保障，享用平等的受教育机会以及就业机会，且在此基础上参与旅游开发和决策，优化经济结构，提高收入水平。

　　除了是健康旅游目的地的利益相关者外，旅游地居民还是当地环境的一部分，是目的地形象的主体，在形象的确立和宣传中起着重要的作用。他们是与旅游者接触较多的群体，会直接受到旅游者行为影响，同时也会对旅游者体验产生直接影响，他们对待旅游者的态度和行为将直接影响旅游者的旅游经历与体验的质量，进而影响旅游者对旅游目的地的感觉和印象。因此在健康旅游开发过程中，充分考虑并满足目的地居民的需求是获得预期经济效益、社会效益的重要保障。通常来说，旅游地居民的主要利益诉求有以下几个方面：第一，希望能够参与到本地健康旅游业发展的利益分配中，为个人和家庭带来直接的经济收入，改善生活条件，带来更多的就业机会和商业机会；第二，希望家乡自然环境和社会环境得到保护和改善，在保障原本居住环境、社会风貌的前提下保证健康旅游业的良性可持续发展；第三，希望当地的传统文化风俗和生活习惯得到普遍尊重和认可，使当地的文化旅游资源特色长期保持；第四，希望自身及其子女能够得到更多更优质的教育资源、实现自我价值和与外界交流的机会，为自身发展和提升获得机会。

---

　　① 刘静艳. 从系统学角度透视生态旅游利益相关者结构关系［J］. 旅游学刊，2006（05）：17-21.

五、健康旅游其他利益相关者

健康旅游涉及的利益主体多，除了上述列举的旅游者、目的地政府、开发经营者、目的地居民等健康旅游伦理主体外，健康旅游活动中的旅游从业人员、学者专家、社会媒体及非政府组织都属于健康旅游的利益相关者。健康旅游从业人员是连接旅游主体和旅游客体的纽带，为健康旅游者提供全面的服务，他们主要的利益诉求是经济利益，并希望在经济利益最大化的同时得到健康旅游者的尊重和理解。健康旅游从业人员不仅要在工作中得到基本的生活资料，还期望得到相应的社会地位，获得理解和尊重；学者专家对于当地的健康旅游发展潜力、市场、前景、路径进行研究和分析，希望开发商、政府能够采纳他们的规划方案和理论，促进当地的健康旅游发展；社会媒体将当地的健康旅游发展情况通过各种媒体形式传播给外界，提高目的地健康旅游的影响力和知名度，同时社会媒体也希望得到政府、开发商、旅游地居民、旅游者的配合和响应，获得一手的权威数据和有影响力的新闻资料；公益环保组织和其他与健康、文旅相关的组织与协会，希望在保证社会生态环境不遭受破坏的基础上，通过健康旅游的发展获得一定经济支持。

第四节　发展健康旅游的意义

健康产业关系民生福祉，是老百姓幸福的基础。作为健康服务和旅游融合发展新业态，健康旅游广受欢迎。大力发展健康旅游经济，对实现扩内需、稳增长、促就业、惠民生、保健康的目标，提升我国国际竞争力具有重要意义，具体可以从政治、经济、文化三个方面分析其意义。

一、融合旅游产业发展，助力"健康中国"建设

党的十九大提出了中国特色社会主义进入"新时代"的重大战略论断，社会基本矛盾发生了重大变化，人民群众对于健康服务的均衡需求非常迫切。同时人民的健康是社会主义现代化强国的重要指标，基于人民对美好生活的需求，为了提高全体人民的健康水平，党的十九大提出"实施健康中国战略"，旨在全面提高人民健康水平、促进人民健康发展，为新时代建设健康中国明确了具体落实方案。

大力发展健康旅游，充分挖掘潜在的旅游资源，利用好中医文化和医药资源，是旅游产业升级和多元化、医药服务业提升和延伸的必然要求。把握好"两山"理论和生态健康的深刻内涵，对于实现小康社会奋斗目标、提升全民健康素质具有重要的意义。资料表明，全球老龄化趋势愈加明显，中老年群体是健康旅游行业的重要目标人群，预计在2022年，全球健康旅游市场将达到9190亿美元，年均增长率达到7.5%，高于全球整体旅游业增长率。我国预计在2027年进入深度老龄化社会。随着老龄化进程加速，健康消费潜在群体不断扩大，同时社会对健康保健的重视程度日益提升，人们在医疗保健

方面的消费也在不断提高。我国老龄人口的增加会产生对健康旅游的刚性需求，根据全国老龄办的公布数据，截至2018年，我国60岁以上老年人口已经达到2.49亿，占总人口的17.9%，我国已进入人口老龄化程度较高的国家行列。有研究指出，预计至2050年，我国老龄化人口将跃升至30%，届时将进入高老龄化社会①。国家统计局数据显示，2019年我国居民人均医疗保健消费支出为1902元，增长率为12.9%。健康旅游的需求在持续增长，因此大力发展健康旅游产业不仅能够满足老年群体市场的多层次需求，提升社会整体养老服务业水平，又能有针对性地着眼于社会领域的薄弱环节，弥补部分服务业发展的欠缺，为第三产业增长提供新动能，推动新旧动能转换，发展健康旅游既是应对老龄化社会的长久之计，也是为促进消费、拉动内需提供新的增长点。人们由于收入水平提高所增加的精神诉求也可以激发旅游健康产业的市场潜能。

健康中国战略下，健康医疗、健康服务、健康保险成为经济发展重点领域。健康旅游是全方位健康服务体系的重要一极，在发展理念和措施上、改革力度上都起着引领作用。健康旅游就是发挥市场在资源配置中的基础作用，致力于集聚化、融合化、特色化高质量发展，助力健康行业的供给侧改革。当前，健康旅游就是要打造集康养颐生、高端医疗、抗衰拒老、运动休闲于一体的国际大健康产业，为所有旅游者打造养老养生胜地。同时，积极促进健康旅游全产业链发展，推进旅游服务标准建设，开设云平台建设，能够助力"健康中国"建设，为国家实现全面小康作出贡献。

二、促进旅游供给侧结构性改革，满足市场消费需求

健康旅游是在传统旅游基础上的高端产业，横跨第一、二、三产业，在人才、知识、技术、资金、信息、产业乃至风险等各个方面呈现出密集型的

---

① 谢红，马晓雯. 我国社会化养老服务发展趋势及对存在问题的思考［J］. 中国护理管理，2016，16（11）：1444-1447.

优势和特点，产业之间融合度高，高附加值服务丰富，产业链完整，具有非常强的竞争性，可以说是将医疗医药业、高端信息技术、公共软件服务与旅游业融合、结合的产业。旅游产业正在经历深刻变革，旅游产品逐渐从以资源为依托转向以技术和科技为依托，旅游产业发展正呈现出越来越复杂化、精细化的趋势。健康旅游为了满足旅游市场需求、顺应时代发展趋势，产生了多种模式。比如，通过医疗旅游，旅游者可以在医疗美容、健康疗养、灵修养生等服务中选择，改善健康状况；高端体检旅游中的套餐式精密体检，可深度探测身体的现实情况，先进的防癌检测技术能及时发现早初期癌细胞，可通过微创手术抑制癌细胞生长、扩散，从而提高人们的健康水平。

开发健康旅游产业，目的是让旅游者亲近大自然、开阔眼界、强身健体、愉悦身心，就是将医学、保健、养疗技术渗透到旅游活动的食、宿、行、游、购、娱六大要素中，从狭义上讲是提供旅游保健、预防疾病、急救护理、康复、美容以及疗养等服务，从广义上便是促进医疗旅游的自然环境、社会环境的改善和居民身心健康的提高，这些都必将促进传统旅游业的升级和变革。这种变革影响到旅游硬件和环境，就会有森林浴、温泉健康旅游、户外游憩、园艺疗法、心理旅游等健康旅游方式，将美丽自然景观和人工设施巧妙结合起来，以实现通过养疗或医疗技术、保健手段，促进旅游者身心康复的目的。

三、承载和弘扬中华传统文化

习近平总书记在十九大报告中提出，要坚定文化自信，推动社会主义文化繁荣兴盛。没有高度的文化自信，没有文化的繁荣兴盛，就没有中华民族伟大复兴。要坚持中国特色社会主义文化发展道路，激发全民族文化创新创造活力，建设社会主义文化强国。

旅行可以修身，游览可以养性，自古以来，我国古人就把旅游和读书结合在一起，崇尚"读万卷书，行万里路"。文化是旅游的灵魂，旅游是文化的载体。没有文化的旅游是浅显的、空洞的旅游，没有旅游的文化是难以创造完整价值链的文化。健康旅游是中国传统文化，特别是养生文化实现教化功能的重要形式，也是不断挖掘、弘扬、保护和丰富传统文化的有效载体。在新旧动能转换的背景下，以康养文化与健康旅游为核心内容的文化旅游新产能正在呈现勃勃的生机与活力。比如在开发旅游资源过程中，实现对传统文化的抢救、传承和弘扬。西藏的布达拉宫，云南的丽江古城、香格里拉，江西的景德镇古窑等，都是在发展民族旅游、文化旅游过程中，开始新一轮的修葺或保护，几个周期过后，这些地方获得了新生。

中国传统文化博大精深，支撑着健康旅游的基本内涵和核心价值。以中医药健康旅游为例，驰名中外的中医药文化是中华民族优秀传统文化的精华之一、国家文化软实力的重要组成部分，也是展示、寄托中国地域特色的历史文化资源。亚洲很多国家非常信任中医药，在部分欧洲、阿联酋国家，中医也非常受欢迎，国外很多旅游者来中国时都要带一些中药回国。目前中国已经与40多个外国政府、地区和组织签署专门的中医药合作协议。三亚市中医院以"中医疗养游"服务为特色，吸引了大量海外游客，截至2020年5月，已经为包括多国政要在内的10万余名外宾提供了优质的中医药健康服务，并研发了近300种中医药健康产品，受到中外游客的青睐，三亚成为境外游客体验中医文化的"网红打卡地"和我国中医药传统文化重要的输出窗口。中医药健康旅游依托于中国的中医药文化内涵和市场认可，将天人合一等理念贯穿到旅游的全过程，促进旅游形式和文化内容的统一。随着人们健康观念的变化，中医药以其确切的临床疗效、独特的养生作用、灵活的治疗方式，越来越显示出独特优势，消费群众极为认可。利用独特的文化品格和文化魅力诠释旅游，促进以中医药为主体的健康旅游发展，有利于凸显旅游产品特色，促进游客深入体验中国传统文化。

加快旅游业转型升级，提升健康竞争力和吸引力，是中国传统文化推广与资源展示的最有效的方式之一，对于普及中医药知识和向全世界弘扬中华传统文化具有重要意义。

第二章　健康旅游中存在的伦理问题

　　健康旅游是旅游发展成熟阶段的新型旅游方式。与大众现代旅游一样，健康旅游活动伴随着旅游消费行为，因此会带给旅游目的地经济利益为当地企业提供商机，同时通过继发效应对当地各行各业经济产生间接影响。由于旅游关联度高、涉及产业广泛，健康旅游对于整个服务产业的发展和经济结构的升级调整都十分有利，因此在国民经济中的地位日益重要。而实际上旅游的本质属性并非经济性，旅游的定义中只是涉及"愉悦""异地""体验""暂时"等核心特点，健康旅游还包括"健康"，从此可以看出健康旅游与大众旅游一样，具有明显的非功利性特征，其本质属性在精神层面，因此所发挥的作用更体现在社会效应方面，改善人与自我、人与人、人与社会之间的关系。而在健康旅游发展过程中，会出现破坏或者负面后果，环境被污染，景观因过度利用被破坏，生态因负担加重而失衡，传统文化因误解遭遇肢解，使得旅游资源开发活动在获得巨大成功的同时，影响人与自然的和谐发展。学者谢春江[①]将旅游中出现的负面后果和偏

---

①谢春江. 现代旅游伦理建构的传统伦理资源研究［D］. 长沙：湖南师范大学，2014.

离旅游发展初衷的现象称为"旅游异化"。

健康旅游中也广泛存在这种异化现象，而这种异化现象的本质是健康旅游伦理问题，拿医疗旅游来讲，其引发的伦理问题就有：对于出发国和目的国社会产生的影响；如何进一步促进医疗保健私有化、商品化，以及将病人当做消费者；对目的地国家当地人获得医疗保健的影响，以及对目的地国家医疗系统发展的影响；传染病传播过程中医疗游客所扮演的角色，对出发国甚至全球公共卫生所造成的影响；病人承担的风险；回国后医疗保健体系后续护理的花销；医疗旅游相关的伦理问题及决策过程，等等。

而这些伦理问题引发的异化现象会影响健康旅游目的地的可持续发展。健康旅游中，大气环境，水质感应，土壤侵蚀，物理环境中的声影、噪声等是最敏感的因素，具体来说，就是在养生资源组合性、美学观赏价值、植被景观价值、水体景观价值、养生文化禀赋、气候条件、空气质量、负离子含量、地表水质量、声环境质量、植被覆盖率、相对地理位置、可进入性、地域组合性、自然环境承载力等方面容易出现问题，影响资源的开发和利用。

第一节　健康旅游中旅游者存在的伦理问题

一、旅游者影响下的目的地自然生态环境受损

旅游者和自然环境之间的关系微妙而多元，相互制约或者矛盾的时候，就会出现对后者的污染等损害。旅游者进行正常的旅游活动时，会不可避免地对自然环境造成一定程度的损坏，尤其是当旅游目的地连续接待大量的旅游者时，由于游客素质和道德水平参差不齐、部分旅游者在旅游过程中存在道德弱化的现象，导致出现不文明行为，都会对自然生态环境造成破坏。而如果旅游目的地环境中的空气被污浊，水体被污染，环境嘈杂无序，旅游者

就无法领略、欣赏、体会具体游览对象的各种美学特征。

　　旅游带给景区或者环境的影响有水体污染、空气质量下降、固体废弃物垃圾污染等，这些负面污染已经成为风景名胜地区的顽疾，非常普遍而又难以解决，虽然破坏的是局部生态环境，但长此以往，整个区域的自然和生态资源必然受到损害。综合起来，因为旅游者原因，自然环境中出现的负面效应如表2-1所示。

表2-1　旅游者对自然环境的影响

影响对象	具体行为	影响后果
对地质地貌的影响	在溶洞内呼吸	二氧化碳含量增高，对溶洞具有侵蚀作用
	购买钟乳石、石笋等纪念品	刺激不法之徒对钟乳石和石笋等大肆进行盗采，造成毁灭性破坏
对水体的影响	向水体内乱扔垃圾	严重污染水体
	乘船游览	机动船留下油污
	在海域进行潜水旅游活动	珊瑚礁受到破坏
	购买纪念品	刺激对珊瑚的掠夺式开采
	餐饮、住宿、排泄	产生生活污水
对动植物的影响	给动物喂食或惊吓动物	影响动物正常生活，严重者导致动物死亡
	滥捕滥杀	使动物的品种和数量急剧减少，甚至濒于灭绝
	采摘行为	破坏了植物的生长，造成人为的植被减少、甚至消亡，从而引起植物群落结构的变化
	购买动物纪念品和品尝野味	导致大量野生动物被猎杀
	违章用火	引起火灾，造成生态环境恶化
	践踏	使得土壤板结，影响植被生长

　　具体到健康旅游资源，这些影响的危害性就加倍了，超越环境和机体承受的临界点时，生态就会出现失衡、机体生理功能受到破坏，会对人类健康造成危害。这些危害或者失衡，主要表现在以下四个方面。

（一）对地表和土壤的影响

　　健康旅游中，如果医疗垃圾处理不当，对地表和土壤的破坏是致命的，其携带的病原体、重金属和有机污染物经雨水和生物水解产生的渗滤液作用，会导致土壤重金属累积和污染。这种污染不但冲击地表植物所赖以生存的土壤有机层，对优美的岩岸、沙滩、湿地、泥沼地、天然洞穴等不同的地表覆盖也有着不同程度的冲击。土壤一旦被破坏，其物理结构、化学成分、生物因子等都会随之发生变化，并最终影响植被、植物群系和群丛，影响植物种类组成、数量、结构、生活型及生态特点，有益的昆虫会减少，很多动物也会随之迁徙。

（二）对植被的直接影响

　　健康旅游需要绿地、草原，舒心养目，益身健体，但是人类的旅游足迹对植被的破坏或者说影响又是显而易见的。健康旅游活动对植被的影响表现在过度利用和环境污染上，最直接的就是人群的踩踏和移除，当然火灾或者化学污染也是显而易见的。植被被破坏之后，自然景观被改变，同时系列严重后果随之而来，环境质量持续下降，生态系统发生恶化，水土流失、土地沙化以及自然灾害加剧，以致形成生态环境的恶性循环。另外，旅游产品中的物种引入、营养盐污染，都会间接地影响植物的生长和健康，造成生物多样性下降，生态系统不稳定。

（三）对水体环境的影响

　　水体是江河湖海、地下水、冰川等的统称。健康旅游离不开水，其中SPA浴、温泉疾病疗养等活动对水体的要求和依赖大。正是由于健康旅游活动中水体及其环境占有重要地位，因而旅游活动对水体自身环境的影响也是相当广泛而严重，最为典型的就是水中微生物种类改变、重金属污染、有机物进入水体等。

（四）对大气环境的影响

大气环境是人类赖以生存和发展的基础，关系人类健康的根本，保持大气环境与人类的和谐对健康十分重要。但是，健康旅游对于风景区或者旅游区大气的影响却是无时无刻的，比如各类交通工具有毒尾气的排放，扬起尘埃造成污染；游人承载量过大、过于密集，带来二氧化碳污染；垃圾焚烧、餐饮油烟排放、取暖设施废物堆积等，对旅游区的大气环境都会造成严重的污染。

任何旅游产品的存在都不是永恒的，都存在一定的生命周期。旅游者对旅游目的地的最大影响就是，旅游资源的毁坏被加速了，旅游基础设施的损耗被提前了，旅游地旅游产品质量从上升期进入下降通道。这些因素的综合效应，对旅游地形象造成极大的损害，旅游产品吸引力逐步下降，游客逐渐减少，最终使该旅游产品提前进入衰退期。

二、旅游者影响下的目的地公共服务异化

下文以跨国医疗旅游为例，分析健康旅游者对于出发国家和目的地国家产生的影响。

医疗旅游属于健康旅游的一部分，是由病人发起的，而不是病人所在国家的医疗服务或医疗体系发起的。与最早兴起跨国医疗时的情景不同，现阶段医疗游客主要是从高收入国家到中低收入国家。南亚和东南亚一些国家，包括马来西亚、泰国、印度、新加坡等是接待国外游客量比较大的世界医疗旅游目的地。尽管最受欢迎的医疗旅游关注的是成功率比较高的美容以及其他程序简单的医疗程序，但也会有一些更复杂的手术，如干细胞治疗、器官移植、辅助生育，前文已对这些医疗中涉及的伦理问题进行过讨论，在此不再赘述。

医疗旅游及其许多表现引发的最重要的目的地伦理困境就是分配公平的问题，并且它对社会福利和提供公共医保的概念提出了挑战。社会公平的关键是公平公正。医疗旅游凸显了医疗保健资源公平分配的一系列问题。

医疗旅游引起的卫生医疗保健资源分配不平衡现象凸显，会出现"双重医疗系统"的现象，且主要发生在发展中国家。医疗旅游的旅游性质体现在将病人旅客、目的地提供者、住宿、旅游形式以及治疗前体检和康复体验联系在一起。与贫困旅游形成对比的是，医疗旅游寄希望于塑造第三世界目的地更加积极的形象，强调提供医疗服务者的资质以及目的地医疗服务的安全认证，同时又将目的地宣传成手术以及其他治疗恢复的理想之地。

大部分医疗旅游目的地都是在中低收入国家，其竞争优势在于更低的汇率、更低的劳动成本、便宜的药物、治疗不当保险费用低或没有，而由于国家之间医疗费用水平有差距，对于跨国医疗旅游者来说，这些都使得一系列医疗情况的治疗成本更低。

医疗旅游为国外病人提供医疗保健服务，能够为私立医院提供大量现金保健技术、医疗设施的投资，但也会因此使得公立医院医生、专家和其他医护工作者加速流向私立医院，农村公共卫生人员转移到城市。尤其是对于一些技术比较高的医生，私人医院愿意提供更高的工资和更好的工作保障及福利，同时由于医疗旅游者数量远少于当地的病人数量，在私人医院工作的工作量更少。医疗私有化在不断加剧，政府的医疗支出停滞不前。以上现象牺牲了目的地国家的公共医疗保健，同时强化了现有的分级医疗制度。

目前泰国、印度等国的医疗现状是，在公立医院就诊的当地患者排队等待的时间比以前更长，而私立医院的医疗资源、设施和服务过剩，二者形成鲜明对比。尽管很多国家和区域承诺为穷人提供一些免费的床位，但迄今为止，还没有对任何此类活动进行独立监督。据媒体报道，泰国的私立医院约有1万张闲置床位，而公立医院床位不足、等候名单很长，且没有共享资源的机制。

全球的医疗旅游缺少明确的监管体系，在没有监管的情况下，已经存在的医疗不平等情况就可能继续存在并逐渐变得根深蒂固。全球医疗平等，尤其是提供人人可获得的医疗保健被当成一种在高中低收入国家解决医疗水平差异问题的一种方法。医疗旅游依靠的是盈利的私人医疗。因此，它有助于医疗保健贸易、医疗保健的商品化，削弱了出发国和目的地国家解决医疗供给不平衡问题的努力，最终加剧了全球医疗不平衡问题。在其他形式的健康旅游中，目的地公共服务和资源也会存在明显"分层"现象。

三、旅游者影响下的目的地文化社会环境变异

独特的文化和社会是旅游目的地吸引力的重要组成部分，它们是诸多旅游者前往旅游目的地的主动因。在健康旅游活动中，旅游者对旅游地文化和社会环境的影响是多元的，本研究总结了以下三个方面。

（一）由"熟人社会"向"陌生人社会"转变

中国历来是一个人情社会，注重"礼尚往来"，古代甚至是礼大于法。"熟人社会"是费孝通在《乡土中国》提出的概念，他认为中国传统社会有一张复杂庞大的关系网，而这张网弱化了法律的功能，以"关系"代替"契约"，"熟人"的情感一定程度代替法律的威严，以"人情"代替"竞争"，淡化了"竞争"的激励，将亲情、友情移植到企业、社会的管理中来。长此以往，社会正义和公平的天平容易被人情左右，发生倾斜，同时经济管理会失去逐利的冲动，社会管理丧失积极性和创造性的激励，这会影响组织的功能。但另一方面，"熟人社会"的这张网也一定程度上约束了人的行为。

费孝通先生认为，只有在现代社会中，随着社会变迁，在越来越大的社会空间里，法律才有产生的必要，只有当一个社会成为一个"陌生人社会"的时候，社会的发展才能依赖于契约和制度，人与人之间才能通过制度和规则，建立起彼此的关系与信任。契约、制度和规则逐步发育，法律就自然地成长起来。而在由"熟人社会"向"陌生人社会"转变的过程中，一方面没有非常完备的法律处处约束人们的行为，或者一些法律的执行力有待提高，另一方面缺少关系网对于人们行为的约束，就会出现行为失范现象。

在健康旅游者到来之前，随着交通工具的大规模普及，人口流动不断加剧，已经在逐渐打破目的地"熟人社会"的平衡，目的地社会已经在从"熟人社会"向普通人社会逐渐转变，尤其是大城市，外来人口可能已经超过了当地居住的人口数量。但一些健康旅游目的地在未开发之前还相对比较封闭，健康旅游的发展加速了其向"陌生人社会"转变的进程，来往的游客只是短暂地停留在此地，与旅游地居民和同行的游客只进行短时间的接触交往。

（二）"拜金主义"在当地盛行

拜金主义危害严重。从人的发展来看，拜金主义与人的全面发展相背离，将钱视为最为重要的东西，从观念上剥夺了人的本质的丰富性，把人降低为金钱的奴隶；从社会来看，拜金主义盛行的社会将是一个道德沦丧、信仰缺失的社会。

旅游活动不可避免地会带来消费，部分旅游者平日省吃俭用，在旅游活动中的消费穷奢极侈，更有甚者在旅游中倾其毕生积蓄，进行过度消费。尤其以中国旅游者最为典型，在境外旅游时屡屡创造购买奢侈品的消费新纪录。这一方面是受到中国传统思想"穷家富路"的影响；另一方面是由于大多数国内旅游者还没有真正理解旅游的意义与价值所在。表明看上去，外来旅游者通常都要比旅游目的地社区的大多数居民富有，一般会在增加居民收入、改善基础条件、提高生活质量等方面产生良好的引导效应。同时，旅游目的地居民在短期内实现不了向往的目标，达不到同样的富裕和文明程度，拜金主义盛行的同时必然产生不满、沮丧和妒忌的情绪，并产生对旅游者的敌意，继而出现示范效应的消极作用。

健康旅游发展过程中，旅游目的地优质的公共资源被优先提供给更有支付能力的健康旅游者。以印度、泰国等地的医疗服务为例，最好的专家、一流的医生护士都被吸引到专门服务国外医疗旅游者的私立医院，那里有充足的床位和先进的技术设备，而普通医院排队现象非常严重，医院床位短缺。

（三）文化和思想的交流碰撞

在旅游研究领域有一句名言，"文化是旅游者动机的核心和灵魂"。不管是普通旅游还是健康旅游，在旅游活动中，文化差异是旅游目的地吸引力的重要来源，旅游的魅力之一就在于体味文化、制度、生活习俗和价值观念之间的不同，旅游者来到旅游目的地，作为陌生者或者客人感受、融入当地文化。旅游者的到来一方面会给目的地带来更新、更多样的文化，目的地居民可以择优吸纳；另一方面在客观上会传播异地文化，起到了媒介作用。但实际上，外来的强势文化会使当地的传统文化本真性开始减弱和消失。

《礼记·曲礼上》云："入境而问禁，入国而问俗，入门而问讳。"也就是说，当来到陌生环境时，我们应该首先了解当地的禁忌和风俗习惯。应用在旅游中，可以作为基本要求对旅游者进行道德规范。对大多数人来说，熟悉环境中的一双双眼睛是最有力的道德约束；而在陌生环境中，有些人便迫不及待地释放天性放飞自我，前后"判若两人"，常常会选择牺牲道德规范来保持自己的个性。在健康旅游活动中，有一些旅游者违背当地生活习惯、风俗习惯，唯我独尊、我行我素，造成了与旅游目的地居民文化对立，引发当地民众的不满和排斥。已有学者研究过旅游者在旅游活动中的道德弱化的现象，表现为在旅游活动中对于自己行为约束力下降，行为准则标准降低，在旅游活动中表现出介于正常适当与违法行为之间的，对于旅游地资源、环境居民、游客和自身有不良影响的行为。这一定程度上是日常生活不规范的延伸，受到好奇心、压力解脱、角色扮演、行为模仿等因素的推动，导致其自我管理能力低下。随意丢弃废物、在观赏物上乱刻乱画、对于健康设施随意破坏等现象不胜枚举。对另外一部分旅游者来说，跨地域旅游会使其陷入安全焦虑，文化差异带来的疑惑和未知会增加其担忧和不安全感。他们在陌生的环境中需要熟悉当地的文化、生活习俗、价值观念等，无论是从心理学上，还是基于社会学、环境学的理解，对于游客来说不安全感是会增大的，从而带来焦虑和不适。

四、旅游者影响下的出发和目的地传染病传播风险

新冠肺炎疫情是新中国成立以来在我国发生的传播速度最快、感染范围最广、防控难度最大的一次重大突发公共卫生事件。传播速度如此之快也与全世界范围的大交通越来越方便和发达有关，地球村变得越来越"小"，人们之间"距离"在不断缩短，这方便了人们探索外部世界，但同时也带来了传染病大范围传播的风险。

从2020年以来，新冠肺炎疫情对整个旅游业造成了巨大的影响。虽然已研制出几款有效的疫苗，但新冠病毒随着全球广泛传播在持续变异，目前持续新增的病例中大部分已经全程接种疫苗。因此，尽管疫情高峰期已经过去，但新冠疫情带给旅游业的影响还在持续。目前国际航班旅客在中国境内落地后还需要进行为期半个月或更长时间的隔离，这一政策把大部分的跨国旅游者拒之门外。

随着新冠肺炎疫情进入常态化防控阶段，世界的人员流动开始增多，从而带来了很大的疫情风险，事实也证明，在此过程中，各地仍然会有疫情反弹迹象。由于患者从被感染到被检测出来确诊，再到相关部门公布确诊病例及其近期轨迹，其中都需要有反应时间，而在这段反应时间中，健康旅游者可能又有新的行动轨迹。无论是健康旅游者目的地还是出发地出现感染者，旅游者的行程记录都会被排查和筛选出来，需要接受新冠肺炎病毒核酸检测或隔离处置，等待排除感染风险。

若是患者本人有过外地的旅游经历，则会对其经过的所有场所进行消杀和关闭，同时牵扯出大量的密切接触者，包括飞机、高铁等交通同行人员，旅游目的地游览时接触到的人员。他们也需要等待一次或者多次核酸检测结果，同时被隔离处置。

在以上过程中，多地相关管理部门需要花费大量的人力、物力、财力，包括核酸检测费用、隔离场所费用、工作人员的补贴和餐饭等。而患者和密切接触者则会被迫中止日程安排，配合疫情防控工作，耽误工作和影响正常生活。

第二节 健康旅游中目的地政府存在的伦理问题

一、公共服务伦理观念缺失

公共服务是以政府为核心的公共部门整合社会各界的资源和力量，广泛运用政治、经济、管理、法律等多种手段方法，强化政府的治理能力，提高政府的服务水平。从伦理层面审视公共服务概念，公共服务的提供必须满足伦理的原则，包括责任、公平和公道。公共服务伦理要求人民所托付的权力全部用于公共服务的完善并确保公平地提供所有公共服务项目。国际经济合作与发展组织（OECD）是由36个国家组成的政府间国际经济组织，其成员国对于政府公共服务伦理核心价值达成普遍共识，八项核心价值按照顺序分别是：客观无私、恪守法纪、诚实廉洁、透明公开、行政效率、公平公正、负责尽职以及公道正义，此核心价值体系亦应作为我国政府公共服务伦理建设的价值标准。

公共服务具有基础性、公益性的特点，同样具有非排他性的特征。在健康旅游发展中，健康旅游公共服务既包括为所有居民和旅游者提供的一般公共服务，也包括专门为健康旅游者提供的公共服务。然而"官本位"和"权力本位"的观念仍广泛存在，许多公共服务的管理者和参与者仍将自己定位为权力的所有者和使用者，而非居民和旅游者的服务提供者，不注重健康旅游者的体验、无视公平原则与责任义务，这种伦理观念的缺失会直接导致公共服务伦理实践的缺失。

二、公共权力滥用，行政弊案层出不穷

如亚里士多德所讲，"公正不是德性的一部分，而是整个德性；相反，不

公正也不是邪恶的一部分，而是整个邪恶"。公共行政权力的合理科学使用可以促进社会的发展，为人民创造福祉，如果公共权力被滥用，就成为侵犯居民权益的武器。公共权力滥用中的"滥"就是超过限度，是指"过度、无节制"，公共权力滥用是指运用职权时超过了法定界限，包括超越职权在内的一切不符合法律规定的用权行为。通常体现为公共权力被用于为少部分人的利益服务且损害了公共权益和其他人的权益，公共权力滥用也是政府公正缺失的一种表现。追求经济利益本身就是功利化的体现，目前中国还在经济快速发展阶段，与社会经济直接相关联的各种利益因素非常多，都容易成为引起公共权力滥用的外部力量，尤其是当社会过于强调经济利益的主导和导向作用时，评价公平和正义的是非观被商业文化中的价值观所取代。

健康旅游开发和发展过程涉及很多政府部门行使职权，包括旅游项目的审批、健康旅游等企业招标、物品材料采购、产品的供货商的选择等。在现实情况中，企业为了获取利润，都争相希望进入旅游资源条件优越、旅游市场潜力大、扶持政策明显的健康旅游目的地，此时政府部门掌握的权力就显得尤为珍贵和重要。为了获得进入市场的权力，会出现权钱交易的现象，而交换权力的资金最终还是来自企业后期开发和运营过程中的利润，导致健康旅游开发地的项目质量甚至低于一般水平，同时由于负责开发的企业没有经过筛选和深入的背景考察，容易在开发时出现公司价值观和理念与目的地文化不相符等现象。

三、公共决策失误，政府公信力下降

信任是重要的价值资源，政府的公共信任更具有重要价值和内在意义，公信力是政府部门维持公共秩序和社会健康发展的黏合剂，政府决策的失误和出尔反尔会导致政府的公信力下降。从政府的角度整体规划一个城市或区域的健康旅游是一项十分复杂的工作，需要考虑到城市规划建设的方方面面，宏观上要对辖区内的健康旅游发展进行定位，确定健康旅游辐射的范围和主要的市场群体目标，将旅游交通合理融入整个城市的交通系统，规划城

市服务设施的配置和建设；微观上要考虑健康旅游项目开发的理念，项目内部空间的打造，设施、专业服务人员的配备。由此可以看出，政府决策对于健康旅游项目能否成功落地和顺利运营发挥着至关重要的作用。

健康旅游公共决策的失误常出现在项目的开发建设过程中，表现为在前期对所开发的城市和区域的自然和文化环境没有进行专业和深度的研究，也没有规划好整个城市或区域的健康旅游建设方案，导致大笔资金投入健康旅游项目开发后，却难以获得预期的盈利和市场效应，不仅浪费了资金，而且破坏了当地的环境，项目运营情况不理想，长期处于亏损状态甚至只经过短时间的营业就无法继续维持。这种情况会引发旅游地居民对于政府的不满和不信任，使政府公信力下降，未来这个项目的改建或者其他项目的重新建设都会遭到民众的怀疑或者受到来自民众的阻力。

第三节　健康旅游中旅游开发经营者存在的伦理问题

旅游开发经营者一般以营利为目的，涉及公民、法人或者经济组织，从事旅游经营活动。在实际情况中，个别单位和个人未经登记注册而从事旅游经营活动，或者持他人营业执照从事旅游经营活动，是不合法经营者。这个群体因为在健康旅游中的位置和市场经济的要求，无序和失控也是经常出现的，主要表现在其经营的旅游接待场所文化环境的人为设计中。旅游环境具有突出的天然性、民族性、排他性，"民族、排他"特点是人类实践活动中后天创造出来的，是对有形文化资源有意识地塑造，形成的是无形的文化氛围。在健康旅游开发中，经营者对文化进行精选和加工，通过"集锦荟萃式""复古再现式""原地浓缩式""原生自然式"或者"主题附会式"等文化旅游开发模式进行设计，在取得显著市场效益的同时，往往出现忽视文化内涵，健康文化世俗化甚至商业化的弊端。旅游开发经营者在市场开发中，对国学文化、中医药文化、武术太极、传统饮食文化的挖掘不充分、不科学，被利益吸引，更有甚者为吸引游客，谋取不当利益，杜撰"伪康养文化"，使地域文化庸俗化、趋同化。

另外，在旅游的开发与经营中，理应高度重视文物、历史街区和原住居民，只有将文物和历史街区的保护、利用融入整体开发过程中，并妥善解决好原居民的有关问题，才是加速旅游开发的正确途径。但是，现实中一些健康旅游景点开发或者康养设施建设过程中，原居民被强制外迁，重建或新建后，民居或者征用改造房原有居民无力回迁，外来开发者或者经济实力允许人群获得了这些用房的使用或者拥有权。他们入驻后，纷纷从事旅游接待与商贸服务工作，导致这些地方商业氛围浓郁，再也没有原来的文化传统和风俗习惯。社会学告诉我们，原居民是区域保持特色和风味的主体，他们的存在使景区的生命得以延续，使该地的文化依然鲜活。因为旅游开发经营者的无序和利益逐向问题，建筑是新建筑，居民是新居民，但原有人们向往的物质和精神遗存就只能是一个没有生命的躯壳了，失去元真文化，所谓旅游地也就成了死城死镇。

一、开发商思想观念导致对健康旅游目的地的破坏

观念决定行为。旅游经营管理者受消费主义（consumerism）的影响，推崇"消费超前"观念，忽视产品的使用价值，秉持通过刺激消费欲望左右人的思想观念，主张消费的炫耀性、奢侈性和新奇性。在上述思想观念的指导下，健康旅游对自然保护区、湿地公园、森林公园需求大，市场和旅游经营者闻风而动，各种中小型自然风景区如雨后春笋般被开发出来。于是，部分旅游经营者为了当下的利益，过度开发、扭曲开发，导致旅游设施过量，环境接待能力饱和，不但破坏了旅游地的环境，对旅游地的人文环境也有消极影响，见表2-2。

表2-2　旅游开发经营者行为对旅游目的地环境的潜在影响

自然环境	改变动植物的种群结构	1. 破坏繁殖习性 2. 猎杀动物以供纪念品交易 3. 动物的迁移 4. 植被因采集柴薪而遭破坏 5. 因伐除植物建成旅游设施而改变植被覆盖率 6. 野生动物保护区/禁猎区建立
	污染	1. 水质因排放垃圾、泄露油污而遭污染 2. 车辆排放物导致空气污染 3. 旅游交通运输和旅游活动导致噪声污染
	侵蚀	1. 土壤板结导致地表土进一步流失和受侵蚀 2. 改变地面滑移/滑坡的危险性 3. 改变雪崩的危险性 4. 损害地质特征（如突岩、洞穴） 5. 损害河岸
	自然资源	1. 地下地表水的耗竭 2. 为旅游活动提供能量的矿物燃料的耗竭 3. 改变发生火灾的危险性
	视觉效果	1. 各种设施（如建筑物、索道滑车、停车场） 2. 垃圾
人文环境	城市环境	1. 土地不再用于最初的生产用途 2. 水文特征发生变化
	视觉效果	1. 建筑物密集区的扩张 2. 新的建筑风格 3. 人及其附属物
	基础设施	1. 基础设施超负荷运行（道路、铁路、停车场、电网、通信系统、废物处理设施、供水设施） 2. 新基础设施的建设 3. 为适应旅游需要而进行的环境管理（如拦海坝、垦荒）

人文环境	城市特征	1. 居住、商业和工业用地方面的变化 2. 城市化的道路系统（如车行道和人行道） 3. 出现分别为旅游者和当地居民开发的不同区域
	古迹修复	1. 废弃建筑物的重新启用 2. 古代建筑和遗址的修缮和保护 3. 修复废弃建筑物用作别墅
	竞争	某些旅游区点可能因其他区点的开放或旅游者兴趣的变化而贬值

（一）对健康旅游目的地自然环境的破坏

过度开发，环境容量超载。旅游景区本质上是一种经济资源，具有有用性和稀缺性，从潜在形态变为现实形态的过程就是为投资者创造新的经济价值的过程。开发旅游景区是为了获取经济效益，也是为了带动旅游地居民生活走向富裕。在实际运行中，投资人往往追求经济效益最大化，致使景区经常处于旅游超载的状态，忽略对景区内旅游资源的保护。青城山是道家圣地，也大家熟悉的健康旅游佳境，一到旅游高峰期，山上主要景点人满为患，商业经营人员随处可见，各种五花八门、质量不一、庸俗低档的纪念品遍布山上，所谓宗教圣地名不副实，连一点庄严幽静都成为奢望，不但破坏了旅游资源、损害了环境，游客受到的服务也大打折扣，体验质量下降。

低水平开发、环境媚俗化和雷同化现象严重。主要表现为迎合大众低级趣味，层次低下，缺乏品位，普遍模仿，千篇一律。广受媒体批评的某南方景区，假借《红楼梦》中的典型场景，高挂红字招牌"怡红院"，约10名年轻女子身着薄纱古装在景区门口招徕顾客，这是典型的陷入了"无恶俗、不营销"的营销怪圈；又如陕西翠华山风景区的特色在于森林、湖泊和地质地貌等独特的自然风光，开发者却在景区内建一条钢筋混凝土结构的大规模的商业街，是典型的照抄照搬城市化开发。同时，雷同的旅游景观、旅游路线、旅游方式，不仅给生态、环境造成破坏和压力，也淡化了人们对健康旅游资源的实际体验和感悟。如云南陆良彩色沙林，总体上是原始的荒原景观，其沙林、沙柱、沙壁具有独特的地貌特征，但是开发者却大搞"三十六计洞"、沙洞度假村等项目设计，大量人工景点造成观赏者的审美疲劳，让希望来此寻找"丛林生活"的观赏者大失所望。

忽视环保，环境消费透支严重。旅游经营管理者将旅游资源视为符号、文化资本，重产值、轻环保，忽略旅游者的个性体验，追求利润最大化，与可持续旅游、健康旅游大发展背道而驰。在这个过程中，金钱主导一切，宣传代替了交流，营利手册变幻成旅游文学，健康修复和旅游体验活动简化为经济活动——生产—消费—交易。这种极度商业化，必然带来景区环境被透支的弊端。

（二）对健康旅游目的地人文环境的破坏

健康旅游资源开发过程中，旅游市场供求的总量和结构处于失衡状态，供给不能满足需求。于是，旅游资源开发和经营方发起恶性削价竞争，成为旅游市场竞争秩序混乱的首恶，不但对旅游业本身具有极大损害，也会对经济社会产生负面影响，最终，又会造成对文化的冲击。当健康设施需要新建或者升级，由于急于求成，理解不透康复与旅游结合的要求，缺乏与环境整体的协调，景观不伦不类、健康功能得不到彰显，文化景观失去了原有的历史底蕴，历史文化遗产因为与康复的融合却遭到不同程度的破坏。在经济利益的驱使下，超负荷接待游客、临时乱建滥造旅游设施是不少旅游地的恶劣做法，一批有珍贵历史文化价值的古迹不堪重负，独特的自然景观、协调人文景观遭受破坏。如果没有长远规划，只重眼前利益，容易过度开发，使目的地丧失原有风貌，影响旅游地居民，透支景区未来，使游客产生厌烦及抵触情绪。

脱离了文化资源，旅游活动很难进行。旅游开发，首要是文化的原生态，如果破坏当地文化，这样的旅游开发是逐利的、短见的，无疑方向会走偏，不具有持续性。俗语有，鱼和熊掌不可兼得，在旅游开发中，资源开发的经济效益与保护当地文化之间的冲突是常见的，是永恒的矛盾和难题。

二、硬件建设对健康旅游的诸多影响

健康旅游景区的住宿、餐饮设施、交通工具配备等，可以统称为硬件建设，这些体现了旅游当地的接待能力。第一类是旅游设施建设，主要包括旅游基础设施建设、旅游住宿设施建设。其中，基础设施建设主要集中在交通道路建设，而住宿设施建设则包括景区饭店、停车场等旅游设施，它们是作为景区内主要的住宿接待设施存在的。这些的建设和经营活动，都会对景区环境产生直接或者间接的影响。第二类是餐饮设施配置，包括水、电、暖、燃煤、燃气的使用。据统计，普通的商务酒店用电量是很大的，一家酒店一年的用电量抵得上100户普通居民家庭20年的用电量，稍稍豪华的酒店成倍增长，用电量惊人的酒店不在少数。第三类是燃油类交通工具的使用，海（河）陆空交通工具在提高旅游地的可进入性、提高旅行过程舒适度的同时，消耗更多的资源，也会排放出更多的大气污染物。

（一）旅游基础设施和活动设施的建设产生的影响

我国《风景名胜区条例》第四章规定："禁止违反风景名胜区规划，在风景名胜区内设立各类开发区和在核心景区内建设宾馆、招待所、培训中心、疗养院以及与风景名胜资源保护无关的其他建筑物；已经建设的，应当按照风景名胜区规划，逐步迁出。"独特的旅游区，特别是名胜风景区既是珍贵的稀缺资源，也是不可再生资源，但是，很多核心景区内大建民用建筑、疗养设施、会所中心，甚至在土地极为珍贵的文物风景区随意规划、设置西方风格的建筑物。商业化、西方化、城市化的人工景观替代了自然景观和文化景观，风景区生态功能退化，风景区和自然保护区功能发生错位，景观美学价值下降。

酒店无序增多，商场重复建设，环境必然受到影响。风景区奢侈化、小众化，与周边的建设风格、景观环境极不和谐，高耗能、高污染、高排放成为一些违规景区内的标配，废水与垃圾遍地。建筑装修过程中所用到的建材，以及施工中的装修材料释放的污染物，严重影响了景区的自然环境。一些野生动物误食了装修的废弃物而中毒的现象屡见不鲜。基础建设带来的植被大面积移除的伤害显而易见，许多原生态的地表植被侵占、剔除。

另外，景区交通道路的不当发展，也对当地的景观环境造成了破坏。便捷通畅是旅游区开发的重要前提，合理的道路景观能让旅游者感受地域文化、欣赏自然风光。景区内道路的主要服务对象是人，设计时要充分体现人性化的理念。道路设计上，要强调道路与沿线环境的整体感，要同风景区整体规划思路相统一。但是，旅游地开发道路往往会割裂旅游景观的完整性，将连续的景观分割为碎片，破坏旅游景区的原始风貌。比如，现在流行的观光电梯的运用，破坏了原本旅游区自然风貌的完整性，增大了客流量，却超出了原有环境承载能力。

（二）景区餐饮设施配置带来的影响

宾馆、饭店是任何一类旅游形式中都必需的生活服务设施。健康旅游除了这些需求，对保健区、医疗保健疗养场所的要求更高。客房、餐厅的运行和供暖、供热、供能所需的主要燃料包括煤、天然气、煤气等，是二氧化硫、二氧化氮、一氧化碳和烟尘主要释放来源。大量的碳氧化物和烟尘等污染气体排入景区，必然破坏景区的空气质量，造成大气污染。这类污染的特点是，排放位置在景区深处，排放点较集中，且大都没有配备专门的除尘设施，地表植物、树木园林受损，草场植被退化，野生动植物失去其赖以生存的家园。

健康旅游中若对垃圾和废物处理不当，引起的危害不容小觑。一般情况下，医疗废物具有全空间污染、急性传染和潜伏性污染等特征，处理不当就会成为社会环境公害源，严重就成为疾病流行的罪魁祸首。景区内，专门处理医疗废物的机构和人员是匮乏的，对医疗废物中细菌、病毒和有害物质认识模糊。医疗垃圾的分解对大气、地下水、地表水、土壤等均有污染作用；各类不可控致病微生物藏匿在医疗垃圾中；医疗垃圾中的化学污染物及放射性有害物质更是不可忽视。从这方面看，健康旅游开发者不合理的开发行为对自然环境和人类健康的破坏是不可逆转的。

另外，还有一种污染危害程度极高，却常常被大家忽视，那就是光污染。旅游区为了吸引游客，建筑物拔地而起，广告牌、霓虹灯彻夜长明，打破了旅游区以往的平静。建筑物玻璃的反射光以及夜间过亮的装饰灯严重扰乱了景区动物的生理节奏，尤其是一些夜行动物，光污染的出现严重打乱了其正常生活，这种危害绝不亚于栖息地的减少对它们的伤害。在我国云南地区，有很多夜间飞行的鸟类，其遗传特点决定它们通过月光导航而飞行，现在却因越来越多的建筑物灯光而迷失方向，甚至与高楼相撞，严重影响到了野生动物的种类与数量。

（三）现代交通工具对健康旅游地环境的破坏

旅游开发与交通息息相关，各类车辆工具保证了旅游者从居住地到风景区的便捷。众所周知，旅游地交通的发展是发展当地旅游业的前提，可以提高旅游地的可进入性，同时提高旅行过程的舒适度。但是交通工具的过度使用与不当规划会破坏当地的环境。

首先，旅游地交通工具的不当发展，会造成严重的噪声污染。各种旅游设施所产生的噪音也是其中的一大影响因素，如水上摩托车、汽艇产生的极大噪音，对海洋动物的影响相当大。

另外，旅游地排污性交通工具的不当发展，会对当地的水体、大气等环境造成污染，车辆所引起光化学烟雾污染非常具有伤害性。如桂林漓江，每逢旅游高峰季节，旅游船只几乎是首尾相接，组成浩浩荡荡的"船队"，船舶排放的污物大大超过漓江的自净能力，造成江水污染。

据《中国环境报》2014年报道，江苏省扬州市环保局在市中心文昌阁和蜀岗风景区同时布点，对两地PM10、PM2.5、二氧化硫和氮氧化物4项指标进行监测分析。市环境监测中心站的工作人员告诉记者，采样器上方凸出来的就是PM10和PM2.5采样头，PM10采样头可以把粒径小于等于10微米的颗粒物吸入，而PM2.5的粒径比PM10要小得多，所以PM2.5采样头需先筛选出PM10，在此基础上再对粒径小于等于2.5微米的颗粒物进行二次筛选。他们分别在市中心和车流量非常少的区域两处布点，进行小时均值的测试，通过数据对比，可以直观反映出不同状态下城市空气污染情况。监测数据显示，两地所测的PM10、PM2.5、二氧化硫和氮氧化物指标均符合国家《环境空气质量标准》中相应的二级标准，文昌阁4种空气污染物浓度分别为135微克/立方米、66微克/立方米、34.4微克/立方米、64.2微克/立方米；蜀岗风景区分别为35微克/立方米、20微克/立方米、28.3微克/立方米和34.1微克/立方米。通过数据对比可以看出，扬州市中心文昌阁4项污染物指标分别是蜀岗风景区的3.9倍、3.3倍、1.2倍和1.9倍。由此，交通工具对环境影响的巨大危害可见一斑。

三、从业人员自身素质对健康旅游游客利益的损害

健康旅游业离不开人才队伍的支撑，从广义上说，健康旅游人力资源包括从事健康旅游经济活动相关的全体从业人员，也就是包括旅游行政管理部门（旅游局、景区管委会）、旅游行业服务单位（集团公司、行业协会、导服中心），3A（含）以上景区、三星级（含）以上旅游饭店、旅行社、旅游车船公司、旅游规划单位、健康旅游区等单位内人员。狭义上，单指健康旅游景区、景点工作人员。

健康旅游从业人员的道德素质与职业操守的高低直接影响着旅游开发的进程与深度，并且也决定了旅游者在游览过程的整体感受。从高标准层面来说，健康旅游业的人员要有高尚的道德品质、美好的人格情操、广博的文化知识、深厚的语言功底、娴熟的导游艺术、灵活的导游技巧、广泛的兴趣爱好、出众的才华表演、良好的心理状态、正常的健康体魄。但是，行业竞争的压力、人才队伍的缺失、金钱利益的驱使，导致了部分旅游从业人员道德底线低，侵犯游客的利益，败坏了旅游客体形象。

（一）拜金主义思想严重

拜金主义的盛行在导游队伍中表现得尤为突出。在制度设计上，目前，导游队伍管理制度和体制机制还不完善，合理的鲜明导向的导游薪酬制度在

很多旅游企业都没有建立起来，导游依靠从游客消费中赚取提成收入。

拜金主义必然会导致伦理道德的沦丧。2018年《新京报》一篇名为《强迫游客购物云南导游获刑半年》的报道称，2017年12月，名为《嫌游客购物少，云南导游辱骂游客骗吃骗喝》的视频引发关注。视频中，一名身着粉色上衣的女子说道："让你买翡翠你不买，你低价团，给我的感觉就是在这骗吃骗喝。"此外，她多次用刺激性语言辱骂游客。新京报记者获悉，事发于云南景洪市，视频中女子为导游李云。2017年12月19日，昆明云迪国际旅行社有限公司表示，涉事导游在接待游客时言语不当，行为不规范，态度恶劣，已对其做出开除处理，罚款3000元，并扣除当团所有导游服务费。云南省旅游发展委员会通报称，2017年12月17日，云南导游李云在带团过程中，涉嫌强制要求游客购物事件曝光后，当地立即启动程序对相关企业和人员进行核实调查。涉事旅行社和购物企业已被责令暂停经营，接受调查；涉事导游已被公安机关立案调查，并采取强制措施。

在互联网上流传着一篇名为《去旅游格外注意"中国最黑的十三个旅游景点"》的网文，其中有一段是这样的。有游客描述还在去峨眉山的路上，导游就会引导游客说在座各位都是有缘人，正好赶上峨眉山开光大典，这可是很难得的，上次开光大典还是2000年呢，这次还有3天就结束了，各位有缘人可以去开平安光，不收钱，是随喜功德。这可真是有缘啊，可是用什么开光呢？那就得请佛和观音坠子。导游又发话了："各位可以去四川佛教协会某某佛善堂请佛，那里的收入都是捐给佛教协会的。既可以保平安，又可以做善事。"一进门，导购小姐特热情："只要500元就能请一尊佛。"最便宜的也要80元一尊，还没小拇指盖大。全家都请，那得2000多元。到了寺里，想开光的先请炷香，平安香60元一炷，全家福香190元。有人端着相机要帮你照请香照，15元一张，90元一套。开光了，进到前殿看到几个人，才开口说了句大师，就有人说一人50元。交了钱，"大师"让到里面跪着等，进去一看，大堂里全跪成一排一排的。等到腿都麻了，有个和尚进来，端了个杯子嘴里念念有词，然后在每个人请的佛上洒了两滴水，开光完毕。回家一算，这免费的开光，不知不觉开去了七八百元。

以上事例表明，旅游从业者一旦被金钱至上的思想道德观念占据主导，心中对公益的追求便降为其次，唯利是图成为常态。这样的情况下，旅游的内涵和价值趋向被忽视了，拜金主义会慢慢在行业内泛滥。从业人员的这种道德指向、价值观必然污染着旅游的环境，制约着旅游的发展。

（二）职业道德感缺失

爱因斯坦曾说："一个人对社会的价值，首先取决于他的感情、思想和行动对增进人类利益有多大作用。"职业道德承载着职业情感和职业荣誉感，职业道德可以激发人创造的内在动力，创造一种诚信的氛围，这种道德感和责任感，驱使旅游从业人员对服务对象——游客发自内心地热情和周到服务，满足旅游活动中游客的需要。职业道德的作用还在于，可以调节从业人员之间以及从业人员与服务对象间的关系，这对于应对和解决当前旅游质量投诉中从业人员服务质量问题，具有重要意义。提高旅游从业人员职业道德，还可以维护本行业的信誉、促进本行业的发展。人们熟悉的对导游的投诉，比较集中的就是"嫌贫爱富"——旅游服务质量存在折扣，导游对经济团的游客冷眼相待，用背诵景区景点解说词代替讲解；而对豪华团的游客则满脸热情，微笑服务，为的是给自己带来更多的利润。这之中忽视的就是人际平等、人格尊严和人的价值，必须通过基于职业的道德素养的培训来提高旅游从业人员的道德水准。

（三）服务行为不端

旅游业是服务业，诚信是旅游业发展的基石。北宋理学家程颐说，人无忠信，不可立于世。旅游服务过程中常出现诚信问题——过度宣传、虚假宣传、旅游阴阳合同、价格欺诈、不正当竞争、非法经营业务等。现实生活中有不法分子利用网络招徕游客，而他们大多数是"空手套白狼"，一无资质、二无合同、三无保险，通过线下熟人拉客、线上组团等方式，以超低价格吸引人，牟取非法利益。陕西省咸阳市曾有一个这样的案件：一些游客通过网络报名参加赴西安、咸阳的旅游团，参团者为60岁以上的老年人，只需要交10元团费，且返程后可以领取礼品，面对这种"天上掉下来的馅饼"，500多名老年人被吸引报名。后经文化市场综合执法部门深入了解，发现其强制购物的陷阱，才挽救了更大的损失和伤害。这种欺骗性旅游服务行为层出不穷，极大地破坏了旅游行业健康有序的发展环境。

导游人员素质参差不齐引发服务问题。导游、讲解员是旅游从业队伍中一支重要力量，是彰显旅游形象的窗口，导游讲解工作是旅游活动的一项重要组成部分，为旅游业发展发挥了积极作用。从某种意义上讲，导游素质的高低直接影响到旅游服务质量的优劣。个体素养好的导游带给游客的是愉悦与舒畅、分享与收获。

这就要求一个优秀的导游必须具备包括文化素养在内的多方面良好素质。现实情况是，无论是职业导游还是业务客串，不少存在文雅不足、粗俗有余，敬业不足、敷衍有余的普遍问题。这些问题的原因，一方面是从业人员不稳定，即使是专门学习旅游专业的学生，毕业后也不愿意从事导游行业，专业高素质人员匮乏；另一方面，导游群体管理难度较大，这个群体属于劳动型职业者，体力消耗大，工作环境变动大，工作对象情况复杂，需要导游人员身体和心理方面有相当的承受力。另外，行业外部有误解，认为导游"捞钱容易"，所以投机人员多，每年报考导游资格证考试的非专业人员数量可观，但是考试准入并不严格和规范，很多人轻松达到目的；导游职业证年检也有点宽松，导致导游职业道德和科学文化素质无法得到保证。于是，导游在介绍景物景观的同时，穿插笑话、段子，一些导游嘴里说出来的东西，或者"变味"或者"走调"，甚至导游成了向导，成了以导吃、导购为主的"赚钱机器"。导游每天面对的是不同素养、不同兴趣的游客，他们介绍和讲解当地的风土人情和注意事项时做不到耐心细致，对于麻烦与冲突没有预案，不能做到及时提醒和监督，导致了游客的许多道德行为失范。

第四节 健康旅游中旅游地居民存在的伦理问题

旅游发展最终的目的是实现经济的发展。旅游发展成效检测标准的重要指标就是旅游地居民受益程度，能否真正带动当地老百姓致富是重要衡量标准。当前，旅游业也在进行着产业升级，与健康产业交叉是强强组合，拓展了传统的相关产业链，带动目的地形成新的产业聚集，激发出新的消费动能，尤其带动了我国城镇化的发展。土地财政、产业升级、新旧动能转换等相关利益方，在共同推动健康旅游产业开发新浪潮的同时，与城镇化、区域发展全面结合，使当地经济发展结构得以变化，质量得以提升。

在健康旅游开发的过程中，处理好旅游地居民与旅游者的关系，平衡原来的有序和后者的汹涌而来，这是旅游开发者无法避开、必须直面的重要问题。旅游地居民与旅游者之间需要和谐，需要正向的相互作用，切忌矛盾，杜绝冲突。旅游地居民参与到当地健康旅游业的经营中，与健康旅游开发运营相关的各个利益群体，包括但不仅限于居民生活秩序管理者、健康医疗成本控制方、相关利润受益人等，都受到了不同程度的影响甚至冲击。健康旅游产业中，旅游地居民在诸多方面受到影响或者改变。

一、健康旅游地居民的健康医疗秩序被改变

发展健康旅游，对于提高当地的经济收入，促进健康医疗服务业的发展，扩大旅游就业水平的积极作用是显而易见的。在成系统和规模的健康旅游模式在当地建立起来之前，居民的健康特别是医疗管理与其他没有健康旅游资源的地区是区别不大的——接受政府制定的居民医保政策，分享当地的

健康医疗资源。

但是，成为健康旅游集中区之后，该地区的健康医疗管理秩序受到的影响是非常显著的。一方面，发展健康旅游会提高医疗旅游技术，改进各类与健康相关的设备，旅游地居民能享受到比以前更好的医疗健康服务。比如，我国海南岛、秦皇岛等地在旅游时节，迎来越来越多的国外旅游者进行口腔医疗治疗项目，这引起了政府和相关部门对公共医疗卫生的重视，要求相关医院提供质优价廉的医疗及旅游服务，提升技术和管理水平，以吸引和留住游客。在此环境下，各类健康医疗机构主动吸引专业的人才，升级或购置相关设备，提升治疗服务水平，旅游地居民也受益其中。另一方面，随着外来游客来本地疗养或者求医，占用目的地的相关社会资源，旅游地居民与外来医疗旅游消费者之间必然产生矛盾，旅游地居民强烈反对消费者来旅游地消费，两者之间的不信任必然加深，进而对社会、整个产业产生负面影响。

对于我国而言，健康医疗旅游正在快速发展，支持政策不断出台，很多地方提出建设世界一流医疗旅游目的地和人才资源集聚区的目标。从医疗秩序方面看，一是国内当前的医疗服务品质有差距，二是药品、检查、手术等收费模式固化，三是医疗标准与国际上不统一，这些问题普遍存在，只好将传统的康体养生理念引入开发环节中。但是建设以回归自然、修身养性、康体疗养等为目的的接待设施，肯定会侵占农田、消耗水资源，就会威胁到当地人的产业生存和能力。国外也有研究表明，在山地健康旅游区，绿地和森林退化对贫困人口生活具有重要影响，当地森林覆盖面积每年以公顷级的速度减少，森林资源的减少使得当地空气质量发生变化，居民健康受到影响。[①]

就健康医疗资源来讲，健康旅游产业对目的地带来的负面影响是多方面的，最主要的是健康医疗资源分配不当引发的旅游地居民利益受损。旅游目的地的健康产业一旦形成规模，更多的资金流必然向这个行业集中，影响对公共健康医疗服务的投入数量和强度，相关人力资源特别是从事健康、康

---

① 薛群慧，白鸥. 论健康旅游的特征［J］. 思想战线，2015，41（06）：146-150.

养、护理、医疗行业的队伍逐步扩大，并且因为民营健康医疗机构收入趋高，他们逐渐从公共健康医疗机构走出来。这种变化反映在市场上，旅游目的地物价的季节性上涨是最先的变化，旅游业特有的经济性质就是其季节性：淡季、旺季分明，游客大量融入、服务人员高度聚集的旺季很可能引起旅游地物价上涨。游客一般经济条件相对优越，其所在的国家或地区收入水平和物价水平相对较高，消费能力强，从而推动食、宿、行相关物品价格上涨；旅游心理学告诉我们，旅游者为了度假旅游活动可以节衣缩食，但是在度假期间会显示出极端放松、大肆挥霍的心理倾向，行为上表现出来便是明显的高端消费倾向。这些因素和现实行为共同作用，一旦大量健康旅游者进入旅游目的地，会不可避免地破坏供求关系，引起旅游地的物价上涨，打破当地消费品和服务产品的供需平衡，这必然会影响目的地居民的日常生活，势必会影响旅游地居民的经济利益。同时，也是最为重要的是，健康旅游相关利益者的逐利性会导致富裕人群的疾病治疗优先化，无论是健康保健机构还是医疗旅游供应商都会如此选择。因为通常来讲，外地消费者可以接受高的收费，本地医疗资源未得到更高的经济回报，自然会有选择性服务。由市场自发性可知，经济利益对人的诱惑是不可逆转的，即使面对同样的服务需求，医护康养人员也会甄别服务对象，会首选外地医疗旅游消费者或者富裕人群并对其展开服务，这是资本的承诺——外来游客可以得到即时的检查、康复、医治指导。之后若资源允许，可以兼顾当地非富裕人群，这种情况下，旅游地居民就需要排队等候就诊，利益受到影响。

在实践中，秩序的改变带来的是各种复杂的矛盾和尖锐的冲突，为引发伦理困境埋下了伏笔，主要表现在以下三个方面。

第一，健康旅游开发带来的与旅游地居民的冲突。

随着健康理念的普及和广泛认同，很多地区特别是一些贫困地区，都把健康医疗旅游资源开发作为脱贫致富的重要途径。开发者为了迎合更多的健康医疗旅游消费者，加大了最新式的各样健康旅游设施的投入力度，在大型建筑项目用地方面与旅游地居民的冲突加剧。在公共娱乐设施、社区服务等使用上，旅游者与当地的居民也发生着冲突。健康旅游开发中，目的地的土地具有双重属性，首先是其本身的生产承载性，再者是其具有潜在的增值性。土地的价值可以从4个方面进行阐释，即景观价值、居住价值、商业价值、生态价值。土地价值实现的前提是土地供给有保障，一旦对土地需求增加，土地价格往往上涨。土地价格上涨，受益的是政府和土地开发企业，影响的却是旅游地居民的生活质量、房价负担和居住水平。

市场经济中，土地和住房的价格上涨影响广泛，可以激化目的地居民与健康旅游开发部门之间的矛盾，与土地和住房利益相关的冲突也是必然的。医养设施、自然环境、适宜气候、便捷服务是外来旅游者需要的，同时也是旅游地居民赖以生存的必备条件，两者必然存在此消彼长的实际情况。现在流行的滨海旅游产业集聚区、主题公园集群发展区、环城市休闲产业带等运营模式，都会占用大量土地，广场、绿地、花园这些也是旅游地居民民生工作的保障，旅游地居民住房得不到改善，生活质量也会因受到排挤而下降。

第二，健康旅游者的消费带来的对旅游地居民的消费冲击。

旅游学基本理论告诉我们，消费性是任何旅游者都有的显著特点，旅游者的经济能力和消费水平是超出一般水平的，其消费档次是容易形成示范效应的。

所谓消费示范效应，指受外界因素影响所诱发，模仿过高消费水平和消费方式的经济现象，这种模仿忽略了生产力水平和经济条件。在旅游活动中，这种效应非常明显，对旅游地产生的负面影响较大，因为旅游者的消费和支付能力高于旅游地居民是常见的。旅游目的地居民通常都会关注旅游者的生活方式和消费模式，外来者形成消费示范，旅游地居民以其为标杆和榜样，盲目追求外来的生活方式和消费模式。旅游地居民开始大量购买高档消费品，往往引起超过生产力发展的早熟消费，对生产发展和人民生活都有不利影响。另外，外来旅游者还会展示出较高的物质消费水平、较高的文化消费层次，旅游地居民，特别是喜欢新奇的年轻人容易受到影响和吸引，对自己的传统生活方式产生不满情绪，对生活水平的期望值会急剧升高，崇尚、追求和模仿旅游者带来的"现代"生活方式和文化方式，进而蔑视本土文化，丧失本土自豪感。

第三，健康旅游方式带来的对旅游地居民医护的挑战。

随着健康旅游产业的发展，大量游客的消费容易引起目的地居民医护成本的增加。

有资料可证，以出国医疗旅游为例，在本身兴盛发展的过程中，却削弱了目的地国家的医疗服务。随着人口老龄化加剧，慢性疾病患者数量增多，医疗相关费用增加，所有的高收入国家的医保体系都在经受着相当大的压力。出国医疗旅游看似减轻了高收入国家的压力，同时又为自付医疗费用的人提供了一种便宜的选择，有的人认为这种交换是互利互惠的，低收入国家可以吸引外汇并改善他们的医疗基础设施，高收入国家能够解决越来越多的医疗需求以及紧缩的医疗预算问题。但这并不意味着平等交换，它的最终结果并不一定对出发国或目的地国家的所有人甚至是大部分人有益。当医疗游客因为不能获得服务或等候时间太长而离开他们自己的医疗体系时，他们同时（极可能不知情地）削弱了自己国家内部改善医疗服务的可能性。最终，将出国医疗旅游视为解决方法的人越多，国内潜在的游说组织就会越小，国内的医保支出更可能削减，越来越多的公共医保都会这样。这一论点的产生来源于高收入国家私人医疗和公共医疗之间竞争。在医疗旅游这一方面研究有限，它就成了一个无法证实的假设。然而曾有相关定性研究表明，对于一些加拿大的医疗旅客来说，在国外接受治疗突出了他们认为在国内缺失的东西，也就是说对他们来说，这么做是对自己国家医疗服务不足的一种反抗。在国外的私人机构进行治疗增强了人们对国内医疗体系的不足的意识，病人会对自己国家医疗体系的不足更加不满，更有可能会说出他们的担忧。然而，这一研究同时也表明加拿大医疗游客对国内外医疗条件所做的对比看的是服务是否细致、医疗环境是否美观，即他们真正在意的不一定是治疗本身，而是接受治疗时外部的条件。这就支持了医疗旅游促进了医疗保健（私人的、注重消费者的服务）商品化这一论点，并暗示了人们更喜欢这种商品化的私人医疗，最终会削弱国内的公共医疗供给。虽然这一领域需要更多的研究，但是可以明确的是，它激发了一系列与私人及公共医疗相关的伦理问题。

医疗旅游在医疗游客的国家内还会引发公共医疗的其他潜在问题。如果游客在回国后感染了并发症，国内的医疗体系必须解决他们的医疗需求并支付与此相关的费用。除此之外，医疗旅游还存在一系列的风险：术后回国飞行时间过长，形成栓塞的风险；病人回国后治疗中断的风险；在目的地国家无法处理治疗不当的风险。有文献综述表明，医疗旅游者面临的健康和安全风险包括5类，受到的不平等待遇也是多方面的，医疗意外甚至事故也是多发的。[①]另外，中间人负责病人与国外医院之间的联系，因此他们对于病人所需的治疗可能因为信息不完整而产生错误的判断，他们建议病人寻求的治疗可能与病人国内医生所给出的建议相违背，而且，有些国外的治疗在国内是不被批准的，因为被认为"风险太大"。更进一步讲，中间人提供给病人的信息可能不足，西方医学常规中的"知情同意"可能在这一过程中被弱化。斯奈德及其同事对医疗旅游促进者的研究表明，这群人认为自己的角色"距离病人的医师只有一步之遥"，同时他们也意识到这种关系中商业的一面所引发的压力[②]。这所带来的问题就是大多数中间人或促进者并不是医师，他们实际上是缺乏医学知识的中间人。医疗旅游同时也可能使游客感染传染性疾病，这在病人回国时也会成为一个公共健康问题。人们认为是去过印度接受治疗的游客将NDM-1耐药酶带到了加拿大、美国和英国。因为医疗旅游产业没有监管，所以传播传染病的风险很高，尤其是因为当地卫生当局无法检测或预测这种跨国活动究竟会带来什么。此外，这一行业不受监管的事实还使得追踪医疗体系辖区内出国接受治疗的病人变

---

① 吴之杰，郭清.国外医疗旅游研究现状及启示［J］.中国卫生政策研究，2014，7（11）：59-63.

② 斯奈德.文化遗产与旅游［M］.孙业红，译.北京：中国旅游出版社，2014.

得几乎不可能。最终，这对医疗体系的管理以及预算和服务指标的制定产生了影响。

二、健康旅游地居民的文化价值观被扭曲

旅游是一种有效的文化传播媒介。任何一个旅游区，特别是历史比较悠久的旅游区，都有自己鲜明、独特的文化色彩。景区文化代表着历史的内涵，与其所处的地理环境、自然风光息息相关。

（一）旅游者对目的地居民产生文化影响的理论基础

一般认为，旅游影响研究在旅游较为发达的欧洲、北美地区兴起，时间大约在20世纪60年代，这一研究因为其实践应用，在旅游研究中后来居上，研究范围越来越广阔，深度不断拓展，一时成为显学。在实际应用中，旅游对很多目的地社会文化所产生的负面影响越来越被人们所重视，特别是负面影响导致的旅游地居民对旅游资源开发和运行的消极态度，敌对和对抗程度已经不可忽视，甚至无法回避。

图2-1列举了旅游者与目的地居民接触后的各类影响要素。旅游的发展对目的地居民有多元的社会文化层面影响，所带来的社会文化的影响感知在各个地区及各个群体中有着不同程度上的差异。旅游客源地与旅游目的地之间在经济和文化方面差异越大，社会文化影响也就越大。反之，其影响也就越小。若旅游者来源地的文化传统优越于旅游目的地，其居民就能感受到旅游为本地社会带来的创新与变革，社会文化差异越大，旅游地居民的感受也就会越明显。例如，三四线城市的旅游者到一线城市旅游，其所言所行对一线城市社会文化影响微乎其微、无法呈现；而来自美国、北欧等发达和高福利国家的游客，来到发展中国家，其言行和生活习惯会对旅游目的地产生持续的、比较明显的社会文化影响。对旅游目的地而言，随着旅游发展规模的不断扩大，付出的社会文化代价也会持续加强。这种代价反映的途径很多，一种重要形式就是目的地居民对外来旅游者的态度的变化。

```
              旅游者与目的地居民的接触
         ┌──────────────┴──────────────┐
      社会影响                        文化影响
```

┌─────┬─────┬─────┬─────┬─────┐   ┌─────────┬─────────┬─────┐
个人 │ 语言 │ 健康 │ 宗教 │ 道德 │   非物质型习 │ 物质型习 │ 文化
与社 │ 与方 │ 问题 │ 习惯 │ 与价 │   俗，例如舞 │ 俗，例如 │ 传入
会的 │ 言问 │   │   │ 值观 │   蹈、民俗和 │ 工艺品和 │（长期
关系 │ 题   │   │   │   │   传统   │ 产品   │ 演变）

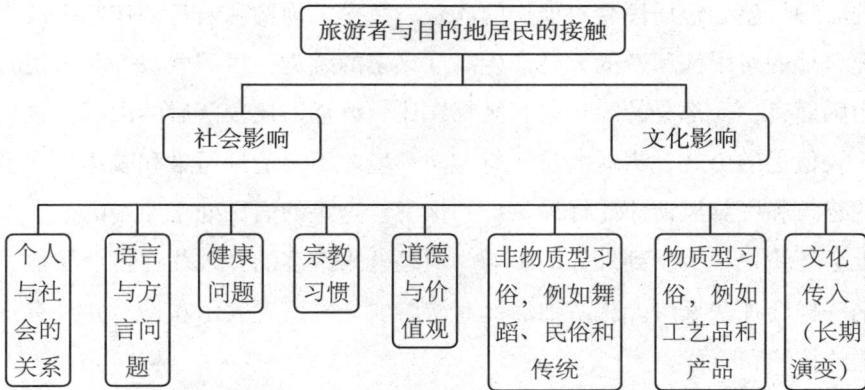

图2-1　外来旅游者与旅游目的地居民相互影响的要素[1]

多克西（Doxey，1975）[2]根据自己在巴巴多斯和加拿大尼亚加拉湖区所做的研究和调查，最早列出在旅游发展的过程中，旅游目的地居民的态度所经历的显著变化，进而构建了旅游目的地居民的"激怒指数"模式，将旅游目的地居民对旅游活动和旅游者态度的变化过程分成欣快、冷漠、烦恼、对抗、顺从等五个典型阶段。这个"激怒指数"框架模式显示，随着旅游开发的发展，旅游活动产生的各种影响，会逐渐引发目的地居民的不满情绪和抵触情绪，如图2-2所示。

```
欣快          冷漠          烦扰          对抗          顺从
(Euphoria) →  (Apathy) →  (Annoyance) →  (Antagonism) →  (Resignation)
```

图2-2　多克西的"激怒指数"模式

在第一阶段，旅游目的地居民会出现一种对旅游者的积极态度。目的地刚刚开发，只有少数游客到达。当第一批旅游者到达旅游目的地时，出于好

---

① 史蒂芬·佩吉. 现代旅游管理导论［M］. 刘劼莉，译. 北京：电子工业出版社，2004.

② Doxey G V. A Causation Theory of Visitor-resident Irritants: Methodology and Research Inferences［C］// Travel and Tourism Research Associations Sixth Annual Conference Proceedings Association, 1975: 195-198.

奇的心理，旅游地居民会对他们的衣着、装扮、饰物和语言动作产生极大的兴趣，他们对眼前新奇的人会产生高度兴奋的感觉，很"欣快"和愉悦。对于中国而言，大部分的风景名胜区都在比较偏远、比较落后的山区，也只有在比较偏远的山区，当地的自然与人文环境才不会遭到污染和破坏，许多古老的建筑和民族风情才能得以保护和保留。这里的居民处于原始的社会秩序和社会环境，很少受到外界的影响，但是外来游客的介入往往就会像加了催化剂一样会加快反应。旅游地居民对旅游者、投资者表示欢迎，并没有任何形式的控制和防范。

在第二阶段，时间这个变量起了非常大的作用，旅游目的地被持续开发，经济形式得到新发展，客流不断增加，当地人已经深度接触和熟悉、了解了外来者，与外来旅游者的交往不断深入，正式化、日常化，好奇和新颖逐步淡化为平淡，旅游产品、活动商品化加快。随着游客的大量涌入，当地人由原来高度兴奋的心理变得漠然。

在第三阶段，开发向着顶峰状态发展，旅游地区社会、文化和环境承载力开始接近或逐步达到饱和状态。另外，对于大多数人来说，旅游的目的是享受和刺激，当一个人来到一个陌生的地方没有任何的监督和约束，从心理学的角度来说，在这样的环境下一切隐藏在自己内心的念头都会时不时冒出来。这种不良的心理导致违反社会公德现象的发生。目的地居民对旅游活动和旅游者的不满、意见不断增多，开始产生"烦恼"的心理感觉。

在第四阶段，旅游目的地居民的"激怒"情绪达到峰值。他们公开表达对旅游的不满，这样的心理作用下，就会认为旅游者是影响他们日常生活和导致环境恶化的罪魁祸首，久而久之就会转变成对游客的对抗。为了摆脱自己贫穷和受人鄙视的社会地位，金钱万能的思想就会占据人的思想，小商小贩为了赚钱围追堵截游客、欺骗游客，商品质低价高、分量不足，甚至出现坑蒙拐骗、强买强卖、敲诈勒索事件。

在最后一个阶段，目的地居民出现麻木、放弃，认识到旅游活动不可逆转。于是，面对不可回避的现实，他们从被动向主动采取措施，积极适应旅游的快速发展。反复研判、比较后"顺从"旅游潮流的发展，认同旅游的正面作用。与此同时，当地的传统文化受到前所未有的破坏，旅游目的地的那些真正吸引旅游者的具有特色的吸引物，由于片面追求旅游效益而舞台化、商品化，其价值退化以至遗失，因此，旅游者的兴趣也将开始转向新的目的地。

（二）目的地居民文化价值观受到的影响

旅游是旅游者在既定的时间内个人资产和消费能力的集中展示。风景优美的旅游地一般情况下都是开发较晚、相对落后的地区，旅游者的支付能力与旅游地居民预期的交易报酬有差距，使得前者的物质和文化优越感显现出来。同时，还有一个因素就是时空方面的，时间上旅游者停留时间是短暂的，空间上相对隔离，这都使得旅游者不可能深层了解当地文化知识，而只能有一个表层认识。

旅游目的地受外来文化的影响会有持续递加效应，外来旅游者越多，外来文化因素越多，旅游目的地受到的影响会逐渐加大。这种文化的影响积累到一定程度后，就会改变当地固有的传统社会文化。也就是说，旅游越成为大众旅游，其对目的地文化的影响就越深刻。对于旅游地居民来说，他们一开始对外来的异邦文化感知敏感，时间长了慢慢失去新鲜感，直至忽视，感知程度与影响程度成反比：随着旅游的深度开发，外来文化会在旅游地产生越来越大的影响，但是旅游地居民对外来文化影响的感知程度却越来越弱，表现得越来越麻木，随着时间的推移，甚至会适应这些文化的影响并逐渐接受这些文化。外来高势能文化具有示范效应，旅游目的地居民一旦有直接或间接的接触，就会造成本土文化真实度降低，社会价值体系和文化价值体系都会受到比较大的影响。

旅游是一种相对高层次的社会文化活动，积极的正面作用明显，传统的大众旅游对目的地的文化发展有阻滞效应，特别是自然资源保存完整而经济欠发达的国家和地区付出的社会文化代价会更加沉重。旅游产业的发展对旅游目的地传统文化产生冲击，尤其是在现代化进程加速、经济因素干涉多的情况下，旅游目的地文化受到挑战和冲击是非常自然的。

示范效应是旅游对旅游目的地社会文化产生影响的主要途径。旅游者的生活方式、思想状态和开放程度对旅游目的地居民产生的各种影响，统称为示范效应。这种示范效应的发挥，是在目的地居民中间通过"斗争"和摩擦实现的，居民中的"守旧者""保守派"，他们坚定地、"顽固地"维护和保持着当地固有的社会文化传统和习俗；易于接受新事物的青年被称为"革新派"，通常来讲他们接受旅游者带来的外部文化、先进的社会意识和惯例是迅速的，同时，为了现实"革命性"，还会全面赞同和追求外来的"现代"文化或"超前"文化，对本土传统文化极力排斥甚至贬低。在这个过程中，新老群体之间容易产生对立、摩擦和冲突。

本土传统文化与不断涌入的外来现代文化之间一开始并不协调，如果产生激烈冲突就会导致恶果丛生，专家和学者们都注意到这个现实。在1985年，世界旅游组织先后制定了《旅游权利法案》《旅游者守则》，通过法规的形式进行了明确的约定："旅游者除了尊重过境地和逗留地的政治、社会、道德和宗教及遵守法律和规定外"，必须"做到充分理解东道国的风俗习惯、宗教和信仰、行动活动以及文化财富""不应强调自己与旅游地居民之间的经济、社会和文化差异，而要以受教育者的身份去领略作为人类整个财富不可分割的一部分。"

第三章 健康旅游中伦理问题的成因

　　健康旅游面临的道德和伦理问题，对社会和个人造成了不同程度的危害，理应受到全社会特别是行业的谴责和惩罚。理清问题发生的原因，是解决问题的开始。应该说作为新兴的旅游方式，健康旅游定位不清晰、制度有缺陷、甚至市场条件下人性的弱点等都是引发问题的诱因。这里将从游客、资源管理者、资源开发者等不同的主体方面来寻找健康旅游资源开发过程中伦理问题产生的根源，并试图从下述几对关系的深入考察中去探求健康旅游资源开发中伦理问题产生的必然性及其原因。

第一节 义利关系不平衡下的健康旅游开发

义利之辨，是古今中外哲学和伦理学的基础核心之一。我国历史上，从儒家重义轻利，到法家重利轻义，对于义利孰重孰轻的争论从未停止。在西方，围绕人我、群级关系展开的义利之争俯首可观，从功利主义萌芽期的古希腊伊壁鸠鲁的快乐主义，到洛克的个人主义哲学，再到亚当·斯密用一只"看不见的手"把利己主义和利他主义统一，这些无不是为阐释功利和义利关系提供了理论基础。利益与义务关系的偏离，在健康旅游资源开发中是较为常见的现象，突出表现为人与自然环境关系的失衡，政府作为健康旅游资源的宏观调控者对这个行业科学定位不准确，制度不完善，调控手段不够多，缺少补偿机制设计，导致了义利分配不合理。

国家卫生计生委等部门颁布的《关于促进健康旅游发展的指导意见》指出，健康旅游是健康服务和旅游融合发展的新业态，发展健康旅游对扩内需、稳增长、促就业、惠民生、保健康，提升我国国际竞争力具有重要意义。这种定位是科学和全面的，也就是说，健康旅游业具有集合或者综合性，不可从单纯的经济产业一个维度去理解和把握，经济效益、社会效益和生态效益结合在这一综合性产业形态中。但是，健康旅游涉及部门多，管理过于分散，针对健康旅游行业的规范或法律法规不够完善，导致健康旅游市场产生价格无序、秩序混乱等严重问题，无法保障健康旅游者的利益，从而抑制了我国健康旅游产业进一步健康发展。[1]在现实运行中，容易将健康旅

---

[1] 朱丽都孜·解思思别克，刘庭芳，张丹. 我国健康旅游研究热点及趋势分析 [J]. 中国初级卫生保健，2022，36（06）：5-8.

游业推向单纯追求经济利益作为唯一目标、陷入利益至上的怪圈当中。这主要表现在以下三个方面。

一、地方政府思想观念偏差导致短视行为

健康旅游无法脱离其物质基础——自然和人文资源。为了愉悦身心、追求健康，人们从钢筋混凝土结成的房子里走出来，离开冰冷冷的城市，到田野中、到乡村里，去寻求安宁、平静和温暖，感叹岁月和历史带来的痕迹，领略自然的馈赠，这都是自然和历史给予的，可以给人类种种启示。自然和历史愿意向所有的游客敞开自己的胸怀，用伟岸、雄奇、婉约、灵透包容和感染那些心灵孤寂的旅者。人类在旅游中，将其道德关怀的视野和心灵启迪的来源寄予自然，获得的是新的人与环境之间的关系。我国海陆地域辽阔，经纬跨度较大，地势地形多样，因而形成了多样化的具备健康、医疗保健功能的资源，也就是说自然上拥有丰富的、优质的医疗保健资源，例如温泉、药膳、森林、阳光、沙滩。同时我国历史悠久，经历许多朝代更替，古代医疗发展的时间很长，拥有中医等特色的医疗保健方法和手段。这些医疗保健因素和保健方法等健康因素与旅游资源有效结合，进行科学合理开发，可以开发出独具特色和亮点的健康旅游产业。

但是，一些地方政府在发展当地健康旅游的过程中，只顾及短期的经济利益，甚至是个人的经济利益，抛开对整个目的地范围内的社会和生态环境的责任，在引进和审批项目过程中，突出地方经济效益需要，同时将政府部门政治业绩置于首位，甚至只考虑自己任期内的经济效益情况，因此主要看重投资少、回报快的项目，无法对项目资质、文化背景、发展理念和其开发对目的地长远发展的影响做到全方位的考量和比较。国内许多地方的城市发展规划中，将旅游产业作为"短平快"的赚钱项目列入城市规划，这成为经济规划者的思维定式。条件优势明显的地方，旅游产业已经成当地经济的重要支柱性产业，在区域内传统观光旅游、度假旅游可谓遍地开花；条件差甚至没有条件的地区，也是挖空心思，抢抓旅游出行休闲化、大众化和社会化

的发展趋势，也大张旗鼓地强行开发。不考虑本地的实际情况、大规模地开发本地资源、唯利是图、忽视保护旅游资源的理念，会导致开发经营者对旅游资源过度开发。从长远角度看，政府部门秉持这种理念，必然会在某种程度上造成资源过度利用，环境污染、生态破坏随之出现，资源因为发展经济受损而得不偿失，同时旅游目的地失去了原有的吸引力，会导致游客数量骤减。

有的地方政府投资大量资金、土地、时间打造大规模的休闲"古镇"作为城区的配套项目，但在设计和规划过程中只注重"大"，却不考虑古镇背后应依托真实的历史，导致刚刚建成时的"古镇"风靡一时，但开业一段时间后游客寥寥，商家纷纷撤退，变成了一座名存实亡的空城，可见如果没有历史文化的支撑盲目开发，撒钱再多，也是枉然；还有一些地方政府"闲时争名人，忙来毁故里"，在旅游开发和建设过程中不顾文物保护单位、群众的劝阻，不考虑历史遗址、文物古迹的保护，如江苏省镇江市入围全国十大考古发现的宋元粮仓遗址被毁、安徽泗县近千年的释迦古寺被拆……这是无序的投资和开发，社会、经济损失巨大的背后，还会引发功利主义的碰撞，使得旅游开发的消极影响扩大。

二、管理体系不健全，法制不完善落实不到位

健康旅游创新了产业结构，符合人们对旅游的向往，其旅游开发具有非常广阔的市场前景。健康旅游业态良好，发展迅速，必须满足旅游者对旅游内容丰富性、形式新颖性的需要，景点旅游发展模式向着资源整合、产业融合、共建共享的模式转变，管理科学、规范、有效，尤其是相关法律法规的健全显得尤为重要。但是健康旅游开发管理中存在着不少问题，在法律层面上特别严重。

（一）开发顶层设计上有盲目性

健康旅游资源开发中，首要就是要有科学的顶层设计，政府在经济发展谋划上，宏观层面规划好旅游开发的大局，做到思路明晰、结构优化，设

施基础过硬，为旅游产业可持续发展指明方向。比如，海南省作为全国旅游业改革开放先行试验区，从省委省政府的顶层设计，到市县和旅游等相关部门的积极探索，尤其是琼海市在全域以5A级标准打造"田园城市，幸福琼海"，从理论和实践上都为探索全域旅游做出了贡献。琼海通过田园小道、景观通道、慢行车道等配套设施，把景点、公园、村庄、民居风情、生态景观等串联起来，使全市成为一个田园式大景区；坚持"不砍树、不占田、不拆房，就地城镇化"，达到"城在园中、村在景中、人在画中"的境界。琼海全域旅游的发展探索，对全国其他地区全域旅游的发展有着较高的借鉴价值和积极的引领意义。①

但是在一些地区政府主导激励下的健康旅游开发中，宏观规划和调控等方面存在明显的问题。调研不充分，运动化趋势明显，过度突出数量、投资规模、产值等经济指标，分不清自身优劣势，盲目制定发展计划；功利性明显，过于追求短平快效果，大举引进各类投资商特别是房地产商进行开发，缺乏必要的引导、规范和耐心，造成生态资源的破坏和浪费，自然资源开发被搁置，生态平衡遭到了破坏，一旦开发，资金难以后继，极容易演变为"空心区"和"鬼区"；简单模仿、东施效颦，一张规划图打遍天下，没有精力和时间综合研判和特色差异化分析，无视文物古迹的历史价值和旅游价值，使得健康旅游景点千篇一律，同时也造成了景观污染和文物古迹的破坏等。健康旅游开发经济效益明显，导致某些地方政府与相关部门过度重视眼前的经济利益，虽然一开始可能获得客观的收益，但是难以为继，浪费了大量资金，还使本来就脆弱的生态环境越发恶化。

景区内，旅游资源保护的方针原则由环保等职能部门提出，具有强制性约束力的实施措施不多。旅游区环保制度手续流于形式，起不到把关作用，仅可以满足政府的主观需求，满足行政程序比如考核要求，与消费者需要没

---

① 李佳飞，易建阳. 全域旅游与媒体融合峰会博鳌召开［N］.海南日报，2016-03-26.

有很强的联系，不能避免市场规律的乱象。

（二）开发管理上呈现出混乱性

正如国家组建文化和旅游部的职能设计所指出的，长期以来，我国旅游管理体系体例中存在着"权责不统一"（所谓"小马拉大车"）、"多头管理"、"主管机构弱"的缺陷，仅就原来的旅游和文化部门来讲，职能交叉、管理不统一、各自为政的现象是非常严重的。文化部门管理着诸如故宫、敦煌遗址、兵马俑博物馆等传统旅游资源，而新兴的主题公园、特色小镇、文创产品、旅游演艺等旅游供给也可列为文化项目。管理机构重叠、职能交叉就会导致即使两个部门通力密切配合，由于机构部门之间的相对独立性，导向冲突、规则矛盾非常普遍，无法实现高度融合。多机构的重复管理难以达成一致的目标，在发展地方经济、提高旅游经济总量的目标挤压下，多头管理、政出多门，多个部门的管理常处于低效状态，而且由于政府管理职责有限，无法形成稳定的组织机构。

如果横向上，再把建设、林业、环保、宗教、海洋、地质等部门的管理范围考虑上，旅游景区资源和文物资源的管理就更加复杂了；而在纵向上，国家级、省级、市级、县级等四级则把相关行政主管部门层级化，部门之间权责、权限不一，协同与融合也是难以实现的。这些情况的存在，很容易出现管理的空白地带，难以很好地发挥相关机构的检查督促功能，同时管理机构层级矮化，旅游管理相关部门没有资源环境保护的执法权。另外，一旦交流和沟通机制不健全，由于上级距离下级较远，信息传递可能不会太及时，影响下级对上级的反馈。这种由上而下的单一的管理方式容易使内部上下级之间形成利益共同体，由于缺乏约束机制，很容易滋生腐败，不利于旅游业的发展。

在我国旅游业中，由于寻租活动的广泛存在，使得"旅游回扣风"屡禁不止，这就是一个因为制度不完善引致政府失灵的鲜活例子。旅游运行中，无论信息获取还是权益维护，旅游者都是弱势群体，一旦旅游经营者、导游群体和供货商串通起来，形成三方"勾结"利益链条，通过对政府寻租向旅游者转嫁成本就是必然的。究其原因，制度化生存环境还没有形成、经营者寻租及政府腐败"易实施、风险小、收益大"，这都是现实基础，负面现象能够存在，导致政府实施的如"保护旅游者合法权益"等微观规制失灵，对我国旅游业的声誉产生了负面影响。

（三）健康旅游开发中法律的滞后

随着我国旅游行业的快速发展，具有社会主义特色的旅游法规体系逐步健全，很好地促进了全行业的发展，保障了行业的规范运行。但是，总体来看，旅游法律体系的完善和建设跟不上现实需要的发展。作为新兴的旅游产业形式，健康旅游开发中急需的专门的旅游服务道德约束和法律监督机制更是在逐步破题的路上。一说健康旅游公共服务，很多地方就马上想到开工上项目，却很少想到今天的旅游目的地已经不再是封闭的世界，而是开放的体系，是主客共享的美好生活空间。事实上，在市场发育尚不完善、人力资源规模尚不足够、格局和视野尚不够开阔的现实条件下，不平等、不公正的现象不但存在于旅游个体表现和社会要求之间，与社会道德规范相背离乃至超越道德规范范围的行为也普遍存在着。这些都从不同侧面揭示着健康旅游法律法规建设的尴尬现状。归结下，主要表现在以下几个方面。

第一，健康旅游领域综合性法律法规空缺。新兴经济形态还处在大干、快上甚至一哄而上的氛围中，整个领域还是心浮气躁的，很多企业、高校、研究机构和地方政府都在忙于建设旅游智库、数据中心、实验室。但是，立法部门对于旅游主体伦理道德不断滑坡的现状视而不见，缺少调研数据和案例的支持，也难以启动完整系统的综合性法律法规的立法程序。

第二，健康旅游法律体系非常不完备。目前，健康旅游相关法律还没有统一的制定标准。健康旅游在快速扩张的情况下，发展过程中存在的问题和乱象无法快速便捷地反馈给立法工作者，使得立法机关、执法机关、司法机关、法律监督机关无从下手，遇到的阻碍和藩篱带有普遍性。在健康旅游领域，特别需要完善法律法规，形成相应体系。结构严谨、协调系统的旅游法律体系是理论界的呼唤，更是现实社会运行中的急需。

第三，健康旅游领域某些环节无法可依。旅游业的行业监管和执法部门，对传统产业比如旅行社、导游的监控相对集中和规范，但对于包括健康旅游、自驾游等在内的新业态，似乎都是无从下手，一时半会很难出台监管良策。健康旅游中医疗废弃物的处理，不同于医疗场所，法律上还是空白的。在这些领域发生经营者或者旅游者道德失范时，相关部门监管无力，找不到合适完整的法律约束其不良行为，道德素质低下的某些健康旅游机构就有了空子可钻。

第四，健康旅游领域中存在个别执法不严。"位阶不够高，结构不合理；民事法全面，行政法集中；传统产业监管较有力，新业态监管处于空白"是旅游法制建设现状。有些旅游执法部门对旅行社和旅游从业人员违法行为视而不见，有的纵容，有的处罚力度不够，更有甚者相互勾结谋取不当利益，都为违法行为泛滥提供了土壤。同时，地方旅游管理部门管辖范围有限，难以协调各行政部门，导致即使看到旅游经营者和旅游者之间的矛盾，却迟迟不能解决。

健康旅游立法先行，在国际上是有例可循的。比如，韩国境外健康旅游广受追捧，很大程度上得益于政府在立法和政策上的积极推动。韩国政府早在2009年起，陆续推出相关法案，从法律上对行业进行规范管理：先后有《韩国旅游振兴法》《医疗法》《关于支持国内医疗机构进入海外医疗市场及吸引外国患者的法律》等。这些健康旅游相关法律对行业进行规范管理，保障旅游者或者患者的合法权益。这从另一方面佐证了法律对健康旅游的重要性。

三、缺乏完备的经济反哺机制

自然生态环境的使用受益者必须承担自然生态环境的保持和恢复的责任，这是一条基于人类的平等观念的最起码的义务。旅游资源开发中，"从旅游中来到旅游中去"的原则具有普遍意义。旅游业在拉动经济增长、促进消费、带动就业等方面的综合效益是显而易见的，但是旅游资源的开发必然会带来环境的污染、生态的破坏，实现旅游资源和环境的可持续发展，实行经济反哺是同行做法。

实行经济反哺的主体也就是自然环境保护的主体，政府是首位的，其余包括旅游资源管理部门、旅游开发运作群体、旅游市场经营人员，也包括旅游者。所谓社会经济反哺发展模式，具体指的就是国家有关部门会同旅游资源所在地对来访游客进行客源地结构分析，以省级行政区划（或地级）为单位计算出到访前N位，并计算出其游客量所占系数；同时有关部门根据物价变动下达旅游影响社会经济发展资金数量，按照到访前N位省级单位系数，由省级（地级）政府按照计算数量比例支付社会反哺旅游发展基金给旅游资源地。反哺机制的目的在于充分发挥旅游资源的最大效益，实现可持续发展，通过稳定的机制，实现未开发资源的合理发掘和利用，从而提高旅游资源的增量。现实经济运行中，地方政府负债率较高，旅游领域内用于经营管理的环保经费相当紧张，环保费用征收效果和数量得不到保障，污染治理的罚款欠账过多，反哺无法开展，具体表现在以下几个方面。

（一）资本本性与环境承载的矛盾

实行环境反哺，需要大量资金和经济支持，需要景区门票收入多且时间长，因为门票收入是旅游地收入重要来源之一。环境承载的一般规律告诉我们，旅游地自然生态环境的脆弱性与损毁是不可修复的，特别是对生态要求很高的旅游地的承载力比其他类型的旅游地低。这样经济增长与环境承载的矛盾就很明显了，一方面旅游者激增对旅游地的生态和环境造成的损害和威胁不断加重，另一方面，如果限制人数的增长，与市场利润、经济收益必然冲突，对旅游地进行保护的经济投入缺少多元渠道，所有的反哺主体无法展开工作。

（二）财力状况和产业结构的局限

对旅游资源区自然环境反哺的重要方式之一就是政府财政的反哺模式。也就是前面提到的，政府将营业税、资源占用费、环保处罚款项、其余上交的其他利润，按照相应的规定以固定的比例回流到旅游环境保护中去。一般来讲，健康旅游资源区生态、自然环境相对优越，特别是人工干扰相对少，但这些地区的交通往往不便、经济发展程度差，财政收入少，需要支出的地方多，地方财政反哺"有心无力"。在一个地区，一旦旅游对于区域经济的贡献发挥支柱作用，其产业结构就会全面具有依赖性，旅游业对其他行业部门具有促动作用，从而产出间接经济效益。如果产业结构单一、产业链条发展不充分，资源就会枯竭，旅游地产业结构的局限和经济发展水平的低下决定了对健康旅游行业的较低反馈水平，最终影响间接收入。

（三）自身生产不足与旅游收入漏损

2018年9月，中国旅游研究院与兴旅国际传媒有限公司、世界中医药学会联合会联合主办了"第二届中国国际健康旅游高峰论坛"。世界中医药学会联合会副秘书长陈立新发表了主旨演讲《中医药健康旅游发展现状与未来展望》，他指出，当前我国健康养生与旅游业融合发展没有完成，规模处于起步阶段，距离建设健康旅游产品标准体系、实现政府引导和市场运作还比较远。所以，当地经济体系、产业结构不完善，就会出现符合市场需要的产品无论是数量还是质量都存在供给能力问题，被迫向领域或者区域外购买产品和服务，导致健康旅游供给市场被区域外经济实体控制，市场机制作用没有充分发挥，旅游收入的漏损现象就会普遍存在。

收入不足现象一旦出现在健康旅游地，分配问题随之而来，相关利益主体间的冲突和矛盾也就无法避免。各方利益无法得到保障，健康旅游领域各类负面现象就会层出不穷：旅游开发经营者因为分配不足，规划设计层次低，服务标准就会降低、质量就会下降，非诚信行为就会增加，旅游地的形象价值也必然受损；资金和利润得不到保障，资源环境保护失去物质基础，加大开发力度进行新的建设也就无法实施；旅游地居民在参与分配上得不到满足，通过旅游发展经济的目的就无法实现，反而消耗了旅游地自然、社会、人文等生态资源，居住地生活生产秩序被干扰甚至打乱，旅游地居民与外来旅游者之间的矛盾纠纷必然增加。

综上，旅游经营管理中缺乏完备的收入反哺机制，一味地索取利用，无法实现环境保护的职责，导致不良后果，这是非常令人痛心的。但是，我们也欣喜地看到，这种情况有着良性循环的路径，可以摆脱这一"宿命"。事实上，被媒体和旅游业内人士广泛赞誉的"崂山机制"就很好地解决了反哺不到位的问题，我们可以联系起来，比较思考。在青岛崂山区沙子口街道东麦窑村中，一幢幢昔日村民居住的石砌老房子经过中央美院专家的设计，摇身一变成为极具人文特色的乡村民宿。每个民居都有着自己的故事，让住过的游客着迷——这就是崂山风景区推出的"仙居崂山"项目。崂山旅游集团采取与社区合作的模式，从村民手中将闲置的老房子收上来，统一进行包装，重点打造出东麦窑、南北岭、双石屋、青山等民居村落，在满足游客个性化、特色化居住需求的同时，完善"吃、住、游、购、娱"旅游全产业链条。相关负责人介绍，该项目最大的突破是找到了一条景区社区融合发展的新路径，这一探索将景区内的社区经济发展纳入到了旅游经济产业链中，不仅能促进崂山由观光旅游向休闲度假旅游转变，也建立健全了景区反哺社区机制，实现了双方的优势互补、共同发展。这也从另一个方面，佐证了反哺机制对于健康旅游可持续发展的重要意义。

第二节　业内追求与生态维护张力下的健康旅游发展

马克思有句名言，资本最大的特点就是追求利润的最大化。作为产业，健康旅游业追求经济发展和利益无可厚非。但是，健康旅游资源开发者一旦被资本的本性牵住了"牛鼻子"，经济发展与社会生态维护之间的平衡就会非常容易被打破。只重业内经济追求，盲目、不节制、非科学地进行旅游资源开发，容易忽略对本地区旅游资源承载能力的整体把握。有的地方政府和开发团体，不重视对资源环境的基础概况的研究，缺少深入调查及相关的评估工作，设计思路单一，背离合理科学等重要原则，对基础设施设计过程无法进行长远考虑，与健康旅游区的生态发展相背离，不利于生态发展。

一、追求过度开发，超出生态承载能力

在旅游经济学上，一般从旅游资源环境可持续性、旅游经济可持续性、旅游地社会可持续性、旅游地可持续发展潜力4个指标对旅游业的可持续发展水平进行衡量。旅游资源环境可持续性，关注的就是环境的承载力，也就是关注一个生态系统中所能承受的有机数量的上限，在这个限制范围内，可正常维持生命机体的再生能力与更新能力，使环境可达到自我修复的能力范围。旅游业是一个集经济效益、社会效益和生态效益为一体的综合性产业，追求利益最大化是营利性组织机构的根本目标，仅仅认为我国旅游资源非常丰富、开发利用潜力巨大是片面的。但是，无视环境承载力，只考虑自身的经济利益，而将其他方面的消极影响忽略不计的旅游开发，在健康旅游领域是普遍存在的，只要项目存在利润可图，以忽略旅游资源的保护去迎合旅游者现象就非常普遍。

另外，旅游经济可持续性、旅游地社会可持续性、旅游地可持续发展潜力这些指标也得不到重视和认可。旅游开发中，人为加速旅游人流、物流、信息流等要素的流动，透支旅游地接待力，可持续运行中必有的休养生息、自我修复无法实现，造成很多自然旅游景观遭到破坏，所谓的"开发污染"也就形成了。为了建设所谓"网红"热门景点，不去考量旅游资源本身所具有的历史、人文承载，在自然山水或原有风景区上任意拼接人工建筑，自认为（具有超强的主观认定）迎合了旅游者兴趣所在的审美特点，完全忽视或根本不顾及人工景观与周围天然环境的协调一致，必然造成对该地景观环境的侵害。

在统筹推进"五位一体"总体布局和协调推进"四个全面"战略布局，牢固树立和贯彻落实新发展理念，实现全面建成小康社会的要求下，旅游业内在追求经济利益的同时，应提高政治站位、时刻保持清醒认识，兼顾社会效益与生态效益。在国家大环境和政策支持的利好条件下，出台相应的支持政策，把城市周边和广大的乡镇乡村中旅游业发展潜力和前景充分显示出来，这就要求业内不断完善基础设施和接待服务设施建设，丰富完善旅游产品和旅游业态，配套延长旅游产业链，深入推进区域旅游交流合作，做好旅游营销，促进旅游业可持续发展，最终实现旅游富民和全面建成小康社会的目标。

二、行内无序竞争，轻视责任感与公德心

中共中央在2001年9月20日印发实施了《公民道德建设实施纲要》，用"文明礼貌、助人为乐、爱护公物、保护环境、遵纪守法"等20字，明确规定了社会公德的主要内容和要求。社会公德"涵盖了人与人、人与社会、人与自然之间的关系"，是人们在社会交往和公共生活中应该遵守的行为准则。在健康旅游资源开发的过程中，社会公德在3个层面上对其进行规范：一是处理人与人之间的关系，社会公德要求尊重他人，尊重旅游各相关群体；二是处理人与社会之间的关系，社会公德要求旅游者爱护公物、遵守公共秩序；三是处理人与自然之间的关系，社会公德主要体现为热爱自然、保护环境，所有利益方都要遵守"爱护公物、保护环境"的准则，以保护大家赖以生存的环境。现实运行中，健康旅游领域中埋没责任感、泯灭公德心的破坏生态环境的事件、不文明行为时有发生，社会公德的优秀特质得不到发扬光大。

人类社会经历了农业革命和工业革命之后，正进入服务业革命时代。旅游业作为重要的服务行业也正经历着涉及服务观念、服务艺术和生活方式的"旅游革命"。然而，我国现有的旅游服务质量却不尽人意。旅游服务缺乏诚信观念，经营组织者和旅游者之间利益纠纷不断，旅游秩序混乱。不合

理的行程安排、不规范的旅游服务等导致了旅游利益纠纷和大量旅游者投诉，旅游服务者的诚信服务意识缺乏，健康旅游企业该承担的社会责任也没有落实落地。一方面，旅游经营管理中没有形成一个完整的价值体系和道德标准，经济利益与社会效益、生态效益的协同得不到实现；另一方面，旅游开发者只把眼前的经济利益作为目标，将生态责任、社会责任等完全丢到一边，严重忽视环保宣传教育责任。另外，旅游行业内部缺乏完善的竞争体制，继而使旅游行业内部秩序混乱；经济主体缺乏诚信，企业弄虚作假，旅游者得不到公正待遇，必然加大旅游业的经营成本。

无序竞争导致价格歧视也是必然的。比如，据中国旅游新闻网报道，近几年来，越来越多的陕西人选择走出国门去境外旅游，出境游火爆，同时出境旅游市场存在的问题也随之增多。"西安旅游企业参与包机，一部分企业分销渠道畅通，销售情况好，一部分企业分销渠道不畅，销售情况差，为了减少亏损，后者就会降价收客，由于同质化产品一家降价，其他几家就得跟着跳水降价，最后导致所有企业都得一起亏损。在这种市场氛围下，旅行社处在艰苦生存环境中，好不容易低价从市场上招揽的游客，只能把部分亏损的压力转嫁给接待社。所以游客到旅游目的地难免会受到强迫消费的困境。"从经济理论上说，通过实施价格歧视，获取旅游消费者剩余，是旅游企业的常用手段。所谓旅游消费者剩余，指的是旅游者购买旅游服务时，愿意支付超过价格部分的价值。在健康旅游市场开发不完全、竞争无序、政府监控不到位的情况下，过度的价格歧视损害的是众多消费者的利益。

三、业内文化缺失，泛滥商业化和庸俗化

进入新时代，国民旅游诉求正在从美丽风景转向美好生活。健康旅游领域中，独特的文化体验给游人的旅程增添了无限精彩。体验异地文化是旅游重要的出发点和动机，甚至可以成为灵魂与核心部分，在现代旅游包括健康旅游中占据越来越重要的地位。文化及非物质文化遗产是提高旅游业内竞争

力的主要因素，于是旅游开发者高度重视人文类景观作用的发挥，但却因为种种原因，我国部分悠久的历史文化、各具特色的民俗风情突显不出优势，甚至走向了相反的方向。有的开发者自身文化素质不高，不尊重历史文化，歪曲编纂、人为再造，破坏了历史文化、民俗传统的原始真实性，加速了传统文化的商品化、庸俗化、雷同化倾向；有的开发者忽视对古迹遗址类人文景观保护为主、开发为辅的原则，不顾稀缺性、脆弱性，对许多文物古迹进行破坏性、掠夺式开发，许多遗迹被永久性破坏，使后人再也无法观赏到优秀的文化精髓。表面上看这是不合理开发，实质上是文化不足造成的必然结果，损害的是民族文化，满足的是某些人的经济利益，忽视的是代际公正的原则，剥夺的是后代平等地享有使用旅游资源的权利。

旅游文化本身的异化，也成为健康旅游生态失衡的重要原因。健康的旅游文化展现着旅游行为的综合性、时间和空间的延展性，反映了景观意态的趣味性和游客需求的多样性，需要促进旅游业民族特色的形成，提高其国际竞争力。但是，旅游文化一旦与市场和商业过度"亲密"，就会被商业气息所异化，部分历史文化名城名镇、世界文化遗产向"钱"折腰，旅游文化向商业化快速蜕变，最终耽误了文化传承。旅游的文化异化使许多美丽的景区景点变成了"摇钱树"。旅游文化的传承、保护受到了市场及其利益集团的冲击，出现了诸多"乱象"。其表现形式如下。

（一）旅游文化失去了最初的意义表达

文化意义的隽永表达，把自然景观和文人情怀和谐融合，揭示出历史和人类社会发展的规律，让人流连忘返。但在现实的旅游文化生态中，"伪旅游文化"有泛滥之势，逐步使人们迷失了民族旅游文化的方向，比如，山东的"祭孔大典"本应在孔子诞辰之日举行，一年一次。但为了吸人游客，主办地擅自更改，实际上祭孔表演一周一次，在服饰、仪式等方面也未严格遵循古代礼仪，使严肃的祭孔大典成了一种纯粹旅游商品。

市场和商业强势介入，无序参与，剥夺了原来的旅游文化的纯粹性。旅游文化性质和特点变形了，丧失了文化的本真，失去了应有的韵味。一旦旅游文化资源被单一的商业网络控制，其开发的后果就会失去旅游文化对于人的本位作用，亟待旅游伦理道德建设去加强和改善。有报道称，湖北省襄阳北街是襄阳市的历史文化街区，其历史可追溯至商周时期，但是当地将其改建为一条设有300多间门面的仿明清建筑风格的文化商业步行街。记者在现场看到，青砖灰墙间，"东北饺子馆""乡村锅巴饭"等霓虹灯招牌不停闪烁，雷同的街边小吃和服装品牌，与其他商业街别无二致。[①]

从资源配置和市场经济角度讲，旅游文化要发展，历史韵味要传承，离不开资本的支持，需要与商业化很好地结合、协调：旅游文化借助资金发扬并通过市场等媒介载体进行传播，同时商业和资本又可以通过旅游文化资源的运营获取其应有的利润。

（二）旅游文化的公益性失去了主导地位

在我们国家，文化馆、博物馆、图书馆、美术馆、科技馆、纪念馆在内的六馆，工人文化宫、青少年宫二宫都属于公共文化服务设施，分布广泛的各级各类爱国主义教育示范基地都具有公益性，正在逐步向社会免费开放。从时空来看，能够享受和欣赏上述公共文化设施的主体往往是设施所在地的居民。通过发展旅游业，可以引导更多外来游客来到目的地，"六馆二宫"公共文化设施、爱国主义基地的受众范围急剧扩大，文化价值和效益发挥实现最大化，更好地扩大了文化服务的覆盖面。但是，旅游文化过度向商业化蜕变，首先阻碍了对本民族文化的获取和吸收。站在游客的角度，以利益为主导的价值观剥夺了游客的权利和责任，旅游文化的传播、传承几乎都能找到商业利益的影子。一旦被商业思维绑架，既往的主导价值观念找不到新的生长点，无法得到继承与发扬，便给予了高频度、可复制的旅游商业化表演形式以机会，机械复制的作品俯首可见，旅游景区和文化价值原有神韵不但得不到张扬，而且异化变味，旅游本身的意思表达变形走失。我们推崇

---

① 王自宸，李亚楠，王珏玢，等. 多地历史文化名城保护堪忧［N/OL］. 经济参考报，（2016-11-03）［2022-6-28］. http://www.jjckb.cn/2016/11/03/c_135801783.htm.

并注意利用现代市场经济在旅游文化发展中的重要作用，更要注意维护人民群众对旅游文化拥有获取的权利，其前提条件就必须坚持以旅游文化的公益性为主导。

例如，红色旅游中出现的过度娱乐化等问题，严重破坏了旅游市场和公益性的平衡。原国家旅游局规划专家王兴斌认为，红色旅游中低俗、庸俗和恶俗现象主要包括：有的"景区"移花接木虚造历史场景、建筑和器物；有的做成不伦不类的游乐园；有的讲解词不实；有的纪念馆越建越气派，纪念碑越建越高；有的垄断和强行兜售高价花圈、花篮牟利；有的借吃"忆苦饭"提供价实不符的饮食，等等。

（三）旅游文化的传承与保护被破坏

旅游业是可以促进传统文化的保护与传承的。比如，山西平遥古城虽然近年来驰名中外，但是在旅游业没有发展的时候，这个破败的城市一直被视为财政包袱，经常有人建议将其拆毁。但是，旅游业的快速发展拯救了它，给了它再生的机遇，地方政府和旅游地居民意识到平遥古城是绝佳的旅游资源，是"聚宝盆"，因而自觉地强化了保护古城的动力。

然而，利益传导机制在发展旅游业过程中过于强大，必然破坏旅游地原有的文化传统，影响文化教育功能的发挥。处理不好开发、保护与继承的关系，盲目开发旅游，就会成为破坏传统文化的"罪魁祸首"。国家文物局曾经通报，湖北省红安县红安七里坪革命旧址，全国重点文物保护单位，"国共合作谈判处旧址"被镇政府拆除；河南省商城县"南街民居"，省级重点文物保护单位，如今"被拆真建假"，变成了钢筋水泥的"仿古商业街"；贵州省独山县"龙家民居"，县级文物保护单位，也遭强拆；黑龙江省哈尔滨市7处不可移动文物，却只剩残垣断壁。

加强旅游文化建设、弘扬中华民族优良的文化传统、促进旅游精神文明已经成为我国旅游业亟待解决的问题。建立国家级文化生态保护区是应对文化和旅游发展的重大举措，通过对优秀传统文化更好地保护传承，为旅游地居民和旅游者的生活增添更多别样体验。

第三节　旅游者自身认知实践差距下的健康旅游参与

人与自然的关系复杂而微妙，在健康旅游中，旅游者自身认知差距普遍存在，对待健康旅游的态度是不一样的，在各种认知指导下的旅游实践，会产生不同的利益结果。

一、意识和行为上的欠缺，破坏旅游地自然环境

意识和行为上的欠缺，其原因是多方面的，既有旅游活动造成的异地性和暂时性，使游客摆脱了日常众人目光的监督，从而责任约束松弛、占有意识外显，不能做到"慎独"，也有游客处于异常状态——完全放松甚至故意放纵，把理性的自我管理和约束放在一边，常常出现不符合伦理道德规范的行为。在旅游过程中，从众心理、占有意识、空间置换前提下放松自我行为约束，加之环保意识欠缺，都是造成游客破坏自然环境的重要诱因。常见到，文物古迹上的"到此一游"，使很多古物被人为破坏；景区内乱扔垃圾、践踏草坪、随地吐痰等破坏行为随处可见。比如，西溪花朝节期间，游客为了赏花、拍照，踩踏草坪、花坛①。据央视网报道，2017年，在贵州松桃县潜龙洞景区，一名游客因怀疑景区内的钟乳石景观为人工做成，对着一根生长上亿年的钟乳石连踢三脚，导致其断毁。相关专家表示，被踢断的钟乳石很难恢复原貌。人民网抖音官方账号在2018年8月30日发布了一条4名游

---

① 邱宏亮.旅游节庆意象、节庆依恋、节庆游客环境责任态度与行为——以杭州西溪花朝节为例［J］.浙江社会科学，2017（02）：84-93，117，158.

客肆意踩踏张掖七彩丹霞景区内彩色丘陵的视频，引发网友广泛关注。张掖市委外宣办发布通报称，张掖市多部门组成联合调查组，邀请相关专家对地质地貌进行鉴定，将排查景区防护栏。4名游客已向临泽县公安局自首。视频中，拍摄者语气兴奋，拍摄自己和伙伴私自进入张掖七彩丹霞禁区内游玩，无视栈道私自进入丹霞地貌"后山"，在景区内肆意踩踏并用脚将尘土扬起，并附文称从后山进入不用买门票，是偷偷进入的，"不是说踩一脚要60年才能恢复，我们不知道踩了多少，我还弄了些沙子"。这些游客的破坏行为对景区环境、设施造成直接影响，同时对社会文明的建设也起到阻碍作用。

二、道德修养弱化或缺失，破坏旅游地社会环境

旅游是人与人之间沟通和自我实现的重要方式。游客对旅游目的地的影响，可以通过游客的价值观、宗教语言、道德观念等来实现。道德观念制约修养水平，关系到个人是否能够自觉地将一定社会的道德要求转变为个人道德品质的内在过程。很多情况下，旅游开发中的伦理问题，游客的道德修养的弱化或者缺失、个人利益与外部利益关系处理不好，会使健康旅游地社会效益受到侵害，产生诸如此类的现象和结果。

第一，破坏健康旅游地民风和民俗。我国历史悠久、民族众多，各地民俗和习俗文化多样并且差异明显，这种文化是与较高阶层文化相对照下的全部文化。仅就民俗来讲，它是民间社会生活中传统事物和现象的总称，是世代传袭的基层文化，既蕴藏在人们精神生活传统里，又表现在人们的物质生活中。民俗通过民众口头、行为和心理表现出来。因为游客的道德问题，不懂礼仪、违章违规、破坏习俗等不文明行为屡屡发生。旅游者在进入一个具有不同文化的环境中时，容易被误导，误以为开发格调低级或把民俗庸俗化就是旅游地风俗的本来模样，加之道德修养和自身素质的不足，反而推波助澜，与当地民众在思想上形成隔阂，进而导致与当地民众对立的局面。甚至，部分旅游者为了追求热闹好看、个人猎奇需要，变本加厉、为所欲为，忽视民俗文化多样形式、向上内容和基本特征，故意扭曲历史文化内涵。

第二，违反健康旅游地法律法规的现象愈演愈烈。旅游活动是个综合体，旅游者通过各种旅游行为和习惯展现出自身的道德修养和素质。许多失当语言、非文明行为就是他们摆脱原有环境后，不良道德、恶劣习惯在旅游环境中的释放和还原，可以反映出一个社会的整体文明程度。正面意义上讲，审美、怡情、增知等社会文化活动都可以通过旅游来实现，其中讲文明、讲公德本应该是应有之意。但是，正是因为道德的弱化、游客的自律失控、对不文明行为的缺乏有效管理，导致近年来我国游客违反景区法律法规的现象愈演愈烈，出现了大闹机场、攀爬红军雕像、强行打开飞机应急舱门等恶劣事件，涉及伤害他人、扰乱公共秩序等违法违规行为。

从本质上说，旅游作为人生经历，主旨在于从自然美、社会美、艺术美中得到美好和乐趣，是重要的审美行为，是特殊而重要的净化心灵、体验人生的机会。同时，旅游通过"身临其境"获取知识，是增长知识、开阔视野的新方法。在旅游体验中，无论是自然景观、名胜古迹，还是风土人情以及地域文化，都为旅游者带来知识的盛宴，我们都可以从中获取关于自我和世界的最直接的知识，满足不断增长的求知欲望。然而，如果把握不好自己的道德修养，不仅无法起到提升自己的效果，而且会对旅游地社会环境造成负面的影响和破坏。

第四节　旅游地居民价值标准差异下的健康旅游资源保护

在健康旅游开发中，旅游地居民是以主人身份出现在健康旅游地的，他们本身就是旅游资源的构成部分，还是旅游业发展中不可或缺的主要人力资源，这个群体与开发者特别是外来资本具有一定互斥性。旅游开发实践中，旅游地居民在政治权利表达、经济利益分配等方面存在诸多问题，比如需要利益诉求制度化的表达、更加重视利益共享机制的建立，这些都会因为他们价值标准的不一产生重要影响。

一、保护参与程度低，社会舆论监督不到位

健康旅游符合未来旅游业发展的趋势和方向，而旅游地居民参与是实现旅游可持续发展的重要途径。旅游地居民的积极参与，一方面，保持旅游地居民的主人地位，维护他们的合法权益，保护本土传统，避免旅游开发在世俗化和商品化方向上极端发展；另一方面，特别需要引导旅游地居民增强对旅游资源开发的认同感，实现当地旅游资源的充分利用，从而促进当地经济发展和社会进步。但是，如果旅游地居民缺少主人翁意识，对旅游开发持观望态度、参与程度不高，不但无法对当地的社区环境及人文环境进行很好的保护，而且会成为健康旅游负面影响的主要承受者，也会成为健康旅游发展的绊脚石。旅游目的地是旅游地居民的第一故乡，对该地的保护和建设是第一位的。旅游地居民不能科学地认识旅游开发与生态保护之间的关系，就不能以主人翁的姿态投入到环保的行列中去，对于旅游环境只能停留在利用阶段，无法进入保护阶段，旅游资源往往承担着过度利用的负面包袱。另外，大多数旅游目的地居民一旦冷漠对待旅游开发，就会忽视破坏旅游资源、污染旅游环境的行为，置之不理，无法形成良性的群众舆论氛围，起不到有效的监督作用。如果破坏旅游环境的行为并未得到过多的谴责，这就是放纵游客的不文明行为，也就导致破坏旅游资源的现象越来越多。比如，对待民俗文化资源的认知差别是非常明显的，"上热下冷"现象普遍存在，政府部门积极提倡，开发者和旅游地居民对民俗文化价值认知能力不足。在我国海南省，有一个"世外桃源"，即东方市黎族村庄——江边乡白查村。该村四面环山，地势较低，村中保存完好的81间船型屋茅草房，是黎族一种传统民居，因其像一艘倒扣的船，人们称它为"船型屋"，它是黎族传统建筑技艺的典型代表。走进白查村，可见隆闺、牛栏、猪栏和以基石垫底、悬空地上

的谷仓。村民身着传统服饰简裙，结伴在村荫下扎染织锦，编织竹席，制作陶器、森木器。在这个村里，黎歌悠扬，山兰飘香。其保存完整程度在我国所有少数民族当中实属罕见，被称为黎族最后一个古村落。该村的民俗文化价值巨大，但长期得不到开发利用。

同时，社会舆论包括新闻报道可以有效监督和规范旅游业的发展。这个时代，已形成了全媒体传播格局，对旅游业进行舆论监督，可以帮助旅游行业查漏补缺，实现旅游业的持续健康发展。在澳大利亚国际旅游业研究院主席Larry Dwyer看来，社交媒体的互联互通性变革了人们的交流方式，也深刻地改变了企业与客户沟通的方式。消费者越来越依赖于根据别人的体验来做出决定，借助其他旅游者在旅游之后的评估，了解到旅游目的地的相关信息。新闻媒体容易成为引领社会舆论的风向标，但是在旅游的新业态发展过程中，特别是在旅游资源开发中，新闻媒体出现选择性偏向，或者视而不见听而不闻，其舆论引导作用发挥得并不充分，反而容易出现误导，主要体现在以下几个方面。

第一，舆论对旅游资源开发的监督聚焦不准。社会舆论最核心的是对旅游生态的监督，也就是对旅游者和资源开发者（主要是企业）的监督。对游客来说，社会舆论包括新闻报道要引导其树立人与自然、社会和谐发展的理念，从生态、可持续方向上推进旅游新业态的发展。比如，北京故宫曾遭遇"肥胖烦恼"——游客量超大而给故宫旅游业带来了危机，经媒体和舆论的报道、监督，引起社会各界的高度重视，政府和有关部门实施了"定向分流"策略，很快见到实效，保证了故宫旅游的长远稳定发展。对于健康旅游资源开发者而言，社会舆论包括新闻报道要引导旅游企业的发展观念和发展动向，曝光旅游活动中的不文明现象和矛盾，促进旅游业的健康、有序化发展。但是，社会舆论往往过度关注健康旅游开发带来的经济效益，对旅游资源的开发一味拍手称赞，将获取经济利益看作唯一目标而炒作"旅游热"，扰乱了视线，让地方政府失去了理性分析判断的环境和氛围，开始盲目跟风。例如，闻名于世的水乡周庄，似一艘在港湾小憩的船舶，任凭外界喧闹浮夸在微风细雨中守着属于自己的安宁与古朴。到周庄来，就是感受姑苏城外江南古镇的韵味。但是因为媒体报道聚焦不准，过度渲染经济效益，不断铺天盖地地报道，游客数量猛增，旅游收入逐年增高。而在今天，周庄古镇因为过度开发，商业气氛非常浓重，商铺林立，而且超量游客使其自然韵味大为衰减。而且，各地群而效仿之，不伦不类之"江南、江北古镇"丛生。

第二，舆论对旅游资源开发的观念引导有误。旅游舆论的引导，关注点应该是多元的，既要有旅游质量，又要有旅游生态及其保护教育、旅游审美及其教育等。但是，现实的媒体报道中，往往将健康旅游作为产业进行宣传定位，每逢重点节假日往往把景区游客量、门票收入等吸引眼球的信息、画面滚动播出，新闻报道的重要话题被本末倒置。比如，"医疗旅游产业将如何引爆中国千亿超级市场？"之类的新闻报道充斥着各类媒体，一般都会讨论诸如"医疗旅游的投资机遇在哪里？"等问题，引导人们关注海外就医的医疗旅游旅行社服务，对于治疗服务机构的投资、医养结合养老模式的投资等，并且煽动"未来对于医疗旅游的需求还会不断增加，这对于市场来说无疑正在打开一个巨大的蓝海"，这样社会舆论和新闻媒体引导健康旅游资源开发在科学合理的范围内进行讨论的职责就显得履行不足了。

第三，舆论对健康旅游资源开发的"啄木鸟"作用不明显。社会舆论和新闻媒体聚焦不准、引导有误，加重了社会舆论监督面临的困难。在我国，舆论监督机制正在不断健全，向着明确受到法律法规保护的方向迈进。从促进工作角度讲，问题得到曝光后，社会舆论和新闻报道应该主动发起议题讨论，通过新媒体手段引导社会各界参与，敦促问题和矛盾的整改。通过这样的方式监督破坏生态的行为非常有效，对于谋求旅游业良性发展具有重要作用，也有利于促使旅游资源得到及时保护，并得以科学、合理地开发。

综上可知，依法落实旅游市场监管责任、规范健康旅游市场秩序势在必行，在遵守社会主义市场经济规律和旅游产业发展规律的基础上，旅游管理部门在"统一领导、属地管理、各司其职、便民高效"的原则下，要突出重视旅游者的道德建设，加快推进健康旅游企业涉及人员诚信体系建设，加强对不文明行为的治理。

二、价值观念与道德标准错位，多方面问题呈现

旅游地生命周期理论告诉我们，旅游目的地居民的心理承受能力是他们正面感知和负面感知旅游发展的重要指标。对于一个旅游地民族来说，价值观和道德水准是其民俗文化的核心，受传统社会文化影响，重义轻利是受到推崇的，热情好客是非常普遍的，这些都是一个民族的优良品德。但是，正如前文所提到的，旅游目的地居民"激怒指数"——在欣快、冷漠、烦恼、对抗、顺从5个典型阶段中，他们的价值观念和道德标准在不断地变化和调整。因为财富引发的羡慕与嫉妒，会演变为以次充好、强买强卖，更严重的就是敲诈勒索、坑蒙拐骗，影响当地的社会风气，甚至产生了涣散人心的消极作用，偷懒代替了勤奋，投机战胜了扎实，旅游目的地居民无心脚踏实地，靠勤劳赢得幸福生活，好的品德和精神追求在个别群体中被看不起，开始淡化直至走向消失。

旅游地一部分居民对资源开发中经济、社会、文化受到的影响关注不多，却对资源开发对环境的负面影响"耿耿于怀"；另一部分居民的总体态度，在经济、社会、文化和环境的方面都是积极的，愿意感受并满意于资源开发带来的新变化，对旅游发展带来的利益有所分享。这些态度和行为的不同，是导致旅游地居民价值观念和道德追求出现错位的根本原因。有的居民环保意识较高，支持资源开发但要求持续开展环境治理，他们对旅游发展的情感和态度，关注集中于社区代价、社会文化和环境影响因子，而对经济和社会文化效应的支持是轻度的；有的居民对居住地资源开发态度上漠不关心，行为上表现出负面倾向；当然，也有态度和行为非常矛盾的支持者，一边承认旅游发展的经济、社会文化和环境效应，积极支持，一边却对旅游资源开发负面影响的认识更为强烈，要求减少环境污染程度的行为也是出格的。

现实中，相对封闭的旅游目的地的居民，通过与大批来自海内外的旅游者接触，无论是思想观念、道德标准还是行为准则都受到外来文化、文明元素的挑战和冲击，从而开始改变，最明显的就是固有的价值标准被质疑、抛弃，产生了比较大的变化。旅游地居民对资源开发持不同态度，宽容、友好型的，展示出来的是良好的道德品质，他们对旅游资源利用和发展的态度是满意和支持的；封闭、抵制型的，具有浓郁的文化传统情结，推崇传承于先辈的文化、文明，对旅游开发、外来旅游者的介入容易产生抵触甚至敌意。由此，旅游开发与旅游地居民互动过程中会呈现出多方面的问题。

第一，因为利益博弈受损产生的抵制开发行为。旅游资源开发者与旅游地居民是参与博弈的天然两方，前者的博弈目标是经济利益最大化，后者除了需要应得的经济诉求，更需要生产、生活等方面的社会权利。一般地讲，旅游地居民个体的力量是极其渺小的，旅游资源开发商主导旅游开发，他们与注重政绩和税收的政府站在同一立场，容易忽视旅游地居民的利益诉求。旅游地居民的利益诉求受损，他们往往采取抵制旅游、敌视游客，甚至暗地破坏旅游开发等消极措施进行反抗。四川大学旅游管理博士生钟洁曾以四川桃坪羌寨为案例点，在长达8个月的时间里，围绕着"旅游社会冲突"这一主题，多次对桃坪羌寨民居旅游接待户户主、公司相关负责人、村委会代表、"过关"妇女、出售小商品的村民和游客等关键人员进行不预设访谈提纲和访谈问题的面对面访谈，获得了大量关于地方政府、旅游开发商与社区，社区内部以及社区居民与游客之间的旅游社会冲突描述性研究成果。她的研究特别指出，社区居民参与旅游发展的模式大体经历了3个阶段：从最初简单的政府引导、村委会组织管理的社区居民自主经营参与，到成立桃坪羌寨旅游开发管理委员会由政府主导、社区居民参与旅游发展，再到后来的桃坪羌寨旅游发展有限公司、现今的理县文化吉祥旅游发展有限公司等外来旅游开发商介入的外来企业主导、社区居民参与的"公司+农户"旅游业发展模式。在这一变迁中，当地出现了地方政府、旅游开发商与社区居民之间围绕着"景区门票收入分配"这一核心问题所进行的利益争夺，出现了"发生在地方政府、外来旅游开发商与社区居民之间"这一最重要的冲突。①

　　第二，文化变迁引起的思想混乱和信仰危机。健康旅游资源开发和利用的过程中，外来文化、价值观念、审美情趣、思维方式随着开发者和旅游者一并进入，这些在对当地传统文化产生冲击的同时，引起的是旅游目的地居民心态文化的"震撼"。本地或者本民族文化被同化，引起变迁，旅游地居民在体验另一文化的过程中，自身价值观念时时被影响，甚至"颠覆"。很多原始风貌保存良好的旅游地，对当地文化的解读工作是由经营者、外来导游或者相关工作人员来担任。他们迎合旅游者喜好、屈从旅游市场需求，甚至篡改当地文化，编造或者误读价值内涵，无人研究和把握当地人对自己文化文本的叙述，更不会在意这种违背文化传播规律的行为会导致旅游资源失去其吸引力，游客体验度下降，该旅游景区终归走向衰败的恶性循环。旅游地居民对自身文化拥有权、解释权不断抗争的同时，价值错位、思想混乱、信仰危机等问题随之出现。为了经济私利，各地或明或暗地开展起了所谓"历史名人"祖籍争夺战，且旷日持久。比如，更有甚者，有些城市致力于发展"西门庆民俗文化"，文化旅游部门在市政府的默许下，将"西门庆故里"作为自己的城市名片，通过各级媒体大肆宣传，组织专家学者"深入挖掘"《金瓶梅》文化，提高其历史研究价值和思想深度，价值判断和道德追求出现重大偏差，把腐朽文化改成了不伦不类的"伪民俗"。

---

　　① 钟洁. 基于游憩体验质量的民族村寨旅游产品优化研究——以云南西双版纳傣族园、四川甲居藏寨为例［J］. 旅游学刊，2012，27（08）：95-103.

第四章 健康旅游应遵循的伦理原则和行为规范

在健康旅游走向完善的各个阶段上，不可能每项政策的出台都是"帕累托改进"，即不损害社会其他群体的利益的同时增进至少一人的利益。有一部分群体会从改革创新中受益，也会有其他群体利益受损。

在旅游开发中，效率优先，但是倡导并实践"每个人都有权利自由支配其拥有的生活和生产资源"这一商业理念和普世价值观，也是国民旅游权利和国家旅游意志的彰显。市场和法律之上有道德，在旅游开发过程中，需要真正把"永不作恶"（do not be evil）贯彻到每个环节。

公共政策选择的依据是对社会整体福利是否有增进，对受损的群体比如因为新技术的引进而失业者是否有救助或者补偿机制。如果因为固化利益群体的反对，或者一些媒体的情绪化表态，导致监管部门以所谓"市场失范零容忍"而非适度宽容的心态去行事，就很可能导致表面上的秩序掩盖了实质的僵化。从这个意义上说，非宽容，不自由；非自由，不进步。相对于广大游客，特别是散客在目的地交通、住宿和观光等消费项目上承担行业垄断所带来的品质低下的福利损失，相对于投资机构和市场主体的创新动力弱化，相对于旅游和休闲产业升级的时间窗口期白白地流逝，我们维持固有利益格局和市场秩序所带来的收益，从长期来看，可能是极其微不足道的。令人遗憾的是，在行政主体和消费主体、市场主体相对无感，各自坚持自己的惯性和逻辑前行的今天，我们几乎看不见宏观调控部门和微观监管机构对自由和宽容进行行政伦理层面的反思和坚守。

第一节　健康旅游的伦理原则

在探讨和确定健康旅游需要遵循的伦理原则前，首先我们来看旅游界积累和普遍认可的最新经验。在《世界旅游发展报告2018——旅游促进减贫的全球进程与时代诉求》中，这些经验是这样表述的。第一，更加广泛的国际合作。国际旅游合作从政府层面进一步扩展到非政府组织、企业、研究机构等各个层次。国际性的旅游会议、论坛显著增多。特别是在中国提出"一带一路"倡议后，围绕"一带一路"召开了多次政府间旅游工作会议和国际旅游学术研讨会议。第二，更加完善的基础设施。近年来，中国、印度等发展中国家，在机场、高速公路、铁路、通信等基础设施建设方面投入了大量资金和人力物力，使得全球更加便利地联系在一起，为旅游者更加自由地流动创造了基础条件。第三，更加科学的发展理念。人们对旅游影响、旅游产业地位和作用等的认识更加深刻，世界各国更加关注旅游业的可持续发展，可持续旅游、负责任旅游、旅游发展规划先行等概念得到广泛传播和认可。中国先后提出"旅游+"、全域旅游等发展理念，将旅游发展和经济社会发展更加紧密地联系在一起，进一步推进了主客共享，推动了旅游和经济社会共同繁荣。第四，市场主体创新推动旅游发展。近年来，由大型跨国企业主导，中小型专业化企业以及微型企业积极参与，旅游产品创新、旅游业态创新、旅游商业模式创新非常活跃，为旅游发展增添了无穷活力。以移动互联网、大数据等为代表的新技术运用在其中发挥了重要的支撑作用。最后，社区居民广泛参与。社区居民作为主动因素参与到旅游发展的决策、服务和管理全过程中来，并在分享自己的生活环境和生活方式方面做出了前所未有的贡献。

现在来看，在长期的一般旅游服务实践中，理论工作者和从业实践者探索总结了一整套行之有效的工作原则，这些原则适合我国国情和现实需要。其中许多原则可以提升到道德和伦理高度，综合在一起，称之旅游伦理原则。旅游伦理原则是碎片的，但在旅游伦理思想的构建上，发挥着基础作用；在旅游伦理实践过程中，起着框定引导的作用，都是人们必须遵循的基本准则，它应贯穿于旅游伦理建设动态过程的始终，最终用于指导伦理主体在旅游活动中的旅游行为。

具体到健康旅游领域，结合上一章梳理的伦理方面的问题，本书提出需要遵循的基本伦理原则，这些原则具有指导一般旅游活动的共性，也有鲜明的与健康、生命特别相关的个性特征。

一、公正原则

根据北京大学王海明教授《伦理学导论》规定的范畴内涵，"公正"是平等的利害相交换的善的行为，是等利（害）交换的善行；"不公正"是不平等的利害相交换的恶行，是不等利（害）交换的恶行。当然这种交换行为未必限于经济领域，交换可以分为经济交换和非经济交换，等利交换被称为分配公正，等害交换被称为报复公正。[①]可见，"等利害交换"是衡量一切行为是否公正的总原则。凡是等利（害）交换的行为便是公正的；凡是公正的行为便是等利害交换的。

公正与公平、平等原则一样，一直都是伦理学研究的重要范畴，无论是

---

① 王海明.伦理学导论［M］.上海：复旦大学出版社，2009：1.

理论建构、实践指导，还是目前可实现等方面，都可以进行广泛的应用。公平问题自现代旅游伦理思想产生以来，就作为旅游伦理的基本原则获得人们关注，早在1995年，约翰·胡尔斯曼（John Hultsman）提出"Just tourism"（公正旅游）概念①，并指出"公正"是一个抽象的、主观性的概念。约翰·胡尔斯曼对其有专门的重点说明，此"公正"与不受个人情感影响不一样，需要合理合法，还要合情。在实践活动中，"Just"逐步脱去了感情色彩，发展成为像医学伦理中的"不伤害"一样的客观性原则。实际上在后续的研究中，公正问题是对旅游发展负面影响研究的一种延续，有学者认为旅游在地方的兴起和发展，能够加快地方经济发展、提高人民生活水平，但同时也带来了不对等关系等负面影响。比如旅游者在进行旅游活动的过程中对于当地文化的改变和破坏非常明显，尤其是在经济不发达的地区，这就体现出了旅游者与旅游地居民之间的不平等关系。

公正也是健康旅游伦理原则的首要论题，健康旅游与人的生命健康关系最为密切，是维护人权公平的重要社会经济活动。健康旅游所遭受的最强烈的批评就是"持续产生不平等关系"②。实际上，旅游公正问题很大程度上是上一章节"旅游负面影响"研究的延续。所以，必须搞清楚公正原则的重要指导意义，从时间维度上看，公正原则主要包括代内公平和代际公平两方面的含义，它兼顾了横向和纵向，将大多数人的根本利益涵盖了进来。代内公平，简单地说就是当代人利用自然资源满足自身利益时的公平问题，具体地讲就是生活在同一时代的不同人种、国家、民族、群体和集团，不同人与人之间的公平。在一般意义上，它体现的是社会权利与义务的公平分配，在社会生活中的政治、经济、文化等各个领域都有所体现，同时还体现在人与自然的关系当中，任何国家和地区的发展都不能以损害其他国家和地区的发

① Hultsman J. Just tourism: An ethical framework ［J］. *Annals of Tourism Research,* 1995, *22*（3）: 553-567.

② Black D., Morris J., Smith C. Inequalities in Health: A Report of a Research Working Group ［R］. London: Department of Health and Social Security, 2003.

展为代价。健康旅游中的代内公平则是健康旅游开发中，各利益主体对于资源进行开发和利用时，要实现责任和权利平等，如旅游企业通过旅游的开发获得较高利润而将维护环境和文化的责任转嫁给当地的居民和社区，就是对代内公平原则的忽视。代际公平与代内公平相对应，即当代人与后代人共同享有地球资源与生态环境，要可持续发展，要进行利用和开发，但不侵占、不透支。健康旅游所依赖的自然资源和人文资源，不仅是当代人可以享用的资源，也应该是后代人可以享用的。健康旅游应该成为社区可以持续发展的产业，在旅游地居民世代更替过程中，明确代内资源和代际资源的界限，不越界使用和开发。事实上，虽然伦理要求源于实践要求，但在实践过程中并不能完全遵循伦理原则，代内公平和代际公平都是一种理论上的理想化状态，在现实生活中很难实现。因为无论是当代人还是下代人，所处的经济关系是不可能平衡的，经济基础决定上层建筑，各种社会制度、市场规律作为客观存在无法保证平衡的实现，人在社会中处于一个不公平的社会关系中是绝对的。不公平的社会关系反过来会导致一系列的关系恶化，即人与人、人与自然之间关系的恶化，随之而来的就是生态环境被破坏、资源被过度消耗、资源得不到公平分配等后果。

从健康旅游的开发和发展的角度看，提高区域的旅游、居住、经济的综合效益，促进区域福利增进与可持续发展是我们追求的目标，需要公平的社会关系去维系健康、有序的旅游市场。不公平出现后，旅游地利益相关群体争相交锋，严重影响旅游活动依赖的旅游资源。旅游资源一旦被破坏，会危及个人、某个群体的利益，甚至会危及某个地区和国家的旅游利益，更甚者就是全人类的旅游利益。所以，健康旅游发展的核心目标必须在"人类整体意识"理论指引下，通过公平的途径得以实现。

公正是道德保证，旨在促进现代社会有序、有效率发展。公正原则是推动社会前进的杠杆，可以激发人们的劳动热情和创造能力。健康旅游资源是多维的整体，备受伦理学家关注的是其分配问题，因为这种资源的处理关系着实现社会个体生存权和健康权的质量。伦理或者价值学界，关于公正的伦理种类繁多、内容丰富，众说纷纭，从未达成一致意见。基于这种现实，在健康领域，许多伦理学家为之困扰，比彻姆（Tom Beauehamp）和丘卓斯（James Childress）在生命伦理研究时，提出了妥协理论：在提出不同的保健政策时强调不同的理论——后来称之为"零碎的探究方式"[①]。具体到健康旅游领域中，对待旅游者的生存权和健康权的维护是同样适用的。也让我们更加清醒地认识到，任何国家或者群体都不能做到完全满足成千上万人对旅游保健需求的期待，正如圆满的公正可能是无法实现的。

然而，越是不可轻易解决，越是给我们在这个领域提供了大有作为的空间。比如，现有的健康旅游政策正在完善中，我们要贡献符合社会发展需要的修改意见和方案，推进其接近理想的公正目标，改变不公正，让受到公正对待的人群扩大、机会增多。对于中国来说，政府需要不断地完善健康旅游管理体制，增加对社会普通民众的健康旅游投入，这就是向着公正的方向迈出的前进步伐。在微观健康旅游资源的分配中，由于管理者无法摆脱传统文化中亲情关系思想影响，不能秉持公允和平等的价值观念，对服务对象区分对待，分别予以亲疏远近的不同对待，甚至分配不同的健康旅游机会，这就是对需求者的不公正。分析和解决这类问题，固然要找到文化和习俗对人类行为的影响，但是解决或者杜绝的方式肯定不是切断或者抛弃传统文化，而在于从宏观上、顶层设计上去改变城乡健康旅游资源分布不均衡的状况，并从保障制度建设方面限制人们去国外旅游康复的冲动，改善基层民众无法满足的现状。

二、有利与不伤害原则

在伦理学上，"有利"是指维护或增进行为相关者的利益。所谓"维护"一种利益，是说使这种利益不受破坏，不被减损；所谓"增进"一种利益，

[①] 汤姆·比彻姆，詹姆士·丘卓斯.生命医学伦理原则［M］.李伦，等译.北京：北京大学出版社，2014.

则是指在现有利益的基础上，力求使这种利益最大化。有利原则，要求"确有助益""不得伤害"，有关行动者应当维护行为对象的利益，应该增进利益。确有助益，从积极方面讲，要求行动者应在他人现有利益的基础上，使这种利益最大化；不得伤害，从消极的方面讲，则要求行动者应该使他人的现有利益不受减损，不被破坏。而这里所说的不伤害原则是指不做伤害之事，是行动者在涉及他人利益的行动中不得造成他人利益的减损。所谓"伤害之事"乃是指利益的减损。"不做伤害之事"包括行动者从主观上不有意做减损利益之事和从客观上尽量避免减损利益的过失性行为。通常来说，行动对利益的影响是多样的，一方面行动增进一定的利益是容易的，也是易被理解和实施的，另一方面行动也会造成对另一种利益的减损。情况复杂时，增进某种利益的行为，不能避免或者说会造成对另一方利益的损害，"不得伤害"就只有相对性，只能变成一种在利益权衡中对利益净余额的追求。无论是理论上还是实践中，衡量利益净余额正负，只要余额为正就会被看成是符合无伤原则的行动。

在健康旅游伦理中，有利原则与"真实性"问题要综合起来考量，旅游者为寻求真实经历而来，旅游经营者为吸引顾客刺激消费，往往会迎合旅游者的口味而向旅游者展示"舞台化"的东西，也就是包装后的真实，这样就损害了游客的利益，所以尤其要突出有利原则的指导。"不伤害"的讨论集中在对有生命的主体，尤指对人的不伤害，也包括对野生动物的不伤害，特别是在生态旅游中的环境伦理实践。

关于健康旅游，斯奈德创立了一种决策模型（见图4-1），目的在于帮助病人参与到医疗旅游的伦理中[①]。

---

① Timothy Snyder. *Bloodlands—Europe Between Hitler and Stalin*［M］. New York: Basic Books, 2010.

问自己：去国外寻求治疗是否产生了一个不平等的结构，使得目的地国家、我的国家或其他人受到了伤害？

NO → 可以继续出国

YES → 问自己：治疗对我的身体以及/或心理健康来说必不可少吗？

NO → 不要继续出国

YES → 问自己：我是否承担起了自己的责任，将对他人的伤害降到最小并建立一个更加公平的结构？

NO → 不要继续出国

YES → 可以继续出国
努力做出可以被认同的结构改变

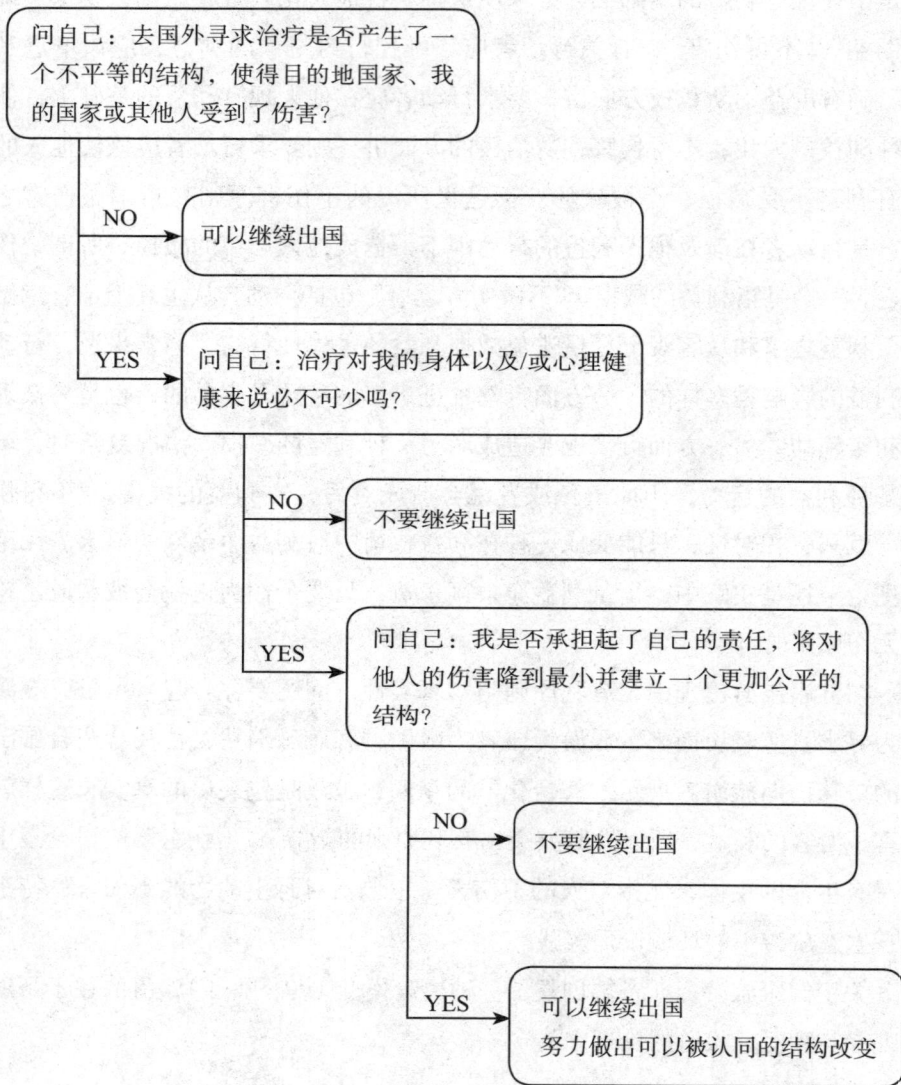

图4-1 健康旅游决策模型

这个模型使那些想要成为医疗旅客的人思考自己是如何促进医疗服务贸易体系的发展以及自己的选择可能会给其他人带来怎样的影响。目前由于缺少可靠的医疗旅游长期影响的经验数据，对这一伦理过程的回应受到了限制。除了这一方面受限外，目前人们也没有充足的信息来采取一个政治负责的方法，如果医疗游客参与到这一过程中，我们就可以说那些在国外提供这些服务的人将要负担起更多的责任。此外，斯奈德建议把医疗平等作为影响医疗旅游提供者和促进者评级的因素——从而强迫提供者从能够促进营销的认证，转移到解决行业对当地医疗产生的影响的认证。

三、可持续发展原则与责任原则

一般意义上讲，通过时间追溯，1980年就有了可持续发展观点。当年世界自然保护同盟（IUCN）、野生动物基金协会（WWF）和联合国环境规划署（UNEP）一起发表文件《世界自然保护纲要》，在其中明确提出了可持续发展的概念。1987年，时任世界卫生组织总干事布伦特兰女士，在世界环境与发展委员会（WCED）的报告《我们共享的未来》中，首次把"可持续发展"这一概念作为书面语正式使用。学者布伦特兰认为，可持续发展理论主要指公平性、持续性、共同性三大基本原则，既满足当代人的需要，又不对后代人满足其需要的能力构成危害。该理论的最终目的是达到共同、协调、公平、高效、多维的发展。

在现代旅游学中，有"可持续旅游"这样一个概念，强调的是旅游活动的进行在保持环境资源和当地文化的前提下进行，并能给居民公平的发展机会。因此，旅游学的研究也正是基于可持续性这一伦理原则而得到了发展，并且在近年的文献研究中尤为突出。"在旅游开发过程中，保护珍贵的旅游资源，实现其永续发展。在利用旅游环境的同时，制定环境保护计划和措施，保护好景观资源、水资源和动植物资源，确保旅游环境保护与旅游经济发展相协调，使可持续发展贯穿于整个旅游发展过程中。"[①]学者们分别在国家公园、气候变化、乡村旅游、保护区及海岛等相关研究中，指出要平衡好代内公平、代际公平的关系，坚持好两种平衡，就是遵循了旅游可持续发展的

---

① 马波. 现代旅游文化学［M］. 青岛：青岛出版社，2005.

原则，也为在人类、旅游及生态环境之间建立起一个和谐、稳定的可持续循环系统而奠定基础。另外，也有学者针对可持续旅游发展的障碍做了相关的研究①，以阻碍原始风景旅游业可持续发展为例，其所面临的挑战主要有地方政府顶层设计缺陷、与市场的无效协调等。可持续发展原则虽然有指导作用，但受制于资源所在地的经济条件和政策设计，可持续性原则和理论发展作用非常困难。

所谓责任原则，是基于德裔美籍哲学家汉斯·约纳斯的"责任原理"发展完善起来的。1979年，约纳斯的两卷本《责任原理》出版，开拓出伦理学领域中的一块"无人区"，开始讨论人与自然之间的关系。《责任原理》一书对义务的起源作出了新的解释，就是著名的"责任原理"。其核心论点包括对自然的保护责任、对未来人类的责任、尊重生命和本土自然环境、养成绿色的生活方式，概括起来就是责任的原则，就是指对自己负责、对子孙后代负责、对他人负责、对自然负责。

遵守责任原则，就是对社会与自然负责。同为自然之子，不能为了满足自身利益去牺牲自然和社会，要寻求利益共同点，尊重自然。行使责任，不是凸显人类对于社会与自然的优先权。"这种关护显然必须包括对这个星球上整个大自然的未来的关护，这星球是人类自己的未来得以存在的必要条件"。②遵守责任原则，就是对未来人类负责。《责任原理》指出了个人对生态环境的破坏，指出了这种破坏对他人的威胁，尤其是会置他人于危险中，这里的"他人"包括"未来人类"，涉及确保未来人类的存在、对他们的生活质量负责。这种关护显然必须包括对这个星球上整个大自然的未来的关护，这是人类自己的未来得以存在的必要条件。

受责任理论的影响，1965年，约斯特·克里彭多夫从生态学理念出发，

---

① 周琳. 中国旅游业可持续发展的制度障碍及解决之策［J］. 学习与探索，2015（08）：115-117.

② 汉斯·约纳斯. 责任原理——现代技术文明伦理学的尝试［M］. 方秋明，译. 上海：世纪出版社，2013.

针对瑞士旅游业对阿尔卑斯山区环境和社区造成的破坏性影响，尤其是对自然和社会资源的不当利用，首次提出了"负责任旅游"（responsible tourism），列出了发展旅游应对自然环境和目的地负责任的4个原则，分别是环境影响最小化、尊重东道国文化最大化、东道国经济利益最大化和旅游者满意度最大化。按照"负责任旅游"理论，旅游者、旅游目的地居民、旅游业自身均为旅游业相关利益者，这些群体追求利益最大化无可厚非，需要务必做的是绝对最小化对环境和社会的破坏。对于关注责任履行的旅游者，旅游功能的实现需要评估旅游活动及其自身行为对目的地环境、资源、经济和社会的影响，尽最大可能减少对旅游地的破坏，同时努力使旅游地居民和环境获得受益。总之，负责任旅游，是从旅游伦理主体本身的伦理意识出发，去实现伦理旅游的一种原则，是为创造更好的生活之地和更好的旅游之地的科学、先进旅游方式，是实现可持续旅游发展的途径。

四、人与自然和谐发展原则

德国哲学家，诺贝尔和平奖获得者阿尔贝特·施韦泽（Albert Schweitzer）在《敬畏生命》一书中提到"除非人类能够将爱心延伸到所有的生物上，否则人类将永远无法找到和平"，提倡树立尊重自然、顺应自然、保护自然的理念[1]。这些理念与中国传统文化相呼应，《老子》中有："万物负阴而抱阳，冲气以为和。"指的就是：万物皆有正反，正衬托反有机地结合在一块，只要把握好阴阳和合的契机就能达到阴阳和合、美好圆满的状态。所以人要顺应自然而不是顺其自然。

所谓顺应自然，从传统中国哲学上简单讲就是知变化、顺规律、守中庸。在这里，顺应指的是顺从适应，是一个为了适应他人或环境，而

---

① 阿尔贝特·施韦泽. 敬畏生命：五十年来的基本论述［M］. 陈泽环，译. 上海：上海人民出版社，2017.

进行个人或群体之间行为调整的过程。顺应自然，应是为了人类与自然的和谐相处，应充分尊重与敬畏自然，在自然规律面前，要审视和调整自己的行为，尊重自己本土的环境，尊重生存环境，最终实现人与自然的和谐发展。

在健康旅游开发中，应充分尊重自然规律与自然权利，不能因为人类的过度需求而忽视自然的权利。旅游开发者在开发过程中应坚持"保护中开发，开发中保护"的原则，进行合理开发。在保护资源的基础上进行适宜的开发与建设活动，科学地处理好人与自然的关系，使人与自然和谐发展。保护动植物资源，坚持生态、环境优先的原则。树立生态整体观念，防止环境污染与生态环境的破坏。在保护的前提下开发，使环境既不遭到破坏，又可以满足人类的现实需求，制定科学合理的规划，利用先进的科技手段支撑旅游开发活动。旅游经营组织者应处理好资源利用与环境保护之间的关系，科学地进行规划与建设，使开发活动不超过环境容量，开发速度符合环境自我修复与净化的周期，做到生态效益与经济效益兼顾，长远利益与当前利益共存，人与自然和谐相处、共同发展。

当前，特别是党的十八大以来，旅游开发纳入新的发展理念指导下，创新、协调、绿色、开放、共享"五位一体"总体战略的实施中，健康旅游开发尤其要遵循绿色发展的理念。绿色发展，与中国传统文化"天人合一"哲学思想一脉相承，作为理念是新的时代元素融入后的具象化，也是马克思主义哲学中人与自然理论的拓展和中国化，是和谐理论的深化，是对马克思主义物质统一性科学认识的高度体现。习近平总书记多次强调绿色发展理念，新的发展理念下，建设生态文明是实现绿色的必然要求，也是人类社会的普遍和共同愿景，这就是我们追求的着眼全球，注重整体。正如十八大报告指出的，"要按照人口资源环境相均衡、经济社会生态效益相统一的原则，控制开发强度，调整空间结构，促进生产空间集约高效、生活空间宜居适度、生态空间山清水秀，给自然留下更多修复空间，给农业留下更多良田，给子孙后代留下天蓝、地绿、水净的美好家园"。

第二节　健康旅游的行为规范

健康旅游行为规范具有相对稳定性，但伦理相对主义也提醒我们，在不同的历史时期，社会时代需要和人们社会的行为方式都在不停变化，因此行为规范也在不断地更新和调整，本书针对目前健康旅游存在的伦理问题和健康旅游应遵守的伦理原则，提出健康旅游各个旅游利益相关者即伦理主体应遵守的行为规范，以便协调利益相关者的关系。健康旅游者、目的地政府、旅游地居民和旅游开发经营者对健康旅游的发展都有各自的期待，其诉求也被要求反映到其他利益相关者的行为规范中去。

一、健康旅游者应遵守的行为规范

（一）保护当地自然环境

环境伦理是研究人与自然关系中道德问题的学科，最早的观点是人类中心主义，倡导"人是万物的尺度"。非人类中心主义是近现代的观点，其代表人物之一利奥波德提出大地伦理，他认为人类无拘无束的旅游行为会给自然环境带来灾难，应将道德关怀的范围从人类扩大到整个生态系统。中国对于保护自然生态环境、实现可持续发展一直非常重视，1995年联合国教科文组织和世界旅游组织联合召开了"可持续旅游发展世界会议"，目的在于维护社会与自然生态环境以及促使旅游生态环境良性循环。中国政府出席并响应国际社会和世界旅游界的号召，积极参与制定旅游可持续发展战略计划，并承诺实施，因此成为提出旅游可持续发展伦理原则的国家之一。党的十九大报告中明确提出了新时代社会主义现代化建设的重要目标，其中之一就是

"美丽"，其生态伦理思想是以马克思主义人与自然和谐的生态伦理思想为指导、以中国传统天人合一的生态伦理智慧为基础的温和生态中心主义伦理观①。

健康旅游与其他旅游方式相比更强调健康的重要性，生态环境和自然环境本身就与旅游者健康息息相关。健康旅游者要提高环保意识和生态意识，重新认识人与自然的关系，科学地认识人类在生物圈中的地位，即人类只是生物圈中的一环，意识到人与自然的"生命共同体"是人与自然的命脉所系，人的生存发展离不开自然，自然生态的保护延续也同样离不开人类；在人与自然生命共同体中，人类同自然的地位是平等的，要将过去那种征服自然的态度和做法，转化为尊重和保护自然；要关注代际和同代之间的和谐公正，认识到生态环境、自然资源是人类共同的财富，人类应该世代共享，而不是以破坏式、不可持续的方式利用，不应以不可逆的破坏为代价无限满足当代人的欲望，剥夺后代人的权利。恩格斯在《自然辩证法》中有一段著名言论曾被习近平总书记引用过，"人类不能过分陶醉于对自然界的胜利，自然界将会对每一次这样的胜利进行报复"，"美索不达米亚、希腊、小亚细亚以及其他很多地区的居民，为了扩大耕地范围，摧毁森林，但是他们做梦也想不到，这些地方今天竟因此成为不毛之地"。

人类在健康旅游活动中，要用健康旅游道德规范约束自己的行为，积极主动地促进生态系统的良性循环和可持续发展，改变过去那种强权式和战争式对自然资源、生态环境的掠夺行为，承担起在共同的生态系统中生存和发展的道德责任。第一要做到尊重自然、保护环境。爱护野生动物、植物，保护珍稀物种，尊重动植物作为自然生态系统重要组成部分所具有的独特价值和地位，减少在旅游活动中对环境的污染和生态环境的破坏，为维护地球生态圈生命共同体和可持续发展发挥自己的作用。自觉地把个人置于整个"生

---

① 冯正强，何云庵.习近平的生态伦理思想初探［J］.社会科学研究，2018（03）：129-135.

命共同体"中；第二要形成绿色的消费模式，优先消费无污染、无公害的产品，消费后也需要注意资源的回收和利用。

（二）尊重当地人文环境

人文环境是健康旅游目的地的重要吸引力之一，1980年发布的《马尼拉世界旅游宣言》中就强调保护旅游地历史、文化和宗教，在任何时候都应该是各个国家的一项基本责任。但实际上人文环境是健康旅游非常重要且非常脆弱的旅游资源，不仅要靠政府保护，更需要每个旅游者自觉保护。人文环境包括物质性的，如文物古迹、博物馆，也包括非物质性的，如历史、文化。从物质上来说，虽然历史文化遗迹不可能永存，但人类旅游活动对其破坏是逐渐累积且不可逆转的，只有所有旅游者都自觉保护，才可能延长其生命，尽可能久地留给后代观摩、学习和享受。1999年世界旅游组织第十三届大会在智利首都圣地亚哥召开，会上通过的《全球旅游伦理规范》中指出旅游政策的制定与活动的开展应尊重艺术、考古和文化遗产，对这些遗产加以保护、代代相传；精心保护和改善纪念物、殿堂和博物馆以及考古与历史遗迹。从文化上来说，随着全球化的加速发展，世界各国各区域地文化相互借鉴、融合和发展是趋势，但如上文所述，健康旅游的发展加速了相互融合和改变的过程。

旅游者在意识上做到尊重目的地历史和文化，人类是历史的产物，历史承载着人类的所有文明，对历史的尊重就是对人类自身价值的肯定，也是对人类自身文明的尊重。在健康旅游的过程中，人们通过对异地文化历史的观察和反思，获得创造未来的动力。不同国家、不同地区和不同民族之间的历史文化存在很大差异，健康旅游者除了尊重当地的政治、社会、道德和宗教及遵守当地法律规定外，还要做到理解当地风俗习惯、宗教信仰和行为习惯，抱着学习的态度去领略作为人类整个文明不可分割的一部分的当地文化，不强调自己与旅游地居民之间的经济、社会和文化差异。当一些旅游者以现实功利的心态面对当地文化、历史的时候，总是容易忽视历史，乃至割断、扭曲历史。只有旅游者尊重旅游目的地文化传统和历史文化遗产，才能保证旅游者现实和长远的旅游利益。

旅游者应在行为上做到保护。文物古迹和建筑等物质文化遗产浓缩着历史精华，作为重要旅游资源物质，文化是历史赋予全人类共同的宝贵财产，需要受到旅游者的保护。健康旅游者的来访和消费，能为保护文化遗产提供现实支持，但如果不能有效地保护历史文物，这些旅游地对后来的旅游者就会失去吸引力，从而导致旅游经济效益的下降。

（三）关爱旅游中的"陌生人"

健康旅游伦理关系中人与自然的关系是人与人的关系的反映，因此，调节人与自然的关系归根结底也还是调节人与人的关系。由于旅游的异地性和暂时性，异地性使得健康旅游者要在特定的旅游环境中与不同的人形成独具特色的人际关系。健康旅游伦理规范调节的人际关系主要是陌生人之间的关系，《辞源》上讲"旅，客处也"，也说明了旅游活动中的人际关系主要是陌生人的关系。健康旅游活动中人们只是短暂、偶然地相遇相处，人际关系属于我国传统五伦关系（父子、君臣、夫妇、兄弟、朋友）以外的"第六伦"，也是我国传统伦理规范调节的弱项。健康旅游过程中，旅游者主要与三类陌生人有接触，一类是也在当地旅游的其他游客，另一类是当地的居民，第三类是旅游服务人员。

其他游客与旅游者一样都是前往健康旅游目的地的"异地人"，由于这一共同特点，他们虽然之前素不相识，在旅游过程中却会有自然的亲近之感。健康旅游伦理倡导旅游者尊重关爱其他旅游者，在旅游活动过程中，相互尊重、以礼相待、相互关心，以形成融洽和谐的人际关系、营造轻松愉快的人际氛围，在回归自然、追求健康的过程中享受精神上的愉悦。当人们在健康旅游活动中对其他旅游者尊重、关爱以及济困扶危时，会构成一幅幅社会生活美和社会风尚美的鲜活图景，表现人们的道德品质和道德修养。这些饱含着浓厚伦理色彩和崇高道德意蕴的生活图景，会强化健康旅游者的审美感受和伦理体验，对升华人的道德人格、振奋人的精神和净化人的灵魂都具有积极作用。

健康旅游活动中人际关系的另一个重要方面，就是旅游者和旅游地居民的关系。健康旅游能为旅游目的地带来经济利益，但如果健康旅游者在目的地尽情炫耀自己的优越地位和财富，对目的地社区和旅游地居民漠不关心，就会引起目的地居民的强烈不满。过往的旅游地发展历史说明，旅游地居民对旅游者态度会随着旅游的发展从热情到冷淡最后甚至到敌对。对于与旅游地居民之间的关系，我国古代《礼记·曲礼中》早就有"入境而问禁，入国而问俗，入门而问讳"的要求，即到了异地、他国要了解、遵守、尊重当地的风土人情、风俗习惯。当健康旅游者以他乡者身份前往目的地时，其携带的文化气息与当地文化存在差异，在与旅游地居民接触交往中，社会习俗、风尚情操往往成为彼此十分敏感的审视和评价对象，在交互作用和关照反思中，往往会使人获得新的道德感知。在这一过程中，健康旅游者以尊重、宽容、爱护的态度处理好与其他游客和当地原居民的关系，是旅游伦理规范不可缺少的内容。经济发展和社会进步赋予了健康旅游者旅行的权利的同时提供了物质条件，健康旅游者在享受健康旅游权利的同时，也应意识到自己的社会责任，关心旅游地社区的发展。2002年开普敦可持续发展世界峰会提出"负责任旅游"，后得到广泛支持和认同，即旅游者在旅游过程中应为人们创造更好的居住环境，为人们创造更好的旅游环境。

旅游服务人员可能是旅游地居民，也可能是外来打工者，健康旅游者对陌生人的关爱也应包含旅游从业人员。一次身心愉悦的健康旅游经历并不是完全与经济付出相对等，良好的旅游体验很大程度上依赖于旅游从业人员提供的优质服务和付出的辛勤劳动。尽管服务业流传着"顾客总是对的""顾客是上帝"等形象化语言，但这并不能作为旅游者自我身份判断的依据。旅游者在享受旅游消费者权利的同时，应该给予旅游服务人员的人格尊严和辛勤劳动充分的尊重。

（四）完善和提高自我

与其他类型旅游活动相比，健康旅游者以追求健康为目的出发，既追求身体的治疗和康复，也追求心灵的恢复和获益。自我意识的水平是衡量个人发展和社会进步的重要文化标志，提高并建立新的自我意识，实现身心关系和谐，对于健康旅游者来说也是旅游伦理的重要内容。对于健康旅游者本人而言，健康旅游活动使旅游者摆脱了单调重复的日常生活和竞争激烈的职场生活，旅游者的精神可以在旅途中处于放松状态。在这种"碰不到熟人的地方"，平时生活中的规矩、约束也随着与熟悉环境的远离而消失，陌生、宽松的人际环境，容易使人们的道德自律弱化。平时生活中礼貌谦和、修养良好、声誉颇佳的谦谦君子，也可能会弃小节于不顾，做出破坏旅游资源和环境的行为，在灯红酒绿的诱惑下，甚至会冒出偷吃禁果的念头。旅游活动过程中，由于内外因相互作用而出现的种种不道德现象，也在提醒人们在健康旅游过程中要克己自律，不断提高自身的精神境界，努力做到自尊自重、自爱自律、自省慎独，在美好的自然景观及和谐的经济、社会环境中陶冶情操，提升自我，真正实现身心的健康。

二、健康旅游目的地政府应遵守的行为规范

（一）着眼目的地长远发展

受到政绩的压力和利益的吸引，部分健康旅游目的地政府会出现不利于目的地自然环境、文化长远发展的决策。一方面需要严格监管，关注目的地长远利益。在招商引资和审批项目过程中要严格遵守程序规定，对企业的资质和开发理念进行严格的审查，开发过程中也要实行严格监管，担负起政府责任。另一方面要积极优化营商环境，激发企业活力。企业是市场主体，为旅游企业提供保障服务、优化营商环境也是政府的职责所在。短期内压榨旅游企业只会破坏，不利于目的地吸引投资和引进人才。旅游企业在开发过程中主要面临的问题包括融资渠道不畅、成本过高，作为目的地政府要帮助企业解决困难、激发市场主体活力，而非为企业发展增设壁垒。

（二）通过科技赋能，提升社会服务水平

目的地政府的角色应该是提供服务，不断提高社会服务水平，保障健康旅游者、旅游地居民、旅游企业等各群体的利益。随着科技革命与产业变革

加速演进，新一代信息技术逐渐从互联网、金融和电信等领域向政务等多领域深入，大数据与政务服务产生链接，持续助力民生服务与社会治理，提升政务服务的智能化水平。我国"十四五"规划中提出要加快数字化发展，推进数字产业化和产业数字化，推动数字经济和实体经济深度融合，打造具有国际竞争力的数字产业集群，"后疫情时代"政务服务更需积极引进数字化、智能化技术，通过实现高质量政务服务，借助于科技和交通网络的赋能，将分散的、巨大的旅游潜力转化为消费市场。此次规划明确将智慧旅游作为构建现代旅游产业体系的重要组成部分，将有助于通过科技赋能，提高营销触达率、优化供求交易效率，显著推动供给侧的高质量发展；将有助于通过增加体验方式，提升交易效果，从而显著推动需求侧的高质量发展。

可以预见，通过积极发展智慧旅游，创新旅游产品的呈现方式，深化沉浸式旅游体验方式，对于增进人们多感官体验，优化旅游体验质量，提高对旅游体验对象的深入了解和认知，促进文化和旅游的真融合、深融合都将具有积极作用。通过智慧旅游推动预约、错峰、限量的常态化，不仅有助于降低拥挤状况，改善旅游体验的整体环境，同时也将有助于旅游景区、旅游目的地的可持续发展，有助于景区进行更智能化管理，通过智慧管理系统建立更加高效的智能票仓系统，从而在保障大众旅游体验质量的基础上提升景区的运转效能，增加景区的发展效益。

（三）重视技术创新，完善公共服务设施

医疗旅游是健康旅游的一个重要分支类型，对于国内患者来说，异地就医日益便利，国家医保信息平台主体在2020年10月建设完成，截止到2021年11月，已在全国27省（区、市）落地应用，目前全国各地正加快推进新医保服务平台落地应用。同时，先进的诊疗技术对于吸引国内外的患者也非常重要，目前我国肿瘤消融、空腔脏器黏膜肿瘤治疗、粒子植入、聚焦超声消融、神经核团消融、静脉曲张消融等多类临床治疗技术已经位列国际先进水平，肝肿瘤消融技术达到国际领先水平。目的地政府需要重视当地一流的体检技术和医疗技术的引进，不仅能吸引更多健康旅游者，更能服务于旅游地居民。

三、健康旅游开发经营者应遵守的行为规范

（一）科学适度开发，控制开发强度

研究者经常把旅游开发经营者看成是发展可持续旅游的"敌人"，旅游开发经营者被认为是旅游负面影响的主要来源，因为他们常被描述和表现为仅关心企业利润，通过对旅游目的地大规模不计后果地改造和开发，尽可能短时间内实现大量的盈利。这一过程伴随着资本快速进入市场和大规模重建，会使人文社会环境受到侵害和导致目的地自然生态环境遭到破坏。只有科学适度的开发才能够在保障游客体验的前提下有效减弱对于目的地自然、文化资源的影响。健康旅游伦理，要求健康旅游开发经营者既有专业能力又有生态和社会责任感，具备生态和文化社会保护意识与技能，通过科学适度开发健康旅游，实现在经营的同时保护旅游目的地；在开发前先对健康旅游目的地的人文背景、生态环境、健康配置、居民情况等进行深入了解和科学评估，在此基础上从长远角度制定科学合理的开发方案和措施，对健康旅游开发的空间布局和开发时序要有合理规划，将科学技术现代化手段多融入项目建设中。

（二）坚持诚信合规经营

健康旅游开发经营者属于健康旅游者与目的地之间的旅游媒介，要遵循经营伦理，诚信合规经营，不仅要为健康旅游者提供合格的健康旅游产品，而且要在遵守法律的基础上重视并发挥道德调节作用。

健康旅游服务是服务业的重要组成部分，综合了医疗、旅游服务中包含的多类服务内容。健康旅游开发经营者根据旅游市场需求提供优质、真诚的服务，对于营造目的地旅游消费市场中相互尊重和相互信任的氛围起着重要作用，消费市场的秩序很大程度上影响目的地形象。以往的案例中，旅游目的地常因旅游开发经营者不遵守经营道德而使整个旅游目的地口碑受到严重影响，如青岛大虾事件和云南导游暴力强迫游客购物事件，都对目的地的形象造成了极其恶劣的影响。同时，良好的市场氛围和秩序对目的地社会建立

平等互助的新型人际关系、促进旅游经济和社会道德的发展发挥重要作用。经营伦理还要求健康旅游开发经营者遵守道德约束。法律往往有滞后性，体现着过去的道德，实际上一些未被法律禁止的不合乎伦理的经营行为会被道德谴责，包括妥善处理企业与员工之间的劳资关系、与股东之间的关系、同业之间的竞争关系、企业与政府之间的政商关系等。健康旅游开发经营者要清楚严格地划分企业的经营权和所有权，确保企业公司营运自由，通过诚信合规经营实现预期的经济效益，努力实现高效的决策与组织，开发适应当前的旅游市场和旅游者需求的健康旅游产品，同时贯彻可持续发展理念，确保健康的人文观念落到实处。

（三）利益共享公众参与

健康旅游目的地的资源是公共的，通过发展健康旅游产业而产生的利益也应当由公众和社会共享。在产业发展过程中，开发经营者常面临着与目的地居民之间的冲突，一部分冲突的来源是旅游地居民对于开发过程中对目的地产生负面影响的行为的不满，对当地的开发建设破坏了当地原有的建筑与景观的不满，另一部分冲突则是源于目的地居民认为健康旅游发展的利益分配不均衡。由于大批健康旅游者的进入，当地的公共资源受到挤占、物价升高，居民的生活成本在提高，产生了环境问题、社会问题、文化冲突等，对社区居民造成了直接的负面影响。而居民在旅游项目开发建设和后期利用过程中话语权相对较弱，若无法参与到旅游项目收益分配中也没有受到经济上的补偿和获益，则会对健康旅游在当地的发展心存抱怨，与开发经营者产生矛盾，甚至直接与游客发生冲突。若将旅游地居民加入利益共同体中，让居民以员工或者合作个体的身份加入开发经营企业中来，为其提供工作岗位和就业创业机会，支持居民开设标准化民宿、销售地方特产和提供农家乐服务等，不仅会减少矛盾冲突，而且能优化当地的经营环境和市场秩序。

除了与旅游地居民的利益共享之外，当地的健康旅游开发商和开发经营者还应积极创建利益共享机制，让目的地的游客、居民、政府、社会组织都能共同分享健康旅游发展带来的利益。企业无法脱离社会而独立运作，取之于社会也需要用之于社会，按照自身发展情况和发展特色积极参与社会公益活动，在社会上树立起良好的企业形象。尽管企业最根本的目标是追求利润最大化，共享利益的行为似乎与企业目标背道而驰，但实际上从长远角度来看，建立完善、合理、周全的利益共享机制能够让企业获得更多经济利益。

四、健康旅游目的地居民应遵守的行为规范

健康旅游目的地居民世世代代居住在这个地方，普遍对家乡的生态、文化和环境都有不可替代的情感，同时作为旅游资源的拥有者和使用者，也会注意对目的地规划开发方案、实施过程中补偿和分配政策，但在实际旅游发展过程中，仍会出现很多非理性和不当的行为。

根据相关征地补偿规定，在旅游目的地项目开发建设时期，目的地居民可能会失去赖以生存的土地而同时短期获得大量经济补偿，但获得经济补偿后，部分居民会用巨额补偿进行不当甚至违法的消费行为，快速回归贫困状态，同时破坏当地的人文环境、引发系列社会问题。

1968年，美国经济学家哈丁提出"公地悲剧"的概念，他设置的场景是一群牧民在公共草场放牧，草场上羊的数量已经太多，但一个牧民想多养羊来增加个人收益，虽然他明知再增加羊的数目，将使草场的质量下降，但如果从自己私利出发，肯定会选择多养羊以获取收益，因为草场退化的代价由大家负担，草场会持续退化至无法养羊，最终所有牧民都会破产，"公地悲剧"就这样上演。这一现象在社会各个领域都非常普遍，"公地"是指一项同时有许多拥有者的资源或财产，每个拥有者都有使用权，但没有权利阻止和限制其他拥有者使用，每个拥有者都倾向于过度使用，从而造成资源的枯竭。过度砍伐的森林、过度捕捞的渔业资源及污染严重的河流和空气，都是"公地悲剧"的典型例子，每个当事人都知道资源将由于过度使用而枯竭，但每个人对阻止事态的继续恶化都感到无能为力，于是抱着"及时捞一把"的心态加速了悲剧发生。通过这一理论可以看出，公共物品因产权难以界定而被竞争性地过度使用或侵占是必然的结果。目前也有很多学者研究了遗产

地旅游、乡村旅游开发和发展过程中的"公地悲剧"。实际上在健康旅游发展过程中，空气环境、生态资源、文化氛围、游客量也都是健康旅游目的地的"公地"。健康设施、特色的文化和生态环境是健康旅游目的地的核心吸引力资源，目的地居民如果为了获得个人利益，对目的地公共秩序、公共形象和公共品牌进行破坏，如向游客出售假冒伪劣商品、哄抬物价甚至强买强卖，或者为了吸引游客擅自将自家传统的建筑房屋改造成"现代化"建筑，破坏旅游目的地文化景观的同时降低了目的地吸引力，会造成更大、更为严重的损失。以东北雪乡为例，东北地区是国内滑雪场分布比较多的区域，借助天然气候的优势，每到冬季会有大量爱好滑雪的健康旅游者去北大湖、亚布力、长白山、松花湖等比较大型的滑雪场。雪乡位于黑龙江，借助天然的冰雪资源通过国内某档综艺而爆红，一度成为健康旅游者争相打卡地。然而大量的游客短时间涌入让当地很多居民都想要分一杯羹，导致当地的民宿、食物都贵得离谱，发生了轰动一时的"宰客"事件，被曝光后，这个给人无瑕纯洁印象的地方瞬间变成了一个"黑店"般的存在，部分居民扰乱市场秩序的行为会影响其他个体经营者，也破坏了目的地的口碑，同时随着明星效应的光环消退，雪乡的游客量也在逐渐减少。

明晰产权、集中管理或者熟人社会中的自主治理等方式在一定程度上可以防止旅游目的地居民在健康旅游开发建设和经营期间出现以上情况，但更重要的是需要目的地居民从观念和行为上有根本转变，因此旅游目的地居民需要意识到自己是旅游形象的一部分，应约束好自己的行为，共同保护当地旅游赖以发展的文化环境和生态环境，担负起应承担的社会责任。

五、健康旅游其他利益相关者应遵守的行为规范

健康旅游利益相关者应共同坚守伦理原则，健康旅游从业者及各行业从业者在工作中，应严格遵守所在行业的基本职业准则和上述伦理原则。以旅游服务业从业者和媒体举例，当前社会信息化程度在不断增强，同时居民的个人信息被盗用的风险也在不断加剧，公众人物的身份证号等个人基本信息

和出行航班、入住酒店等行程信息被买卖和利用的情况屡见不鲜，而作为普通人也存在个人信息被买卖的风险。酒店、健康旅游机构等企业的员工，能够直接接触到顾客的所有个人身份信息、行程信息、健康信息以及接受健康服务的记录，对于以上信息有保密的义务。媒体作为健康旅游的宣传者和监督者，应该通过各种方式向公众、向消费者提供客观真实的健康旅游信息，普及健康旅游知识；同时要监督健康旅游的各个环节和主体，包括经营者行为、政府行为和旅游者行为，也包括监督健康旅游对于当地自然和社会的影响，因此媒体行业从业人员需要保持公正的态度，真实地记录和发声，站在客观的立场，不能因为利益成为小部分群体的"扩音器"。

第五章 健康旅游伦理秩序构建路径

　　健康旅游兴起后，各伦理主体间错综复杂的利益关系导致了健康旅游发展中的各种道德难题，从而引发了伦理方面的讨论与思考。前面的章节认真分析了健康旅游开发中存在的伦理问题，深刻剖析了其中道德混乱的根由，为构建健康旅游伦理秩序，改善和提高健康旅游开发的档次和水平做好了铺垫。

　　构建新的有针对性的健康旅游伦理秩序，首先要把握世界旅游发展面临的新形势。根据全球竞争力研究会、中外城市竞争力研究院、中商产业研究院等相关权威机构统计结果可知，近年来，亚太地区的旅游产业崛起明显，在2018年全球最具旅游吸引力国家排行榜中，全球排名前10的国家中，亚太国家所占数目仅次于欧洲国家数目，欧洲占全球旅游的份额持续下降。但总体而言，欧洲在世界旅游版图中依然占据主体地位，不管是从国际旅游接待规模来看，还是就国家旅游竞争力排名进行比较，全球旅游第一方阵中绝大多数国家为欧洲国家。美国因为具备完善的国家公园管理体系、清晰的旅游发展战略、公私合作下的旅游营销、不断提升的可进入性（美国政府积极减少旅游服务自由流动所面临的制度障碍），一直保持着世界第一大国际旅游收入国。2020年，突如其来的新冠疫情在全球蔓延，导致旅游产业断崖式下跌，面临严重危机。一系列国际合作、政府行动和行业自救等应对措施都是卓有成效的，但各国旅游市场复苏的节奏受制于防控短板，因此疫情的发展和恢复会影响到未来全球旅游业秩序格局。

具体到中国而言，在世界旅游发展格局中，中国正在不断贡献新的动能。据中国旅游研究院（文化和旅游部数据中心）发布的《2018旅游经济运行盘点系列报告：世界旅游发展与国际旅游合作》显示，中国在2018年旅游业表现抢眼，在区域战略、国家和企业间等多个层面成为先行者，主要表现在以下几个方面。第一，中国为世界提供了稳定增长的客流。2017年，中国共接待国际入境过夜游客6074万人，排名世界第4，仅次于法国、西班牙和美国，增长率达到2.5%。第二，"一带一路"倡议提出和实施5年来，中国对世界旅游业的贡献巨大。第三，中国引领旅游支付新时代，推动全球旅游消费体验升级。数据表明，中国高速互联互通技术支持下的移动支付在境外推广迅速，世界范围内的支付宝实时退税已在80余个机场得以实现。在疫情发生后，中国第一时间采取了积极应对的政策，尽量减少突发疫情对社会产业的影响，目前已经基本得到控制。但从全球形势来看，新冠肺炎疫情呈现明显的不均衡性，以中国为代表的少数国家得到了有效地控制，但有的国家仍然在持续蔓延，也有部分国家经历着已经缓解的疫情又突然加重。因此大部分国家和地区对于跨国流动人员仍保持谨慎的态度，尽管没有完全禁止出入境，但入境后长达一个月的隔离也让跨国旅游者望而却步。跨境的健康旅游在短时间内无法实现，部分有需求的患者为了得到海外专家的治疗建议，会选择互联网远程会诊。

整体来看，人们的旅游权利和意识进一步觉醒。"旅游是人类的基本权利""发展旅游的根本目的是提高生活质量，并为所有人创造更好的生活条件"等理念已经深入人心，正在成为世界各国和地区发展旅游的共识和行动指南。旅游业更受各国政府重视，越来越多的国家，尤其是发展中国家，把发展全域旅游正式上升为国家战略，以全域旅游为载体，推动旅游体制机制创新、旅游产业融合发展、旅游公共服务优化、发展成果共建共享，目的就是助力区域旅游业整体实力和综合竞争力的不断提升，从而消除贫困、改善民生。

未来，各国政府需要努力进一步增强旅游发展动力，一方面充分发挥科学技术快速发展在旅游业中的引领作用，尤其是大数据、人工智能、智能交通等。另一方面，旅游业成为国家战略后，存在不确定性和风险。当今世界处于前所未有之大变局，大发展、大变革、大调整持续推进，和平与发展的时代主题依旧鲜明，但我们更应清醒地看到，也存在民粹抬头、单边行动升级、贸易争端、恐怖主义等诸多不确定性乃至风险，可能给旅游发展带来一些困难和挑战。对于发展中国家来说，人力资源不足、市场主体发育不成熟等，也仍是需要关注的问题。

构建健康旅游的伦理秩序，其路径是复杂的，过程会是长期的，需要政府和社会各界的支持和参与，更需要学界、社会舆论环境作后盾。伦理原则和律条一旦明确，必须让所有相关人员真正内化为自律性的良心和责任，从而严格遵守，这是全社会努力的方向。在探讨如何构建理论秩序时，我们可以采取"解剖麻雀"的办法，对当前国内建设良好的典型健康小镇进行分析，从而"见贤思齐"。中商产业研究院发布的《2017年版中国健康养生小镇建设规划及市场前景研究报告》显示，在"健康中国"正式成为中国发展核心理念的背景下，健康产业将在未来20年迎来重大发展机遇期。而特色小镇正积极响应国家号召和国家利好支持，"健康小镇"将成为下一步中国各地健康水平整体提升、产业升级和经济发展的主流特色发展模式之一，本书以4个典型健康小镇为典型进行案例分析。

A. 温州市瓯海生命健康小镇

基本情况：小镇是按照"学城联动、产城融合"的理念，以医疗健康产业链为主打造的高品质特色小镇。小镇南依沈海高速和大罗山景区，西靠温瑞大道，北临高教园区北入口道路，规划面积3.5平方千米。

政策： 瓯海区发改局局长周金平表示，对于省级特色小镇创建镇，温州市将给予一次性资金补助400万元；另外对于入选省级特色小镇创建名单并经1年考核如期完成年度规划目标任务的，先期给予40%的资金补助，建成后再给予60%的资金补助。在土地政策方面，温州市每年统筹安排年度新增建设用地计划指标的15%，专项用于3个区（市级功能区）如期完成年度规划目标任务特色小镇建设的奖励，所在区政府给予1：1比例的指标匹配奖励。

现有基础： 瓯海区政府与浙江迪安诊断技术股份有限公司、温州市益医医疗康复投资有限公司、杭州树兰医院管理有限公司、上海原能细胞科技集团、大医博爱股权基金管理公司等企业举行合作签约仪式，签订树兰温州国际医养中心项目、精准医疗诊疗中心项目、原能生命健康综合体项目、益医健康产业智创园等5项意向投资，先期投资金额超30亿元。

建设目标： 小镇规划按核心区——健康之"芯"、养生养老区、休闲配套区三大功能设计，通过医疗、养生、休闲，大力推进健康产业和卫生公共服务业的有机融合，把健康小镇打造成为医学人才创业福地、医学成果转化阵地、学城联动合作腹地、智慧健康产业高地、生态休闲养生基地。

B. 佛高区生命健康小镇

基本情况： 2012年5月，佛高区设立了广东生物医药产业基地，计划建成生物医药孵化平台、中国科学院生物医药科技领域重要的技术转移中心和成果转化基地、国家级生物医药产业孵化器。经过5年的努力，该产业基地成为佛高区建设生命健康小镇的重要支点。

政策： 当前，佛高区探索"创新+特色小镇"，利用自身的优势，以科技创新小镇群建设为重要抓手，加快推进全省智能制造中心、珠江西岸区域创新中心和广佛西翼城市副中心的建设。而生命健康小镇成为首批建设的特色小镇之一。

现有基础： 目前，佛山高新区已集聚生物技术、医药、高端健康品、CRO服务以及口腔器材等近200家生物健康企业。其中，广东生物医药产业基地核心载体已引入产业化企业10个，孵化32个项目，同时引入了2名国家

"千人计划"专家，省市区人才团队项目13人，入园博士70人。

小镇规划：小镇将以广东省生物医药产业基地为依托，以广东省医学科学院生物医药南海基地、广东省医学科学院转化医学中心及其引入的一系列高端技术服务平台为支撑，整合广东工业大学生物医药国际技术转移中心、南山安捷（南海）健康产业基地、佛科院大学科技园等高水平孵化、中试、加速平台，基本形成一个"研发—孵化—中试—加速—医药研发服务外包—产业化"全链条的生物健康创新体系。

C. 桐庐健康小镇

基本情况：小镇紧邻大奇山国家森林公园，与桐庐县城无缝对接，是桐庐富春山健康城的核心区块。小镇北至城南路转至杭新景高速，南至大奇山脚，西至规划路转至大奇山路，东至天井坞区块，规划建设用地面积2.6平方千米。

现有基础：自浙江省提出特色小镇战略后，富春山健康城新引进7个项目，新开工项目3个（分别是投资16亿元的颐居养生园项目、投资12亿的蚕桑健康博览中心和投资6亿元的江南养生文化村项目）。其中，小镇项目最先启动建设颐居养生园，其投资主体为颐高集团，总投资16亿元，总建设用地500亩。一期工程已于2014年11月开工建设。项目将建设为酒店式养生度假综合体。

小镇规划：小镇计划实施项目为5个，总投资额为40亿元，规划3个功能区块，即核心区—重点集聚健康医疗、健康管理等医疗服务和研发机构，配套区—培育壮大保健护理、养生养老、健身休闲等健康服务机构，拓展区—提升丰富中药材、保健品、有机农产品、药膳美食等健康产业。

建设目标：小镇充分依托规划区域内优良的生态环境和健康产业基础，以富春山水原生态和"桐君"国药文化为依托，打造以健康服务业为核心，以健康养生（养老）产业、健康旅游、中医药保健产业、健康管理等项目为载体，促进产业融合、产城融合和城乡融合，宜居、宜业、宜养、宜游的健康服务业集聚区，成为长三角重要的健康服务业的集聚区、浙江省健康产业发展示范区。

D. 绍兴国科健康小镇

基本情况：小镇由绍兴市政府与中国科学院大学共同建设，规划面积 3.95平方千米，预计总投资100亿元，主体区块布局在绍兴市市区，主体功能布局为科研、产业基地以及康复中心等。

现有基础：中科院脑科学与智能技术卓越创新中心跟绍兴市政府、复旦大学附属中山医院签订了绍兴国科健康小镇4个先导项目。这些项目包括国际灵长类脑研究中心、脑智技术转化研究院、脑健康与脑康复医院、科技咨询中心等。这4个项目总投资29亿元，开发周期为3至5年，针对国家的需求、社会的需求，把前沿领域研究得到的新技术、新手段等科研成果，在绍兴进行成果转化，得到社会应用。

建设目标：小镇将以生态文明建设为统领，以科技、人才、金融、企业融合创新为重点，以高端教育、医疗、商务、服务等为支撑，力争打造成为绍兴经济转型升级的新引擎、高端要素集聚的新平台、科技成果转化的新载体。[①]

这些小镇代表了健康旅游实体发展很多方向，启示我们从以下几个方面下功夫、出成效。

第一节　树立可持续发展伦理观，提升道德自律性

构建健康旅游伦理秩序，需要以旅游者以及旅游从业者的伦理道德为保障，只有培育人的旅游道德意识，加强旅游伦理思想研究和建设，才能更好

---

① 中商产业研究院. 2017年版中国健康养生小镇研究报告［EB/OL］（2017-07-11）［2022-6-28］. https://www.askci.com/news/chanye/20170711/090319102644.shtml.

地维护旅游的外部环境，使旅游业健康地发展。2004年，中南财经大学倪瑞华教授的专著《可持续发展的伦理精神》由中国社会科学出版社出版，书中指出，可持续发展不仅是一种新的发展观，而且是一种新的伦理观，是一种立足于全球多元化共性所寻求的代内和谐的全球伦理，是一种立足于联结当代人与未来人所寻求的代际和谐的类伦理，是一种立足于人与自然和谐相处的生态伦理。[①]可持续发展观整合了人类中心主义和非人类中心主义，坚持发展以人为中心，与人相关的需求指向、利益追求、发展实现都要关注，与生态相关的需要指向、利益关联、自然和谐也要关注。以可持续发展伦理观为指导，在人工智能和大数据支撑下，实现低碳旅游经济开发模式的创新发展，最终实现科学的、生态保护优先的旅游开发，将成为解决我国健康旅游开发中存在众多伦理问题的有效措施。

一、广泛开展可持续发展伦理教育

历史和科技的快速发展也带了环境污染、良田沙化、黑客偷袭等问题。社会大众的伦理观念和道德意识在国家民众整体行为模式面前的决定作用得不到充分彰显。经济发展，包括健康旅游业的发展都包含着事关人类前途命运的价值抉择，每一位自然人都面临心灵的叩问：我们该怎么做？我们该做些什么？

在健康旅游开发中，首要的就是找准价值观驱动的原点和事业发展的指南。树立科技、人文、艺术和社会管理的统筹考虑理念，突出人与自然和谐相处，坚持可持续发展的生态伦理观，是实现从强调工具理性向突出价值理性方向提升和转移的前提。提高行为当事人的道德观念和伦理水平应该从加强伦理道德教育开始，这对于构建良好的旅游资源开发伦理秩序是基础性的，也是至关重要的。

开展可持续发展伦理教育，不仅仅是教育界单方的责任，更是离不开

---

① 倪瑞华.可持续发展的伦理精神［M］.北京：中国社会科学出版社，2004：12.

整个国家和社会的参与和支持。在我国，党中央和地方政府、工业企业界以及基层民众合成三股强大的力量，共同转变价值观念，对民众进行道德教育，特别是在旅游资源开发从业者、旅游专业受教育者、旅游服务业从业人员身上舍得花大力气，以此推动和促进健康旅游业可持续的增长和发展模式。

二、突出加强旅游道德教育

与旅游相关的道德是一种特殊的道德现象。从旅游者一方看，他们离开居住地熟悉环境和人群，处在"异地角色"中，旅游者的特殊性使得其所处的道德关系及其相应规范覆盖面是小的，日常的道德规范对其行为约束力不大。这个群体在旅游活动中能否遵守优良道德，靠的是"慎独"，凭借的是良心和自觉。而从旅游开发者和服务（经营）者一方看，旅游开发或者从业道德对于合理开发旅游资源具有重大意义。生态价值观、代际公平等相关道德伦理理论，可以激发这个群体的道德良知、生态素养与环境意识，促使其自觉地承担起维护生态平衡、保护生态旅游资源的责任。

强化两类旅游相关主体的道德建设，对于构建健康旅游资源合理开发的伦理秩序是个突破口。1989年4月14日在荷兰海牙的各国议会旅游大会上通过的《海牙旅游宣言》其附录中就有："在建立旅游基础设施的同时，同样重要的是，要加强对全体人员特别是在校学生的教育……培养人们的旅游意识"[①]。这样的教育应该因时、因地、因人展开，受教育者的年龄、所在的环境都要充分考虑进来，要把学校教育作为主渠道，要求孩子从小树立旅游道德意识，具备相应知识储备，家庭和社会也要介入进来一起推进青少年旅游道德意识培养工作。同时，要利用好社会舆论的监督，发挥外在强制性在旅游道德建设方面的不可替代作用，旅游者道德建设的有效工具和手段应该

---

① 于文兰. 国际旅游机构指南［M］. 北京：旅游教育出版社，1996.

得到广泛应用。更要在旅游活动中培养旅游道德意识，在活动前明确告知旅游者应遵循的规章与制度。在游览过程中，导游人员要通过实际演示操作进行提醒，确保游客在游览过程中时刻约束自己的行为。

对旅游开发者和服务（经营）者的道德教育，需要有个体的社会公德建设、道德水平的提升，更重要的是集体或行业整体德道水准的提升。首先要充分发挥旅游行业协会的教育和管理职能，制定道德伦理规范，并广泛开展培训和教育；其次，要进行持续不断的社会责任教育，一体化设计和推进企业道德伦理与社会责任建设；最后，开展广泛而深入的"敬畏教育"，这是最为深入和重要的企业或者行业的商业道德。

三、加强和谐理念的教育

旅游行业中，和谐的人与自然关系涵盖了发展健康旅游中至高的道德使命，人们在实践中应该普遍遵守。和谐理念要求世界要保持独特性、多样性，性状之间可以形成良性互动关系，即所谓"和而不同"。在旅游具体活动中，我们首先应明确人寓于自然，两者是平等关系；其次，我们要促进环境保护和旅游发展的协同；最后，政府要有完善的生态资源补偿制度与利用机制。

在健康旅游开发中，加强和谐理念的教育先要从树立科学的旅游发展观做起。人与自然是一个完整与统一的有机整体，前者处在经济、社会、文化中，后者与环境同为一体，这些要素通过协调满足当代人的需要，又不危及满足后代人需要的能力，注重人的旅游需求的全面满足，同时还要实现共生发展，这就是和谐理念要求下的新的旅游发展观。

在健康旅游开发中，加强和谐理念的教育还要坚持符合我国传统文化"天人合一"思想的指导实践活动。在健康旅游开发中，人类可以通过改造、利用自然为人类自身谋福利，更要做到善待、保护自然，回报自然环境，以确保人与自然理性、健康地发展，真正实现人类的社会系统与地球的自然系统相适应，追求人与自然之间的和谐。

在健康旅游开发中，加强和谐理念教育的关键环节是以有组织、有计划的多层次培训活动为辅助。要使和谐理念的培训深入人心，使其成为指引健康旅游实践科学、有序发展的重要思想武器。对于企业来讲，要认清楚经济人自发行为的无序性，切实履行好建设和谐社会的责任，用正确的理论去指导具体实践。

第二节　健全调控机制，完善法规制度

一般来讲，伦理道德与国家律法有三种关系，即道德的法律化、非法律化和介于两者之间的道德要求。道德要求可以法律化，成为国家意志，具备强制性，在旅游伦理道德中，其普遍要求转化为国家意志就是通过法律化来实现的，这就能够得到国家强制力保证得以实施，从而成为具有普遍约束力的社会行为规范。

遵循健康旅游发展的伦理原则，也需要科学编制发展健康旅游产业发展的国家战略计划，设计和提供良好的制度和机制支持。顶层制度设计、政策组合、全面规划和规范引导是有效推动我国健康旅游伦理发展的关键，要建立健全宏观的调控机制，突出做好旅游公共服务体系建设，统筹推进团体与个人、城镇与乡村、开发者与经营者等各种关系，确保健康旅游顶层设计的科学性、合理性和可实施性。要正确界定旅游资源的属性和旅游资源开发的权利和义务，将在健康旅游过程中需要遵守的诸如妥善处理"保护和开发"关系的原则用法律的形式予以确认。道德与法律密不可分，前者是后者正当性、合理性的基础。

一、建立多部门合作共管协调机制，通过科学调控实现可持续发展

产业的发展首先需要科学、正确的顶层制度设计和全面规划，因此体制、机制需要尽早革新，有必要编制健康旅游产业科学发展的国家计划，明确健康旅游发展的定位、目标以及具体的实现措施。统筹协调各级部门，建立国家级的多部门合作共管协调机制，打通健康旅游产业的上下游政策通道，参考健康旅游成功国家和地区的先进经验和有效机制，避免出现多头管理、责任划分不明确、存在空白监管的情况。设立国家级的健康旅游发展指导委员会或领导小组，改变现在低水平、孤岛式、碎片化、低效率的运行状态。在指导委员会或领导小组下设、建立健康旅游产业发展专家库，充分调动和发挥专家学者的智慧，打造国家化的多元、专业的团队，服务于健康旅游产业发展、依此广泛开展调查研究和政策咨询。

审批上严格、科学。旅游资源开发包括健康旅游资源开发中的乱象，包括违反社会主义核心价值观的不道德行为乃至大量违规违纪违法现象，对自然、对文化、对人民的生活质量造成了较大的破坏与损伤。实现宏观调控，就要严格规范土地、资金及资源的审批流程，优化审批程序，把调配效益最大化。同时，尤其要注意做好开发中问题和隐患的排除，找出与审批权相关的法人和个人寻租漏洞，并保证在具体开发业务开展之前全面杜绝。在对健康旅游资源开发等具体审批中，还要重视特殊项目可行性研究报告的技术性审查，实施更为严格的项目审批。一是对占用自然资源、破坏原生态环境、规模较大的旅游开发项目的审批要特别谨慎，多方论证，大面积、大规模的环境破坏与污染是必防的；二是对同区域同类型旅游资源开发项目的审批，遵循少批少建底线原则，节约资源、资金，避免同区域旅游企业后续恶性竞争，推进可持续发展，确保整体效益；三是对文物区的开发审批方面，建立论证程序，高度重视国家重点文物、稀有文物资源开发的审批问题，对于目前科技水平无法开发的文物设立"红线"，防止

珍贵文物损坏，出现无法弥补的历史遗憾；四是慎重审批人造景观、非自然主题公园。旅游资源开发所在地的经济收入水平、消费能力甚至风俗习惯、交通承载等地区实际情况，都是职能部门审批前考量的重要因素，如果控制不好，会影响旅游规模、发展潜力和盈利前景。人造景观开发的失败案例更是需要反复研究的重要参照。

二、加强立法执法，规范开发行为

随着经济社会的不断发展，与旅游市场、旅游产业相关的法规、条例、规定以及地方性法规相继制定实施。作为国家的根本大法，《中华人民共和国宪法》对名胜古迹等珍贵的历史文化遗产的保护、对旅游资源的开发利用有明文规定。现阶段我国还没有健康旅游产业方面的基本法，与之密切相关的法律主要包括《中华人民共和国旅游法》《中华人民共和国环境保护法》《中华人民共和国文物保护法》《中华人民共和国城乡规划法》《中华人民共和国著作权法》等。另外，还有一系列与之相关的法规和政策，比如，在国家层面按照时间顺序颁布实施的有《关于促进文化与旅游结合发展的指导意见》《国务院关于加快发展旅游业的意见》《推进文化创意和设计服务与相关产业融合发展的若干意见》《"十三五"时期文化旅游提升工程实施方案》等；在省市级层面制定实施的有《广东省关于促进文化旅游融合发展的实施意见》《河北省政府关于加快创建全国全域旅游师范省的意见》《岳阳市历史文化名城保护条例》等。客观地说，上述法律法规基本上从不同角度、不同层面规定了与旅游相关的法律关系，形成了相关利益主体的权利和义务关系。这些法律文件在规范旅游市场行为、调整旅游产业结构、保护旅游资源特别是处理旅游业引发的各种纠纷等方面发挥着重要作用。

但是，在阻碍旅游产业开发的重要因素中，法规体系不健全问题非常突出。同旅游业的发展趋势相比，尤其是在实际操作中，旅游立法是比较滞后的，对于旅游资源开放和保护的立法更是严重不足。一是国家层面缺乏单行法规范，普遍适用性较差，特别需要制定文化旅游产业专项法规，从全局角度对其进行规范;二是地方性立法比较混乱,立法种类多但是杂乱且不完备,暂时性规定多,无法长期实施;三是权益保护问题频发,缺少符合文化旅游行业特点,从行业消费者角度出发的专门法律法规等。出现这些问题的原因,一方面是现有的法律规定跟不上新的经济关系、法律关系的快速发展,无法完成履行规范和制约新法律关系的使命,也就逐渐失去对相关部门、行业的规范和约束的法律效力。另一方面,由于法律规定及其体系的缺失,往往会出现适用多部法律而多部法律又互相不一致的矛盾,管理上陷入混乱成为必然。

当前,旅游立法包括健康旅游立法进入了黄金期。建设法治中国是习近平新时代社会主义思想的重要组成部分。十八届三中全会通过的《中共中央关于全面深化改革若干重大问题的决定》中,"推进法治中国建设"成为我国新时期法治建设的新目标。党的十九大报告提出,成立中央全面依法治国领导小组,加强对法治中国建设的统一领导。这样,我国全面进入法治国家、法治政府和法治社会一体化建设时期。在广泛进行立法调研的基础上,立法部门一是需要制定产业专项法规。要充分尊重旅游资源的生态价值和社会价值,合理开发利用旅游资源,调研论证制定旅游资源保护相关法律,坚持宪法核心导向,从全局出发,结合文化旅游产业具体实践,以较高的法律效力形式体现出来,对旅游资源开发和利用设置更高的环境质量标准和更严格的生态破坏防治措施,为文化旅游产业在法律法规的保障下良性发展打下坚实基础。二是完善相关配套制度建设。专项法规的健全,并不意味着旅游产业发展法制保障的完备。层次较高的法规效力层级高,但一般来说都是相对简明的,是原则性规定和授权性规定,实施细则和地方性法规才是详尽的、具体的,必须紧跟着相继出台。健全和完善旅游相关配套制度,就是细化和补充专项法规。三是探索旅游资源产权制度建设。在国际上,非物质文化遗产的界定使得不少国家出台了相应的法律制度来加强对本国文化的保护。我国国际地位不断提升,这就要求法律制度的随之完善,文化资源产权相关法律也应该被提上日程。现实中,旅游开发地民众由于对本地文化资源保护认识不足，文化荣誉感不强，文化产权保护意识非常淡薄，甚至在从来就不存在产权的概念。这是我国很多地区文化旅游资源产权保护的一个缩影，在大力发展文化旅游产业的当下，提高当地民众产权保护的意识就显得尤为重要。文化资源产权保护的立法要由全国人大及其常委会来定位，要由各地司法机关对相关法律制度的落实进行监督，从而实现相关法律规定从纸面上落实到具体案件中。

三、探索完善工作机制，创造良好外部环境

政府要充分发挥宏观指导作用，为发展和谐健康旅游提供良好的环境和动力支持。国家及地方政府可拟定设立与健康旅游相关的研究机构，统筹兼顾，协调处理行业问题。要在顶层设计上下功夫，把旅游规划的引领作用放在重要位置，突出规划的科学性、系统性、协调性，各类旅游路线的划分要与国家旅游的总体发展布局相统一，与国家建设具有竞争力的旅游强国、实施改革开放策略等相关规划相融合。

国家相关部委牵头，地方部门积极参与互助，上下一致通力合作，才能从根本上为健康旅游发展解决问题。相关部门要顺应经济社会发展矛盾的新变化、调研发展的新要求，感知人民群众的新期待，坚持以人为本，规划先行、突出保护、致力创新，大力转变和升级旅游发展方式，巩固旅游业国民经济战略性支柱产业的地位，办人民群众更加满意的现代服务业。

在良性的竞争机制催动下，企业在参与市场竞争过程中会充分考虑自身优势，探寻出有利的科学管理方法。政府部门需要改变之前强制规划的做法，对企业尽量实施协调性、指导性的规划，努力实现国际竞争优势突出的、企业和信誉良好的金融机构聚集化发展，尤其注意先进的医疗设备及医疗技术的引进和推广应用。同时，注意指导性的规划内容尽量减少利益冲突，避免多头控制状态，建立统一的医疗管制部门，充分实现对区域医疗卫生规划的发展初衷。另外，一系列公共服务机制，比如旅游安全、保险、紧急救援、信息服务要跟进建立，为健康旅游业发展营造正确良好的环境。再

者，就是和国际接轨，建立健全科学的生态环境补偿机制。国际上，旅游生态补偿活动在国家公园中是比较普遍的，鲜明的市场化行为是其基本特征，已成为旅游自然资源开发可持续发展的重要依托手段。在现行的市场体系和政府政策下，旅游资源不可能被市场全面涵盖，只能成为社会公共物品的一部分。旅游资源的开发利用过程中产生外部性问题是常见的，最突出的问题是人们通过技术革新过度利用资源，以增加利益所得，但这个过程中容易把本应该由自己承担的成本转嫁给社会或他人。生态环境补偿机制结合旅游资源开发对整个生态环境、利益格局的作用，研判相关损失性境遇，通过资金、技术、管理等要素，通过相应经济手段调整上述活动涉及的相关主体之间生态和经济利益关系。

第一，明确建立生态环境补偿机制的要求和条件。这是补偿实践操作层面的需要，包括明确生态环境保护补偿的主体和对象，一般来讲国家和地方政府通常是补偿主体，因所在地资源开发而受损的社区居民等为主要受偿对象；明确生态环境补偿的途径和方式，主要有市场运作、政府主导、社会参与等不同途径，财政转移支付为主要方式；明确生态环境补偿的实施标准，综合考虑受偿区域现有生态系统功能及其服务状况、经济发展水平、不同社区分布等因素，依据公平公正原则，制定出可以量化的补偿实施标准。

第二，制定生态环境补偿保护基金制度。从建立完善、适应市场经济的运行机制出发，一般由政府主导，基金来源为国家财政拨款和旅游资源开发利益获得方提供。这就是通常我们强调的，建立调整和改善社会再生产的运行机制，强化旅游资源开发的宏观调控体系，在国家财政收入中拨出专项资金充实旅游生态环境保护基金。基金用途主要是保护、恢复、再生、更新、增殖和积累旅游资源而投入，数额应该与旅游资源和生态环境的损失价值或恢复和维护该生态环境资源所需的费用相当。

第三，建立资源环境税征收制度。为保护自然环境，合理开发利用资源，根据"谁开发谁保护、谁破坏谁恢复、谁利用谁补偿、污染谁付费"的原则，在旅游资源被开发后，面向直接和间接资源开发受益者征收税款。税种可以设为旅游资源使用税、旅游项目特许经营费、旅游环境治理费等相应形式的旅游生态补偿税费。税收征收对象包括旅游资源开发经营企业和相关的景区饭店、宾馆等行业，主要用于旅游生态资源的保值增值、环境保护和治理、补偿社区居民的利益损失等。税费征收制度是用国家法律的形式强制受益者有计划地缴纳补偿税，有利于加强人类节约资源的高度责任感，提高人类使用资源的效率，保证社会可持续发展。

四、制定健康旅游相关政策和标准化制度

地方政府应在国家政策的引导下，根据各地的特点和现实情况，进一步制定当地的政策。除支持政策外，还需在法律的框架下进一步完善健康旅游管理制度，从市场准入、开发运营、评价评估、市场监管等方面都制定更细致和标准化的制度。市场准入制度要严格把住入口，制定制度前需研究不同种类的健康旅游服务机构标准、规范基本标准和审查程序，同时要提供咨询服务，加强支持指导，并纳入医疗机构的统一管理中。在开发运营方面，需要建立健全健康旅游服务标准。由于健康旅游服务涉及人群广，涉及服务多、专业化明显的高端服务，因此除了普通服务机构的基本运营准则外，还需要考虑国际化的服务惯例和医疗服务准则，实现高质量标准化的医疗技术服务。完善的评价评估体系也是让我国健康旅游服务受到国际认可的必备条件之一。政府应积极引入权威的、多元化的评价和认证体系，参考JMI、HIMSS等先进的评估技术和理念，制定适合我国健康旅游现实情况的机构评估系统，实施外多元化评价和认证，建立高品质的评估体系，并逐渐培育我国的第三方评估认证机构，与国际标准接轨。

同时，为了促进国际健康旅游的发展，需重视国际医疗保险制度的建设。加快国际医疗保险体系和保险赔偿以及国际结算渠道的建设，开发多种适应不同人群需求的保险服务，对接全球商业保险体系资质，鼓励保险公司提供与健康旅游服务相关的多样化保险产品和保险服务。

第三节　开发文化旅游资源，实现创造性转化创新性发展

　　国家文化产业创新与发展研究基地办公室主任胡惠林教授2005年出版了学术著作《文化产业概论》，这是国内首部对文化产业研究进行系统论述的著作。书中指出："社会创造的资源是人类在社会历史发展过程中所创造出来的资源，如生产工具、生产技术、生产方式、生育制度。而社会历史的发展就是一个人类的不断的文明化、文化化的过程，因此，相对于自然资源来说，这个资源就是文化资源。"[①]文化旅游资源的背后隐含着丰富的人文历史知识和价值取向。文化资源具有明显的价值多维性，不同人群、种族、民族的文化认同差异明显，文化取向不尽相同。所以，文化旅游资源开发更应该把伦理规范放在前面，确保传统文化得到创造性转化和创新性发展，以实现文化旅游开发的社会效益。

　　在健康旅游开发伦理原则指导下，文化旅游资源的利用首先强调的是保证文化的真实性、文化格调的高尚与健康。成功的文化旅游资源开发，必然是通过潜移默化的作用，影响到旅游者心理层面及其价值观，必须具有正确的价值导向和积极向上的文化品质。然后是文化资源的保护、蕴含的价值内涵的发掘。文化资源是不可复制、不可再生产的，具有稀缺性。开发文化资源时，必须在系统评估和论证的基础上，把保护列为第一要务。最后是平衡开发与创新的关系，建立保持和发扬中华民族古老优秀历史文化遗产的机制和制度，重点是树立适合我国国情的文化资源开发导向。针对文化旅游资

---

　　① 胡惠林.文化产业概论［M］.昆明：云南大学出版社，2005.

源开发中、提升自然旅游资源文化品位的工作中存在的不道德和伦理失范行为，需要摸清文化"家底"，合理定位，根据社会发展潮流进行创新和整合，维护并保护传统文化，结合时代要求继承创新，建设社会主义新型文化，促进不同文化间的交流。牢牢把握新时代人民对丰富精神文化生活的期待与日俱增的要求，坚定文化自信，推进文化领域供给侧改革，用优秀文化包装健康旅游形式，增添旅游景点文化内涵，提高文化旅游经济效益和社会效益，实现更好地满足人民日益增长的美好生活需要。

一、普查文化"家底"，圈定维护保护范围

2018年4月2日，国家统计局颁布了新修订的《文化及相关产业分类（2018）》，以文化为核心内容，从新闻信息服务、内容创作生产、创意设计服务、文化传播渠道、文化投资运营、文化娱乐休闲服务、文化辅助生产和中介服务、文化装备生产、文化消费终端生产9个方面进行统计，分类实施摸清我国文化产业的家底。作为一种社会化产物，文化的发展规律性比较强。文化普查要尊重规律，实事求是，根据统计分类，区分好进步文化与落后文化，界定好文化价值和文化糟粕，梳理好文化保护等级和层次，开辟出历史和特色文化保护区。通过深入细致、持续不断的文化普查工作，为文化产业发展宏观决策提供重要的基础信息，客观反映文化资源在国民经济中的地位和对社会经济的作用，指导旅游资源开发市场主体科学合理地开展文化资源开发工作。

第一，进步文化、优秀文化、精华民族文化优先开发。符合人类发展方向、历史发展潮流的先进文化，对当代社会主义建设能够起到促进作用，是市场主体在文化产品开发中必须凝结的力量和元素。要严格按照旅游伦理原则，制定文化糟粕、消极落后文化控制甚至禁止开发名录，把与历史发展相悖、与社会主义道德要求不符、与精神文明建设相违的文化资源控制在可控的范围内，禁止开发、防止扩散。第二，将文化按质量高低、历史长短、影响大小分级保护，积极开发可以满足旅游者精神需求、净化心灵、陶冶情

操、获得愉悦体验的文化，谨慎开发价值高、濒临失传的特色文化，尤其要保证优秀文化不因市场开发主体的不道德行为而受到损害。第三，精准、细致、周密甄别各类文化影响的大小、区域、人群，切忌乱贴文化标签，造成文化和道德价值上的混乱。第四，建立专业队伍，设置专管机构，安排专门时间，通过历史考古，界定好传统文化中的人、事、物。为地方政府开发旅游景区提供科学专业依据，杜绝虚假文化，防止资源争抢行为，把"真和美"的伦理要求贯彻在文化资源开发的各个环节。

二、加大宣传力度，营造旅游文化创新发展环境

文化资源，区别于传统的物质财富形态，是一种新的生产要素的组合和价值构建，与社会的产生、发展而同步，体现出来的是一定的意识形态、思想观念，带有不同社会阶级意志的烙印。优秀的中华传统文化中蕴含着思想观念、人文精神、道德规范，在继承中创新。因此，实现文化资源的开发创新，要坚持融入现代社会元素，与社会主义和谐社会建设同步，以是否有利于广大人民群众的利益为标准，选择、建设、发展社会主义旅游文化，发展具有中国特色社会主义旅游事业的重要组成部分。

第一，创新发展要通过高点定位、高新技术推动来实现。在我们国家，对文化资源进行创新开发，首要的定位就是弘扬社会优秀文化，坚持中国特色社会主义文化方向，以先进文化和健康有益文化为其基本价值取向，确保旅游文化的健康性，确保旅游文化的开发符合广大人民群众的现实要求。充分利用高科技手段推动文化产业发展，注意对文化资源的整合与提升，向着跨界、快速发展的方向迈进。加快旅游文化资源创新发展，还要通过文化交流推动文化创新，利用好全球化趋势，主动吸收当今世界文化的新技术、新思想，实现相互促进、相互渗透。第二，统筹考虑，大力宣传文化旅游的现状特色，着重宣传地域性文化旅游资源，充分利用好多媒体、新媒体、融媒体的宣传方式。通过文化旅游展现区域历史，促进整体实力和竞争力提高，推动全域经济发展。要注重创新形式，丰富载体，形成全面、深入、完整的系列宣传策划，

通过市场手段打造文化旅游品牌，利用好5G技术支持下的各种媒体，对文化旅游资源的视听效应进行多方位宣传，提升整体影响力，保障文化资源创新开发强劲有力。第三，在文化资源创新开发中，坚决抵制非道德行为，消灭不道德现象。弘扬创新是荣耀、诚实守信是光荣、剽窃是耻辱、假冒欺骗是可耻的道德观念，通过群众和舆论监督文化旅游资源开发全过程，营造有利于文化资源保护和创新发展的良好社会环境。坚持法制思维，利用好国家机器对文化开发领域违法犯罪活动的绝对打击力度，净化文化旅游发展环境。

三、淘汰落后文化，提高文化资源开发效率

一般来讲，旅游业与文化息息相关，景区里的文化古迹、文化印记，旅游娱乐里的文艺介入，旅游服务中的文化主题酒店、文化商品不一而足。但是，当前旅游文化开发有泛滥之势，落后低俗文化沉滓其中。具体表现为，一是"文化成了标签"，动物植物有文化，山丘溪水有文脉，遇到什么就赋予什么文化，把文化搞得无处不在，牵强附会；二是"强调文化忽视文明"，与旅游开发有关的所有人群，都注重文化的熏陶、培训、教育，恰恰少了文明的教化、普及和突出，使得不文明、不道德现象屡禁不绝，实质就是用文化代替了文明，标准和规则缺位；三是"传统文化庸俗化"，文化资源开发时，边拆除历史建筑，边投资新建仿古设置，将传统文化随意化，结果"东施效颦"；四是"西方文化片面化"，片面强调西方旅游开发成熟，不切实际一味"贪大求洋"，引进西方的建筑，建设西方景观，这是典型的文化不自信的表现。

淘汰上述落后、庸俗文化，一方面，要加强教育和培训工作，提高文化旅游资源开发主体和从业者个人的文化修养水平、道德自律标准，依法、科学、符合文化价值内涵地开展开发工作，提高旅游资源开发的效率，达到经济效益和社会效益稳步发展。同时，高度重视破坏文化资源行为，坚决反对、全力打击屡教不改的行为，社会舆论上予以强力谴责，行政处罚、法律惩罚上扩大覆盖面、增加打击力。同时，适量的经济罚款要跟得上，必要时

勒令有关企业和个人限期停业整顿。另一方面，本着"取其精华，弃其糟粕"的宗旨，对民族文化进行分析、整理，发扬光大其精华部分，使其成为现代人们精神生活的食粮；通过用其独特、弃其一般的方法，展现传统文化中富有地方特色、民族特色的部分，使其满足人们日益增长的旅游需求。以文化自信为根基，在中国的许多地方，无论是县域还是乡村社区，都可找到供我们发掘的自然资源、历史文化，在整理中发现"取之不竭"，在开发中发现"用之不尽"。

第四节　聚焦行业责任，引导市场主体主动履责

企业社会责任是市场主体遵照社会目标和价值采取具体行动的义务[①]，指的是企业为了经济社会发展而主动履行的责任和做出的贡献，与其经济利益追求紧密相连，在推动企业可持续发展过程中起着举足轻重的作用。由于市场竞争激烈，部分企业社会责任意识淡化，企业价值观出现偏颇，加之国家法律制度不健全、相关部门监管出现漏洞等原因，部分旅游企业行业责任有所缺失，这是客观存在的真实情况。

构建合理的健康旅游资源开发伦理秩序，必须正视旅游市场主体因为社会责任缺失带来的各类问题，制定出旅游企业道德上的具体要求和规范，从企业、政府、社会等多个方面共同努力以规范企业的经营行为，引导企业勇于承担责任，保障利益相关者权益，推动整个旅游行业的可持续发展。

---

① 熊国保，姜曼. 旅游企业社会责任缺失及对策［J］. 江西社会科学，2013，33（12）：202-205.

一、利用好现代市场竞争规则，加强信用体系建设

信用高度发达是现代市场经济的特点和标志之一，信用关系的普及、规范，信用活动的秩序对于现代市场经济运行至关重要，完善了国家信用体系功能，才可以利用好现代市场竞争规则。建设企业信用体系，从个体讲要解决道德修养问题，营造诚实守信的经营形象；从企业讲要解决经营管理问题，营造诚实守信的企业文化；从社会讲要解决制度建设问题，营造诚实守信的社会氛围。我国企业信用制度建设起步晚，对于政府和社会而言，对企业经营中不诚信行为监督和管理的手段和措施比较单一，特别需要个人、企业、社会联动，抓好诚信教育，建好信用制度，规范好市场主体行为，从而落实失信惩戒和守信激励机制。

要把握好道德的发生、发展的自身规律，充分认识道德规范内化为道德品质的重要性，看到外在的规范约束的局限性，促进外在规范切实发挥作用，扫清诚信体系建设的阻碍。运用内因外因辩证规律，提升企业个体员工的道德修养，加强企业团队的道德素质，敦促企业保持经营上高标准的道德自律，从而为建构企业诚信体系打下基础。在旅游资源开发过程中，严格执行信用制度，划定底线，保证各种信息披露渠道的畅通，控制好舆论导向，淘汰多有不良道德表现的企业，宣传褒奖诚信经营的旅游企业，扶持壮大守信用、讲道德的优秀企业。

二、引导践行责任，鼓励反哺社会

任何企业包括旅游企业，其生存必须根植于社会，因为经济效益的获取源于社会。因此，反哺社会，践行朴实的社会责任，是企业牢不可破的使命。健康旅游资源开发与一般的工业资源开发、传统的企业经营相比较，又有其特殊性：开发对象上，旅游资源是社会公共物品，无论是自然旅游资源还是文化旅游资源；开发性质上，旅游资源的开发利用都会产生外部不经济性。一系列外部性基本上都是有害或者损伤的，包括旅游资源开发时对生态

的破坏、污染以及由此产生的生态圈紊乱、生物链失衡；也包括旅游资源开发时对文物古迹等产生破坏和损害；还包括旅游资源开发时对周边居民生产、生活造成不利。从经济学上看，这些破坏是使用社会公共物品必然的产物，常常独立于市场经济之外，旅游资源开发企业获得了经济效益，这个过程对社会、环境造成了破坏和影响，企业主体理所当然要承担相应的责任。

旅游企业要追求"和谐共生"的价值方向，为实现企业与自然、与社会、与个人的和谐关系积极探求路径。旅游资源开发企业补偿社会、补偿生态环境的方式和途径可以是多元的。一是单纯的货币补偿。旅游企业要主动提高自身的责任感和使命感，为社会、生态环境保护定期提供一定数量的资金，对景区周边的环境积极地维护、治理，对文物古迹主动地呵护，力争保持完整。二是积极投身社会公益事业。健康旅游企业的发展得益于经济社会发展创造的良好外部环境。企业热心公益事业，就是饮水思源，反哺回馈，真正体现企业的社会责任，促进社会协调健康发展，实现社会、企业、个人的共荣共赢。

三、增强企业竞争实力，建立持续增长机制

具有区分度高的竞争实力是企业包括旅游企业的生存之本，也是企业一切经济活动的根本出发点。承担社会责任，首要必然是增强竞争实力，充分利用有限的资源创造更多的社会财富，实现企业长期稳定发展。一般来讲，金融投资开发是旅游资源开发企业较为传统的经营模式。这种模式下，企业要想处于优势地位，获得更多的利润，必须有超量的旅游者被吸引，这样不公平竞争自然就产生了。现实情况中，企业为了吸引游客，提高经济收入，面对整个旅游消费总量不变的情况，以价格战为主导的恶性竞争就出现了，使整个行业的风气受到影响。

2018年，世界旅游组织公布了一份长期预测报告，在充分肯定全球范围内良好的经济增长、高性价比航班、技术进步、新商业模式、更便捷的签证等外部条件的基础上，提出了"旅游改变自我和展示自我""追求健康（徒步、养生和运动旅游）""家族多世代出行"等三大新兴趋势，为今后一段

时间提升整个旅游的行业竞争力、建立持续增长机制指明了方向。一是要树立新的旅游资源观。进入新时代，党基于对我国社会主义发展阶段新方位的判断，提出新时代我国社会的主要矛盾已经转化为人民日益增长的美好生活需要和不平衡不充分的发展之间的矛盾。旅游资源不仅包括有形的游憩项目、实体物质的欣赏和享受，还包括能产生精神休闲体验的无形活动和资源内容。要鼓励旅游资源开发企业不断解放思想、转变思路，立足于开发符合人民群众消费口味的旅游项目，大力整合区域内有形和无形的新资源，转换经营思维，下大功夫开发生态旅游、医疗旅游、SPA旅游以及教育旅游等健康旅游，抢占旅游业新的制高点，形成不同旅游风格的旅游新业态。

当代旅游发展理论建设，包括伦理框架的构建全面进入了快车道。习近平中国特色社会主义思想，特别是习近平总书记关于文化和旅游融合发展的重要论述，是所有相关探索的思想源泉和创新导向。我们必须始终坚持"有得游、游得起、游得放心"的发展方向，深入贯彻"能融尽融、宜融则融；以文促旅，以旅彰文"的工作思路，牢固坚守意识形态和安全生产两条底线，落实以人民为中心的旅游发展理念的具体要求。历史已经证明，并还将继续证明：当且仅当国民大众有了旅游的能力，游客可以自由地选择谁来为其服务；当且仅当不同类型、不同规模、不同性质的市场主体可以自由地运用一切或可以利用的资源为游客提供服务；当且仅当国家意志和监管行为对消费主体的选择自由和市场主体的创业自由给予最大限度宽容的时候，才是可以真正载入史册的创新与进步。

研究健康旅游的伦理抉择，也是坚持中国特色社会主义文化方向的具体实践。对于规范健康旅游领域产业结构、生产形式和市场规则，紧扣当前我国处在新时代中国特色社会主义这个大背景，必须以先进文化和健康文化为其基本价值取向，以社会主义核心价值体系为其基本内涵和主体导向，在追求美与效益的统一、精神与经济双赢的过程中，实现健康旅游的规模化、产业化发展。

参考文献

［1］David A. F., David C. M. *Codes of Ethics in Tourism: Practice, Theory, Synthesis*［M］. Bristol: Channel View Publications, 2007.

［2］David A . F. *Tourism Ethics*［M］. Bristol: Channel View Publications, 2006.

［3］Doxey G. V. A Causation Theory of Visitor-resident Irritants: Methodology and Research Inferences［C］//Travel and Tourism Research Associations Sixth Annual Conference Proceedings Association, 1975: 195-198.

［4］Dunn H. L. High-Level Wellness for Man and Society［J］. *American Journal of Public Health & the Nations Health*, 1959, *49*（6）: 786.

［5］Fennell D. A., Malloy D. C. *Codes of Ethics in Tourism*［M］. Bristol: NBN International, 2007.

［6］Hall C. M. *Medical Tourism: The Ethics, Regulation, and Marketing* of *Health Mobility*［M］. London: Routledge, 2013.

［7］Hultsman J. Just tourism: An ethical framework［J］. *Annals of Tourism Research*, 1995, *22*（3）: 553-567.

［8］Jamal T., Higham J. Justice and ethics: towards a new platform for tourism and sustainability〔J〕. *Journal of Sustainable Tourism*, 2021, *29*（2-3）: 143-157.

〔9〕Jamal, T. Tourism ethics: a perspective article〔J〕. *Tourism Review*, 2020, *75*（1）: 221-224.

〔10〕Lovelock B., Lovelock K. *The Ethics of Tourism Critical and Applied Perspectives*〔M〕. London; New York: Routledge, 2013.

〔11〕Lunt N., Carrera P. Medical tourism: Assessing the evidence on treatment abroad〔J〕. *Maturitas*, 2010, *66*（1）: 27-32.

〔12〕Mueller H., Kaufmann E. L . Wellness tourism: Market analysis of a special health tourism segment and implications for the hotel industry〔J〕. *Journal of Vacation Marketing*, 2001, *7*（1）: 5-17.

〔13〕Mick S., Rosaleen D. *The Ethics of Tourism Development*〔M〕. London: Routledge, 2003.

〔14〕Milica Z. B. , *Karla R. B. Medical Tourism in Developing Countries*〔M〕. New York: Palgrave Macmillan, 2007.

〔15〕Ryan C. Equity, management, power sharing and sustain ability: Issue of "new tourism"〔J〕. *Tourism Management*, 2002, *23*（1）: 17-26.

〔16〕Sautter E. T., Leisen B. Managing stakeholders: A tourismplanning mode〔J〕. *Annals of Tourism Research*, 1999, *26*（2）: 312-328.

〔17〕Smith M., Puczkol L. *Health and Wellness Tourism*〔M〕. Oxford: Elsevier, 2009.

〔18〕Alan F., Heather H., Ann H., 徐婉倩. 公共健康、养生条件与旅游发展: 旅游目的地品牌化的机会〔J〕. 旅游学刊, 2013, 28（02）: 16-19.

〔19〕阿尔贝特·施韦泽. 敬畏生命: 五十年来的基本论述〔M〕. 陈泽环, 译. 上海: 上海人民出版社, 2017.

〔20〕白鸥. 健康旅游研究综述〔J〕. 旅游研究, 2010, 2（03）: 44-49.

［21］蔡树棠."社会影响"理论和旅游职业道德教育［J］.旅游学刊，1988（04）：50-52，5.

［22］曹诗图.旅游哲学引论［M］.天津：南开大学出版社，2008.

［23］曹诗图，郑宇飞，黄蓉.旅游概念的哲学辨析［J］.地理与地理信息科学，2006（04）：71-74.

［24］曹诗图，曹国新，邓苏.对旅游本质的哲学辨析［J］.旅游科学，2011，25（01）：80-87.

［25］陈海鹰.自然保护区旅游生态补偿运作机理与实现路径研究［D］.昆明：云南大学，2016.

［26］陈静，李健.旅游健康与健康旅游——基于旅游主体的视角［J］.旅游研究，2009，1（04）：23-28.

［27］陈翔，王小丽.医疗旅游与美国卫生保健的全球竞争［J］.国外医学（卫生经济分册），2010，27（03）：121-126.

［28］陈向明.质的研究方法与社会科学研究［M］.北京：教育科学出版社，2000.

［29］陈亚红，孙遇春.上海医疗旅游产业的经济效益分析与产业链构建［J］.经济论坛，2011（05）：107-110.

［30］陈永涛，谭志喜.养生旅游概念探析［J］.商业时代，2014（07）：131-133.

［31］崔满明，苟丽娟.文化产业战略地位的确立与文化资源的开发［J］.改革与战略，2018，34（06）：91-95.

［32］戴维·韦弗，劳拉·劳顿.旅游管理［M］.谢彦君，潘莉，译.北京：中国人民大学出版社，2014.

［33］戴艳军，戚凤芝.论我国旅游伦理思想及其建设［J］.思想战线，2001（04）：48-50.

［34］樊国敬.旅游市场的新宠——医疗旅游［J］.山西财经大学学报，2011，33（S1）：103-104.

［35］冯仕国. 健康旅游之理论与实证研究［D］. 武汉：华中师范大学，2006.

［36］冯正强，何云庵. 习近平的生态伦理思想初探［J］. 社会科学研究，2018（03）：129-135.

［37］傅华. 生态伦理学探究［M］. 北京：华夏出版社，2002.

［38］付金朋，肖贵蓉，谢宇. 近10年国外旅游伦理研究评述［J］. 旅游学刊，2010，25（08）：88-96.

［39］高静，刘春济. 国际医疗旅游产业发展及其对我国的启示［J］. 旅游学刊，2010，25（07）：88-94.

［40］耿松涛. 中国医疗旅游发展研究理论创新与实践探索［M］. 天津：南开大学出版社，2015.

［41］郭赤婴. 从旅游职业道德的角度推进建设旅游伦理学［J］. 北京第二外国语学院学报，2002（04）：90-94，100.

［42］郭鲁芳，虞丹丹. 健康旅游探析［J］. 北京第二外国语学院学报，2005（03）：63-66.

［43］汉斯·约纳斯. 责任原理——现代技术文明伦理学的尝试［M］. 方秋明，译. 上海：世纪出版社，2013.

［44］何怀宏. 生态伦理精神资源与哲学基础［M］. 保定：河北大学出版社，2002.

［45］侯胜田，刘华云. 医疗旅游强国成功因素分析及启示［J］. 医学与社会，2013，26（06）：7-9.

［46］侯胜田，刘华云，张永康. 中国医疗旅游的发展前景与挑战［J］. 中国医院，2013，17（05）：27-29.

［47］胡里奥·阿兰贝里. 现代大众旅游［M］. 谢彦君，译. 北京：旅游教育出版社，2014.

［48］霍明远. 资源科学的内涵与发展［J］. 资源科学，1998（02）：13-18.

［49］李德辉，徐城，黄太国，钟森，刘冰. 后金融危机时代中国医疗旅游事业发展的初步设想［J］. 中国社会医学杂志，2011，28（01）：8-10.

［50］李东. 论健康旅游的类型、市场和概念［J］. 国土与自然资源研究，2016（01）：70-73.

［51］李健. 关于旅游伦理的思考［N］. 光明日报，2000-04-11.

［52］李佳飞，易建阳. 全域旅游与媒体融合峰会博鳌召开［N］. 海南日报，2016-03-26.

［53］李鹏，赵永明，叶卉悦. 康养旅游相关概念辨析与国际研究进展［J］. 旅游论坛，2020，13（01）：69-81.

［54］李培超. 自然的伦理尊严［M］. 南昌：江西人民出版社，2001.

［55］李淑芳. 山西省医疗旅游发展对策研究［D］. 太原：山西师范大学，2012.

［56］李胜媛. 我国文化旅游产业发展的法制保障研究［D］. 石家庄：河北科技大学，2018.

［57］李太光，于越美，江珊. 国内外新型旅游业态的发展动态［N］. 中国旅游报，2009-02-13（6）.

［58］李轩. 我国旅游开发的伦理问题及应对策略［D］. 石家庄：河北师范大学，2016.

［59］厉无畏，王振. 中国产业发展前沿问题［M］. 上海：上海人民出版社，2003.

［60］梁留科，曹新向. 和谐旅游的价值、构建及其实现［J］. 经济地理，2007，（04）：681-685.

［61］刘春莹. 我国旅游资源开发的伦理审视［D］. 长沙：中南大学，2006.

［62］刘海鸥. 旅游伦理论纲［J］. 湖南师范大学社会科学学报，2007（02）：19-22.

［63］刘隽，金丽. 旅游伦理道德判断与结构性分析［J］. 华东经济管

理，2005，（01）：92-94.

［64］刘俊英，余正.发展医疗旅游的障碍分析和应对策略［J］.上海医药，2010，31（10）：460-462.

［65］刘少和，李秀斌.度假酒店（村）的健康体验经营管理研究——以广东江门市古兜温泉旅游度假村为例［J］.旅游论坛，2009，2（03）：384-389.

［66］刘庭芳，苏延芳，苏承馥.亚洲医疗旅游产业探悉及其对中国的启示［J］.中国医院，2009，13（01）：74-77.

［67］卢抗生.疗养与旅游休闲［J］.中国疗养医学，2002（04）：45-46

［68］鲁元珍.旅游乱象缘何愈演愈烈［N］，光明日报，2015-11-19（14）.

［69］罗光强.公共善在公共健康领域的伦理叙事——评《公共健康伦理探究》一书［J］.文史博览（理论），2016（03）：87.

［70］罗丽娟.关于海南医疗旅游业发展战略定位的思考——基于SWOT分析［J］.海南广播电视大学学报，2012，13（01）：81-85.

［71］吕德.我国生态旅游健康发展面临的问题及对策研究［J］.旅游纵览（下半月），2014（04）：257.

［72］马波.现代旅游文化学［M］.青岛：青岛出版社，1998.

［73］毛晓莉，薛群慧.国外健康旅游发展进程研究［J］.学术探索，2012（11）：47-51.

［74］倪瑞华.可持续发展的伦理精神［M］.北京：中国社会科学出版社，2004.12.

［75］彭薇.发展医疗旅游，还要跨过多道坎［N］.解放日报，2014-03-16.

［76］彭忠信.旅游中的伦理问题初探［J］.湖南商学院学报，1999（03）：52-53.

［77］邱宏亮. 旅游节庆意象、节庆依恋、节庆游客环境责任态度与行为——以杭州西溪花朝节为例［J］. 浙江社会科学，2017（02）：84-93，117，158.

［78］塞伊杜. 旅游接待的今天和明天［M］. 冯百才，译. 北京：旅游教育出版社，1990.

［79］单亚琴，姚国荣. 国内健康旅游研究综述［J］. 牡丹江大学学报，2015，24（07）：171-174.

［80］申晨曦. 我国生态旅游发展的伦理审视［D］. 南京：南京林业大学，2014.

［81］宋波. 旅游伦理学构架［D］. 成都：四川大学，2006.

［82］史蒂芬·佩吉. 现代旅游管理导论［M］. 刘劼莉，译. 北京：电子工业出版社，2004.

［83］世界养生酒店联盟. 中国养生旅游白皮书［R］. 2015.

［84］孙慧. 京津冀区域旅游文化产业协调发展研究——旅游产业社会文化效应及其调控的理论与实践［C］//2011年京津冀区域协作论坛论文集，2011：327-332.

［85］宋卫华. 医疗旅游对城市经济影响的研究［J］. 现代经济信息，2011（14）：248.

［86］宋玉芹，汪德根. 近10年国内外医疗旅游研究比较［J］. 地理与地理信息科学，2011，27（06）：105-110.

［87］宋子千. 建好文化生态保护区对文旅融合意义重大［N］. 中国旅游报，2019-01-02.

［88］孙欢，廖小平. 国内旅游伦理研究之回溯、论阈与展望［J］. 伦理学研究，2012（05）：114-121.

［89］孙鸿烈，封志明. 资源科学研究的现在与未来［J］. 资源科学，1998（01）：5-14.

［90］孙鑫. 当代责任伦理视阈下的生态伦理学本土化建构探索［J］. 中

国集体经济，2019（03）：87-88.

［91］唐龙.基于旅游目的地居民感知视角的旅游社会心理承载力研究［D］.南宁：广西大学，2018.

［92］田广增.我国中医药旅游发展探析［J］.地域研究与开发，2005（06）：82-85.

［93］田里.旅游经济学［M］.北京：高等教育出版社，2002.

［94］田伟珂.基于后发优势理论的中国医疗旅游发展研究［J］.湖北经济学院学报（人文社会科学版），2011，8（07）：50-51.

［95］童绍茂.解读我国医疗旅游的发展条件［J］.中国市场，2012（48）：82-83.

［96］王德刚，邢鹤龄.旅游利益论［J］.旅游科学，2011，25（02）：8-15.

［97］王红芳.医疗旅游发展与国际经验研究［J］.调研世界，2012（01）：61-64.

［98］王海明.伦理学导论［M］.上海：复旦大学出版社，2009.

［99］王劲璘.国内旅游伦理研究现状——兼论旅游伦理对旅游地文化的保护［J］.昆明理工大学学报（社会科学版），2005（03）：34-38.

［100］王伟，王军，郝俊峰，靳春阳.黑龙江医疗旅游产业市场细分及价值链整合研究［J］.中国卫生经济，2012，31（06）：46-48.

［101］王希辉，杨鹏.回顾与反思：我国文化资源保护与开发研究三十年［J］.湖北民族学院学报（哲学社会科学版），2018，36（06）：77-81.

［102］王燕.国内外养生旅游基础理论的比较［J］.技术经济与管理研究，2008（03）：109-110，114.

［103］王燕.利益相关理论下的"负责任观"对我国自然保护区生态旅游开发的启示［J］.旅游纵览（下半月），2013（06）：181-182.

［104］王祎.武隆区居民对旅游影响的感知研究［D］.重庆：重庆师范大学，2017.

［105］王引兰，王慧芳.旅游经济与旅游伦理相关性分析［J］.经济问题，2006（11）：77-78.

［106］王自宸，李亚楠，王珏玢等.多地历史文化名城保护堪忧［N/OL］.经济参考报，（2016-11-03）［2022-6-28］.http://www.jjckb.cn/2016-11/03/c_135801783.htm.

［107］魏恒.我国旅游人群的道德建设研究［D］.西安：长安大学，2017.

［108］吴必虎.区域旅游规划原理［M］.北京：中国旅游出版社，2001.

［109］吴章文.森林游憩区保健旅游资源的深度开发［J］.北京林业大学学报，2003（02）：63-67.

［110］吴之杰，郭清.我国健康旅游产业发展对策研究［J］.中国卫生政策研究，2014，7（03）：7-11.

［111］夏华丽，刘雪珍，曹诗图.论旅游发展与生态文明建设［J］.开发研究，2013（02）：73-76.

［112］夏赞才.旅游伦理概念及理论架构引论［J］.旅游学刊，2003（02）：30-34.

［113］夏赞才.论旅游道德建设［J］.道德与文明，2005（05）：11-15.

［114］夏赞才.《全球旅游伦理规范》的脆弱基础和错误主张［J］.伦理学研究，2007（06）：47-51.

［115］谢春江.现代旅游伦理建构的传统伦理资源研究［D］.长沙：湖南师范大学，2014.

［116］谢婷，钟林生，陈田，袁弘.旅游对目的地社会文化影响的研究进展［J］.地理科学进展，2006（05）：120-130.

［117］谢红，马晓雯.我国社会化养老服务发展趋势及对存在问题的思考［J］.中国护理管理，2016，16（11）：1444-1447.

［118］谢彦君.基础旅游学［M］.北京：商务印书馆，2015.

［119］熊国保，姜曼.旅游企业社会责任缺失及对策［J］.江西社会科学，2013，33（12）：202-205.

［120］徐菲.迅速发展的印度医疗旅游［J］.中国卫生事业管理，2006（01）：60-62.

［121］徐菲，陈婉丽.印度医疗旅游业的发展及其对我国的启示［J］.南亚研究季刊，2006（04）：118-120，127.

［122］徐少锦，温克勤.伦理百科辞典［M］.北京：中国广播电视出版社，1999.

［123］许宗元.旅游伦理学引论［J］.旅游科学，2001（02）：36-40.

［124］薛群慧，邓永进，顾晓艳.健康旅游开发的若干思考——以浙江为例［J］.经济问题探索，2011（10）：85-89.

［125］薛群慧，蔡碧凡，包亚芳.健康旅游研究对象探析［J］.云南社会科学，2014（06）：78-82.

［126］喻菲.医疗旅游成亚洲新兴产业 内地青睐港保健旅游［EB/OL］.（2004-03-26）［2022-06-28］.http://finance.sina.com.cn/x/20040326/163568972.shtml.

［127］杨梅，徐芝兰."医疗机构+旅游团队"的新型医疗旅游跨行业合作发展模式探析［J］.广西师范学院学报（哲学社会科学版），2013，34（01）：139-141，150.

［128］于文兰.国际旅游机构指南［M］.北京：旅游教育出版社，1996.

［129］杨絮飞.旅游企业社会责任缺失及其对策研究［J］.吉林省经济管理干部学院学报，2017，31（02）：47-50.

［130］杨月枝.医疗产业化的可行性分析：医疗产业如何健康发展［J］.国外医学（医院管理分册），2000（02）：67-69.

［131］杨振之.旅游资源开发与规划［M］.成都：四川大学出版社，2002.

［132］叶剑苏.医疗保健旅游市场形成的经济学分析［J］.现代商贸工业，2008（01）：186-187.

［133］张帆.国外对"负责任旅游"的研究维度述评［J］.旅游论坛，2010，3（05）：589-594.

［134］张广海，王佳.中国医疗旅游资源及功能区划研究［J］.资源科学，2012，34（07）：1325-1332.

［135］张广瑞.全球旅游伦理规范［J］.旅游学刊，2000（03）：71-74.

［136］张薇.四川医疗旅游发展研究［D］.成都：西南财经大学，2011.

［137］张玮，高艳杰.国际旅游与文化殖民的关系及影响［J］.管理科学文摘，2008（04）：184.

［138］赵书虹，尹松波.旅游伦理学［M］.重庆：重庆大学出版社，2017.

［139］郑利.旅游健康学研究［D］.武汉：华中师范大学，2005.

［140］钟洁.基于游憩体验质量的民族村寨旅游产品优化研究——以云南西双版纳傣族园、四川甲居藏寨为例［J］.旅游学刊，2012，27（08）：95-103.

［141］中商产业研究院.2017年版中国健康养生小镇研究报告［EB/OL］（2017-07-11）［2022-6-28］.https://www.askci.com/news/chanye/20170711/090319102644.shtml.

［142］中智科博产业研究院.中医药养生旅游的发展现状与未来趋势［EB/OL］（2017-07-12）［2022-06-28］.https://www.sohu.com/a/156514631_423490.

［143］朱海东.推进"放管服"提升健康旅游产业化水平［EB/OL］（2018-10-08）［2022-6-28］.http://www.sunnitravel.com/detail.aspx?id=253.

［144］朱韬.腾冲健康旅游产品开发研究［D］.昆明：云南师范大学，2006.

后记

　　写完这本书的初稿，恰好过了自己第43个生日。齐鲁大地上的胶东几乎没有真正的春天，即使已经快4月份了，清晨和傍晚都要穿上冬装，否则就会发自骨子里的冷；但过了"五一"，气温好像一下子就进入了夏天，让寻找春风拂面感觉的人们措手不及。核对完文稿，走出家门，户外的迎春花刚开始泛黄，柳树、桃树等都没有动静，杨树还是冬天的样子。

　　对于时间，读过的哲学家中，大师级的亚里士多德、莱布尼兹、康德、奥古斯汀、黑格尔、海德盖尔等都有自己独到的见解。抛开"唯心""唯物"的争辩，我倒认同"时间就是当下人们心中的'记忆''感觉'和'期望'"的解读——这实际上是奥古斯汀的论调。所以，自2016年下半年开始，我于青岛大学挂职一年的时光中，在浮山校区原青岛师范学院职工宿舍区的小院子里，面对大海背靠大山，我的记忆、感觉和期望得到了充分的释放，写成了日记体散文《在浮山脚下的日子》。流水账般的记叙中，有一个章节专门写了我为什么入站中国海洋大学管理学院，进行博士后学习和研究。现在来看，就是近21年的国民教育经历中留下的无数美好和遗憾，一直暗暗牵拉着我。

　　鲁西北的那个村子里，小学时光是那么漫长。那个村，真小，一共几十户人家。小学在村东头，旁边有个小水湾。校舍就一排平房，大小5间，一、二、三年级在一间教室，四、五年级在另一间，中间被老师办公室兼宿舍隔开。还有2间房子，平时是村集体的仓库，锁着门，白天我们从门缝往里面窥探，经常能看到老鼠们嗖嗖地跑回洞里。学校一共2名老师，一名是本村的，教一、二、三年级，语文、数学、自然、地理、历史等所有的科目都是他自己来讲，放了学就回家；另一名是外村的，平时住在学校里，教四、五年级，上课时一般先给四年级讲，讲完让学生们做作业，接着给五年级讲。因为借读，我跟着老师住在学校里。有时候老师家里有事，来不及赶回来，就不住在这里了。晚上，下了自习课，本村的学生们都回家了，校园里就剩下我一个人。深秋的月光很是明亮，我会在老师办公室里再看一会书，有时会到院子里走走，学校没有院墙，出门就能走到水湾边。几棵大柳树陪着我在夜色里站立着，村里不知谁家的狗在狂吠，秋风飒飒地吹来，有点凉。那时我不觉得害怕，也不觉得孤独，就是非常想家。在这里，我开始了走出小村的求学征程。

初中生涯，有值得我回忆的无数往事。这所乡镇中学在农田边，大门外的土路是就地取土堆建起来的，路两边是深深的积水，芦草丛生，春夏的雨后蛙声此起彼伏。校园里没有操场，没有实验室和语音室，有教师食堂，有自行车棚。3年中学期间，我们没有上过体育课、实验课。每年暑期开学前，野草长满校园，所有学生被迫开始集体劳动。秋日如火，作为班干部的我，早晨5点多起床从家里步行3公里，推来老式木质农用手推车，把同学们割下的野草，一车车推到校门外的水塘里。物理课上，老师拿来天平和砝码，讲了什么叫实验课；英语课上，老师让我们听过几次录音机，可能因为干电池太贵，这种机会少得可怜。所以读初二时，我参加全国中学生实用物理竞赛，最后的大题是"抽水马桶中的压强"问题，我没有见过这种"神器"，就自编了公式进行计算，老师说我最后的成绩离着一等奖就差了几分；所以多少年后，我即使英语早早过了大学六级，能读懂关于宗教的纯英文"深奥"文献，也不敢张口说，就算说了发音也是错的多。离家远的同

165

学，周末带着够一周吃的干粮，在教师食堂里加热。初春乍暖的校园里，经常看到大家捧着热乎乎的玉米面饼子取暖进餐，挂着霜花的脸上有着幸福的满足。自行车棚里，破旧的自行车横七竖八，铃铛皮少了，轮胎没气了是常事。初一的第一个冬天，清晨朔风割在单薄的棉衣上，我顶着风雪骑车往家赶，车链条崩断了，只好一手拎起僵蛇似的油乎乎的链条，一手扶着车把往前走，到家时双手已冻得没有了知觉。在这所学校，我慢慢知道乡镇外的世界很大很大，开始朦胧地憧憬着远方；在这里因取得理想分数获得表扬，开始建立信心，直到走出这个校门，想起和自己相关的初中老师们的喜怒，都不敢倦怠和糊弄。

如果说，小学阶段是幼稚的粉色，那初中阶段就是希望的绿色，高中阶段就是苦闷的灰色。我没有记录过高中生活，这是第一次。高一暑假，语文老师布置要完成一份手抄报，在老家土炕上"编辑"终稿时，爷爷看看题目有点着急，说这孩子怎么这样想。这份"报纸"的报头是"灰色时代"，插图抽象怪异，内容写了社会黑暗、不公，无奈和失望，好像是谶语，这成了高三毕业后等待高考分数时自己的心态。阳光的日子有吗？有纯真的同学情谊，高一物理老师的偏爱和厚望，所谓的组织协调能力的锻炼，但可以留恋的真不多。虽然我第一次军训、演讲、个人照进入学校宣传栏，写了"诗歌"、成为范文的作文，这些给我带来短暂的虚荣，但是，文理选科的盲目、物理老师的自缢而亡、用小麦换来的餐票被盗、人际关系处理不当的尴尬，好像青春期的烦恼都来了，排着队在阻拦我的前行，让我开始感受生活、人性和人生的多面性、复杂性。会考完了，模拟高考，黑色的七月过后，我盼望着高考成绩，无数次预测和想象，最后的结果让当时的自己失望至极。

带着失望走进大学。黄河古道旁边，这所省内的高校规模不大，入学时校门不起眼，院内还有不少平房，法桐、柳树、西北角阶梯教室窗外的核桃树让人感到雅致。桐花绽放时，香气溢满整个校园。矗立在学校中央的办公楼是最高建筑，应该是6层的样子，楼前是花坛，楼后是草坪和假山喷泉，再往里就是图书馆。学校虽小，20世纪90年代这里还是有几位名师的，校外花园路上的邮局传递着对家乡、父母、亲朋的思念，铺着石板的小街边新旧书屋包容着求知上进的野心。这个城市一直印在脑海里，比如小巷深处的那家旧书店，遗世而独立，门口的老猫慵懒闲适，店主人瘦削的背影略显苍凉，没有精美的装修，也没有下午茶可以驻足，风扇永远吱吱呀呀，书籍始终泛黄陈旧。大学4年，我遇到了几位好老师，很多位好同学、好朋友。我在这个"小社会"里观察、思考、成长，收获了不少：初步的学术训练、被高中损伤的心得到了滋养、迈向更高学府深造的持续追求和痴迷。

我走上工作岗位以后，硕士是在省会城市在职攻读的，已过去了16个年头。除了集中复习准备考试的紧张、论文答辩时的忐忑还有点印象，其余那些经历都随着时光的消逝而淡去。读了那么多哲学的书，发表了几篇像样的文章，攻读博士的意愿一直都在，因为生计耽误了多年。期间，一位领导兼师友不断给予鼓励、鞭策，我终于在2008年的冬天付诸行动。那个秋季，我受组织委派在山东省潍坊市诸城挂职，远离单位和家庭，秋日的夜晚显得悠长，看看英语和专业书籍，多方联系导师，开始准备博士入学考试，当年未及第。

千佛山脚下的那个校园，小巧内秀，虽四季风景不同，但风姿各自绰约，盛夏郁郁的槐荫路、秋染金黄的中心公园印在脑海深处，她宛如闹市中的世外桃源，流淌着历史的韵律，展现着现代的生机，这里是中国近代西医教育的重要源头。在教学八楼，我接受了博士研究生的学术训练，一脚跨入医学伦理学的门槛，就表明了自己将为伦理学这一门"使人类光荣的科学"而奉献自己一切的决心。这种决心来自导师、授业恩师以及同门同道已经作出的榜样感召，这种感召及其后具体化了的对于我求学和做人的指导及关爱，使我3年的求学得以殷厚丰实，一直激励我在今后的寂寞研究之途永葆充实。学位的攻读既漫长又短暂，其矛盾反映在无数次两地奔波的求学路上，反映在为了完成论文课题项目无数次的冥思苦想间，反映在因时间关系研究领域不可深入无数次的遗憾迷茫中。大明湖畔，荷花映红了泉水，我没有参加授帽典礼，错过了与那位年轻校长的握手，他曾经为每一位毕业生拨动流苏。鲁西光岳楼边的梦想，实现了吗？我对于这个问题的思考没有停止过，但这样的思考要么被人情琐事打断，要么被世俗烦扰拆分，以至于逻辑上出现断裂、重叠乃至混乱，思考的结果也常常让自己极不满意，经常地推倒重来也就有了足够的理由。

一入教育深似海。在中国，教育这个行当承担着不可承受之重，来自孩子、家长、社会、国家的希冀压弯了教育人的腰。每年的开学典礼上，新生和家长的目光，都是鞭策和提醒教师尽己所能、教学相长。从系统研读西方哲人著作算起，到进入中国海洋大学管理学院从事博士后研究，已20多个春秋了，对于学术的持续追求也好，因为本领恐慌也罢，入站也是机缘所致。冬日的海洋大学，崂山校区学海湖边饱受风袭的残雪还在，图书馆前广场上学子匆忙。向导师张广海教授汇报研究思路时，我抱着交叉视野、提高能力、再探新路的学术心态，希望借此机会开辟新的研究方向。

哲学、伦理学是我的学术根基，我曾从事医学人文教学、生命伦理、疾病价值研究，做过医科院校人事、人才管理，熟悉与医学、健康领域相关的历史、发展、改革和未来趋势的资料。在广海教授的指导下，我开始收集和阅读"健康旅游"方面的文献，大胆地产生了进行健康旅游伦理研究的想法，鉴于自己旅游学科理论基础的薄弱，在"恶补"旅游相关基础理论和专业知识的同时，广泛征求业内和同门学者的意见和建议，得到了学术激励、共鸣和真诚的支持。于是，工作之余、学术会议间隙，我无数次上网查阅，甚至也翻译了不少大洋彼岸的朋友发来的英文资料，自信在积累，思路也在明晰，2018年初开始了本书稿的撰写。

书稿的撰写非常不顺利，一方面有难度大、挑战大的问题，另一方面也有自身"异化"的问题。所谓异化，"就是忙得不知道做了什么，闲得不知道做什么好"。我通常利用周末、假期，独自在办公室苦思冥想，更多的时候是有点空闲的晚上9点以后才开始动笔，因为时间间隔，材料梳理不系统，即使写到凌晨也进展不大，一旦打开思路发现必须休息了，因为第二天还要工作。每每这个时候，我都极度自我怀疑——入站到底有没有意义？初稿出来，我有半个月不愿意去面对、去修改，但又因必须有始有终而有罪恶感。好在有广海教授的提醒和督查，他是真正的学者，他所带领的团队，在海洋旅游的理论及应用研究方面处于国内领先水平。广海教授本人治学严谨、包容宽待后学。他给予的指导、人格魅力的影响，让我庆幸当怀疑自我时，还能找到方向、汲取正能量和动力。

博士后入站时，我的第2个孩子还在妻子的腹中，大儿子已成为初中生。2个孩子在成长，这部书稿也在变厚，现在女儿都已3周岁多了，陪伴二人的时间、精力与这项工作是冲突的，但是些许遗憾毋宁说给了我更多的勇气和力量，也给了我太多的快乐、感动和惊喜。感谢一双儿女，感谢我的两个姐姐来照看他们，多少个黎明，姐姐因为我熬夜代替我给早起上学的儿子做早餐，晚上准备好各种水果、奶饮。感谢父母们，虽然年迈，依旧尽己所能地理解、支持我的"另类"事业，我对他们的探望问询严重缺失。最后感谢夫人，在我眼中她依旧美丽，但岁月在鱼尾纹间流淌，那曾浓密乌黑的发际，也正在被岁月悄悄浸白。我攻读博士时，她持续地、默默地无怨付出，维系着家的温暖，生育抚养儿女，问候孝敬老人，打点处理人际，如此家务万般扛在柔弱的肩头。

鲁迅先生曾说："文章不是写出来的，而是改出来的。"学术成果的打磨也是如此。书稿虽然画上了句号，忐忑不安却随之而来，对学术的敬畏，习惯性的拖延越发让自己不敢断然交出付印。几经斧删、去繁就简之后的这本小书，肯定疏漏勘误不止一处，期待能得到专家、读者朋友们的真诚的意见和批评。

本稿参阅的文献、资料虽然列出，但不能表达我对前人杰出工作的谢意，在这里再次致敬他们！也感谢我现职岗位上的同事们，包容我，鼓励我，在我焦虑时帮我承担繁杂之事。

出站以后，对于与国民教育系列相关的自我追求的日子，个人感觉都全部结束了。无论是小学校园边的月光、初中院子里的欢乐、高中日子里的困顿，还是本科阶段的成长、硕博士阶段的提高，颜色繁多，甚至光怪陆离，都再见了。谨以此书献给这些日子。

附录一：
关于促进健康旅游发展的指导意见

各省、自治区、直辖市人民政府，国务院各部委、各直属机构：

健康旅游是健康服务和旅游融合发展的新业态，发展健康旅游对扩内需、稳增长、促就业、惠民生、保健康，提升我国国际竞争力具有重要意义。根据全国卫生与健康大会精神以及《"健康中国2030"规划纲要》、《国务院关于促进健康服务业发展的若干意见》（国发〔2013〕40号）、《国务院关于促进旅游业改革发展的若干意见》（国发〔2014〕31号）等文件精神，经国务院同意，现提出以下意见：

一、总体要求

（一）指导思想

全面贯彻党的十八大和十八届三中、四中、五中、六中全会精神，深入贯彻习近平总书记系列重要讲话精神和治国理政新理念新思想新战略，认真落实党中央、国务院决策部署，统筹推进"五位一体"总体布局和协调推进"四个全面"战略布局，牢固树立和贯彻落实创新、协调、绿色、开放、共享的发展理念，紧紧围绕消费需求，加快发展健康产业，促进健康服务与旅游深度融合。统筹国际国内两个市场，充分调动社会力量的积极性和创造性，丰富服务内容，创新服务模式，突出服务特色，提高服务能力和品质，顺应发展趋势，扩大有效供给，满足群众多层次、个性化健康服务和旅游需求，为经济社会转型发展注入新动力。

（二）基本原则

坚持政府引导、市场配置。强化政府在制度建设、标准制定等方面的职责，发挥市场在资源配置中的决定性作用，激发社会活力，完善监督，营造公平竞争的环境。

坚持因地制宜、创新驱动。立足地方实际，充分发挥各地健康旅游环境优势，开发特色化服务，创新发展方式，建立符合国际通行规则、具有中国特色的健康旅游发展机制。

坚持对外交流、开放共赢。积极融入"一带一路"建设，借鉴国际经验，提升对外开放水平，推动健康旅游服务领域国际标准的制定和转化，提高我国健康旅游机构在国际相关领域的综合竞争力。

坚持试点先行、稳步推进。强化规划引导作用，选择具备条件地区开展试点，积极探索健康服务和旅游融合发展，在总结实践经验的基础上，逐步扩大试点范围，推动健康旅游产业健康有序发展。

（三）发展目标

到2020年，建设一批各具特色的健康旅游基地，形成一批健康旅游特色品牌，推广一批适应不同区域特点的健康旅游发展模式和典型经验，打造一批国际健康旅游目的地。

到2030年，基本建立比较完善的健康旅游服务体系，健康旅游服务能力大幅提升，发展环境逐步优化，吸引更多的境内外游客将我国作为健康旅游目的地，提升产业发展层级。

二、提高健康旅游供给能力

（一）发展丰富健康旅游产品

依托各地自然、人文、生态、区位等特色资源和重要旅游目的地，以医疗机构、健康管理机构、康复护理机构和休闲疗养机构等为载体，重点开发高端医疗、特色专科、中医保健、康复疗养、医养结合等系列产品，打造健康旅游产业链。

发展高端医疗服务。在医疗资源丰富、基础公共设施较好的大城市，鼓励社会资本提供以体检和疾病治疗为主的国际先进医疗服务，打造集医疗、预防保健、养生康复为一体的实体型现代化国际健康服务园区。

发展中医药特色服务。发挥中医药特色优势，使旅游资源与中医药资源有效结合，形成体验性强、参与度广的中医药健康旅游产品体系。大力开发中医药观光旅游、中医药文化体验旅游、中医药特色医疗旅游、中医药疗养康复旅游等旅游产品，推进中医药健康旅游产品和项目的特色化、品牌化。鼓励开发以提供中医医疗服务为主要内容的中医药健康旅游主题线路和特色产品。

发展康复疗养服务。结合本地特色优势，融合治疗、康复与旅游观光，开发日光、水疗、地热、海滨、森林、温泉等特色健康旅游线路，通过气功、针灸、按摩、理疗、矿泉浴、日光浴、森林浴、中草药药疗等多种服务形式，提供健康疗养、慢性病疗养、老年病疗养、骨伤康复和职业病疗养等特色服务。

发展休闲养生服务。依托各地旅游和养生资源，将休闲度假和养生保健、修身养性有机结合，拓展养生保健服务模式，针对不同人群需求特点，打造居住型养生、环境养生、文化养生、调补养生、美食养生、美容养生、运动养生、生态养生以及抗衰老服务和健康养老等一系列旅游产品。

（二）提高医疗机构现代化水平

鼓励社会资本举办的医疗机构与其他医疗机构建立合作关系，引进先进的医院管理理念、管理模式和服务模式，优化医疗设施建设，提升医疗机构服务质量，加快打造一批有竞争力的品牌机构。组建多学科参与的诊疗服务团队，提供优质安全可靠的国际医疗服务。鼓励有条件的医疗机构取得国际医疗质量管理认证。鼓励相关机构与国际健康保险机构建立合作关系。

（三）提升健康旅游服务品质

加强健康旅游相关基础设施建设，升级交通、环保等基础设施，进一步完善旅游服务与安全设施等。健全公共服务网络，建设具有宣传促销、咨询、预订、投诉等功能的综合性健康旅游服务平台。

三、培育健康旅游消费市场

（一）加大推广推介力度

大力发展中介服务组织，加强健康旅游推介平台建设，积极运用网络营销、中介机构宣传、举办或参加健康旅游博览会等多种方式，加大宣传力度。鼓励社会资本举办的医疗机构逐步开展国际（边境）医疗服务项目。加强与"一带一路"沿线及周边国家健康旅游相关领域的合作。加强中医药健康旅游宣传推广和市场开拓。鼓励旅行社等机构开展健康旅游中介服务，设计特色健康旅游路线，提供健康旅游全流程服务。

（二）打造健康旅游服务产业项目

优化设计健康旅游产业链的整体发展架构，做好产业资源布局规划并整体设计产业管理、项目建设、标准制定、营销宣传、项目融资、环境保护以及危机管理等，引导健康旅游服务相关支撑产业集聚发展，打造药械制造、技术研发、健康管理、疾病治疗、康复疗养、养生养老等健康旅游产业集聚发展的产业格局。鼓励发展医学检验等第三方医疗服务。

（三）推进健康旅游服务信息化

制定与国际衔接的信息标准，加强医院信息平台建设。建立健康旅游信息服务体系，实现24小时咨询服务和全流程跟踪服务。发展与国外医疗机构联通的远程会诊等远程医疗服务，健全检查检验结果互认共享机制，探索远程监护指导、远程手术指导等远程医疗服务。

（四）积极发展商业健康保险

丰富商业健康保险产品，发展多样化健康保险服务。鼓励商业保险公司提供与健康旅游服务相适应的多样化、多层次、规范化的产品和服务。建立商业保险公司与医疗、体检、护理等机构的合作机制，提供与商业健康保险产品相结合的疾病预防、健康维护、慢性病管理等健康管理服务。推广商业健康保险个人所得税试点政策。

四、优化健康旅游政策环境

（一）推进市场准入和行业规范建设

深入推进简政放权、放管结合、优化服务改革，进一步转变政府职能，减少审批事项，规范改进审批行为，提高审批效率，放宽市场准入。研究不同类型健康旅游服务机构标准，规范机构基本标准和审批程序，加强开办支持和服务指导，建立公开、透明、平等、规范的健康旅游服务业准入制度，简化程序，优化流程，推进一站受理、窗口服务、并联审批。开展医疗服务的，要纳入医疗机构统一准入管理。建立健全国际医疗服务标准、国际医疗服务指南等相关制度。鼓励中医机构进行国际认证，加快建立中医药国际标准体系和诊疗服务规范体系，推进中医药健康旅游服务标准化和专业化。统筹考虑多层次医疗需求，制定和完善医疗卫生服务体系规划、医疗机构设置规划、大型医用设备配置规划，完善规划调控方式，优化配置医疗资源，促进社会办医加快发展，凡符合规划条件和准入资质的，不得以任何理由限制。

（二）健全健康旅游法治和监管体系

系统梳理并健全完善健康旅游相关法律法规，重点解决可能存在的医疗责任划分、行业监管等问题。完善监管机制，创新监管方式，加大监管力度，推行属地化管理，依法规范健康旅游服务机构及个人从业行为，加强事中事后监管，强化服务质量监管和市场日常监管，严肃查处无证行医和违法经营行为，保障群众健康权益，维护消费者利益，营造公平竞争的环境。

（三）完善健康旅游产业发展的支持政策

加大对健康旅游产业发展的政策扶持力度，在用地、人才引进、执业环境等方面给予政策扶持和倾斜。支持健康旅游服务机构按规定开展适宜医疗技术，加强对其医疗技术临床应用的管理和指导。完善价格政策。社会资本举办健康旅游服务机构的医疗服务价格实行市场调节价。健康旅游服务用地纳入土地利用总体规划和年度用地计划，强化监管，严禁改变用途。鼓励公立医院与社会办医疗机构在人才、管理、服务、技术、品牌等方面建立协议合作关系，允许公立医院根据规划和需求，与社会力量合作举办新的非营利性医疗机构。

（四）优化投融资引导政策

鼓励社会资本进入健康旅游产业，推广政府和社会资本合作（PPP）模式，充分发挥社会力量作用。鼓励金融机构按照风险可控、商业可持续原则，创新适合健康旅游服务业特点的金融产品和服务方式，加大金融支持力度。支持保险机构运用股权投资、战略合作等方式参与健康旅游产业链整合。鼓励各类创业投资机构和融资担保机构对健康旅游领域创新性业态、小微企业开展业务。

（五）健全人力资源保障机制

加强复合型人才培养。鼓励社会资本举办职业院校，规范并加快培养护士、护理员、康复治疗师、健康管理师、医学英语、营销运营等从业人员。加强针对健康医疗服务机构、国际旅行健康咨询机构、旅游服务机构等相关服务人员的业务培训和语言培训，提高健康旅游的服务品质和管理水平。加快推进医师多点执业，鼓励地方探索建立区域性医疗卫生技术及服务人才有序流动的机制，对非公立医疗机构的人才培养、培训和进修等给予支持。

（六）建设诚信服务制度

加强行业自律和社会监督，加快建设诚信服务制度。引导企业、相关从业人员增强诚信意识，自觉开展诚信服务，守法经营。支持健康旅游相关行业依法成立行业协会，充分发挥行业协会的指导和监督作用，制定行业自律准则和标准，规范行业发展，推动健康旅游产业可持续发展。

五、组织实施

（一）加强组织领导

建立健康旅游发展部门协作机制，统筹协调健康旅游发展涉及的医疗卫生、旅游等方面的政策，推动健康服务业与旅游业融合发展。各地要将健康旅游作为发展健康服务业的重要内容，充分发挥地方政府的引导和推动作用，科学规划，积极探索，推进健康旅游产业发展。制订年度实施计划，加强统计监测工作，健全相关信息发布制度。

（二）推进试点示范

选择一批具备良好资源条件、具有前期工作基础、符合政策支持方向、地方积极性较高的健康旅游项目，建设各具特色的健康旅游示范基地，形成稳定的健康旅游客户群体市场。同时，在行业准入、人才引进、执业环境等方面先行先试有关政策措施，推动体制机制创新。坚决避免脱离实际、一哄而上、盲目重复建设，杜绝成为简单园区建设或变相搞房地产开发。

（三）加强国际交流合作

加强与健康旅游产业发达国家和地区的交流，学习借鉴国际先进发展经验。加强与国际相关组织和机构的合作，参与相关标准制定，提升我国在相关领域的影响力和话语权。大力引进国际专业人才、管理技术和经营模式，提高我国健康旅游产业的技术和发展水平。积极发挥援外医疗队在健康旅游中的桥梁纽带作用。

国家卫生计生委　国家发展改革委

财政部　国家旅游局

国家中医药局

2017年5月12日

山东省医养健康产业发展规划（2018—2022年）

实施新旧动能转换重大工程，事关山东经济发展全局，是我省实现"走在前列、由大到强、全面求强"的重大机遇、重大责任和重大挑战。医养健康产业作为全省新旧动能转换"十强"产业之一，是深化供给侧结构性改革、加快新旧动能转换的重要抓手，是满足人民群众对美好生活需要的重要保障。为全面深入实施健康中国战略，加快推进新旧动能转换重大工程，努力实现打造万亿级产业的发展目标，满足人民群众健康服务需求，促进经济发展和民生改善良性互动，依据《"健康中国2030"规划纲要》《山东新旧动能转换综合试验区建设总体方案》《山东省新旧动能转换重大工程实施规划》等文件，制定本规划。

一、基础环境

（一）发展基础

我省是人口大省、经济大省和文化大省，医养健康资源丰富，自然生态环境良好，发展医养健康产业具有得天独厚的优势。近年来，随着"健康中国"战略的推进实施，群众健康意识不断增强，医养健康产业呈现快速发展态势。

——资源禀赋优势突出。我省地处东部沿海、黄河下游，纬度适宜、海拔适中，光照资源充足，地质地貌丰富，自然生态环境优良，拥有3000多公里的岸线资源和泰山、蒙山、崂山、鲁山、沂山等文化名山，以及天下第一泉、曲阜三孔、台儿庄古城等5A级风景旅游区。全省中药资源约1500种，占全国中药资源种类的10%以上。国家Ⅱ类以上土壤环境质量标准土地占陆域面积的95%，其中94.53%的耕地可作为绿色农产品生产区，是全国粮食作物和经济作物重点产区，素有"粮棉油之库、水果水产之乡"之称。

——医疗养老基础扎实。2017年，全省人均期望寿命达到78.5岁。拥有各级各类医疗卫生机构79099个，其中二级（含）以上医院2450个（三级医院166个）、基层医疗卫生机构75105个、专业公共卫生机构1352个，总数位居全国前列；拥有床位59.19万张，居全国第一位；每千人口医疗卫生机构床位数5.92张，高于全国平均水平。65周岁以上老年人的健康管理率达到66.59%。正在运营的养老服务机构2031家，拥有养老床位70万张，数量均居全国前列。

——优势产业特色鲜明。2016年，全省医养健康产业增加值4284.8亿元，占地区生产总值比重为6.3%，初步形成了以济南、青岛、菏泽为代表的现代医药产业集聚地，以威海、淄博等为代表的医疗器械产业集聚地，以青岛、济南、德州为代表的体育产业集聚地。烟台海洋生物与医药产业集群、菏泽生物医药大健康产业集群入选国家创新型产业集群试点。威海火炬高新区入选医疗器械类国家新型工业化产业示范基地。8家企业入选2017中国医药工业百强，拥有医药上市公司17家，占A股医药上市公司总数的6%。3家企业入选全国健身器材十大品牌。农产品出口总值连续19年位居全国首位，阿胶产品占全国80%的市场份额。

——科技人才支撑较强。拥有青岛海洋科学与技术国家实验室、国家重大新药创制平台、国家级创新药物孵化基地、国家海洋药物工程技术研究分中心等一批国家级重大创新平台。成为国家健康医疗大数据中心建设试点省，全省人口健康信息资源综合平台实现与17个设区的市、12大省级业务系统互联互通。省临床医学研究中心正式启动建设。山东大学、山东中医药大学、山东体育学院等一批院校开设了生物制药、养老护理、体育休闲、健康管理、旅游等医养健康产业类专业及研究方向，医养健康产业人才队伍日益发展壮大。

——市场需求空间巨大。我省人口总量位居全国第二，2017年全省出生人口174.98万，占全国的十分之一，常住人口、户籍人口数量均突破1亿。老龄人口基数大，60岁及以上老年人2137万，占总人口的21.4%，且呈加速发展的态势。幼儿保健、养老保健特别是老年病诊疗、老年护理、康复及中医药等服务需求不断增长。居民消费能力持续提升，居民人均可支配收入达到26930元。我省是全国由南向北扩大开放、由东向西梯度发展的战略节点，是"一带一路"建设的重要交通枢纽，周边河南、江苏、安徽、河北等省人口数量均居全国前列，独特的地理区位优势为产业发展提供了广阔的市场空间。

同时，也要清醒地认识到，我省医养健康产业仍处在起步阶段，发展不平衡、不充分的问题依然突出，质量效益有待提高。一是产业大而不强、结构不够合理。医养健康产业发展尚处于松散型状态，产业链条延伸不够，在规划引导、标准引领、质量管理等方面亟待提升。健康服务业占比较低，且仍以医疗卫生服务为主，个性化健康检测评估、专业型服务咨询管理机构稀缺；健康制造业层次相对偏低。二是区域差异化分工不够明显。医养健康产业发展模式存在同质化倾向，缺乏与地方特色和优势紧密结合的项目设计，产品与服务质量参差不齐。三是龙头企业和知名品牌较少。全省医药企业数量众多，但领军企业较少，2017年中国医药工业百强前十名中我省仅1家入围，世界500强医药企业在我省仍是空白。四是新技术应用不足。大数据、云计算、人工智能、数字医疗、移动医疗等新技术在医养健康产业缺乏充分应用，"互联网+医疗健康"尚处于起步阶段。高端产业孵化和服务平台缺乏，企业研发力量薄弱，对竞争力产品、核心技术、健康服务传播路径等系统整合不充分。五是人才智力支撑不强。健康管理、健康咨询、科学健身、中医药养生等中高端人才缺口严重，医疗卫生机构中"两院"院士、国医大师数量远低于北京、浙江、江苏等地，人才供给与医养健康产业发展需求不相适应。六是跨界融合有待深化。健康与养生养老、体育健身、文化旅游等融合不够，新业态发展较为缓慢，远不能满足多元化、个性化医养健康服务需求。

（二）面临形势

国内外环境发生深刻变化，医疗服务能力和居民家庭健康意识不断提升，我省医养健康产业发展面临重大机遇。

——"健康中国"战略深入实施。党和国家高度重视全民健康工作，党的十八届五中全会将"健康中国"上升为国家战略，党的十九大进一步明确提出实施健康中国战略。国家先后印发《"健康中国2030"规划纲要》《中医药发展战略规划纲要（2016—2030年）》《国民营养计划（2017—2030年）》等政策文件，体制机制创新力度持续加大，为医养健康产业发展创造了良好的环境。

——新旧动能转换重大工程持续推进。国务院批复《山东新旧动能转换综合试验区建设总体方案》，我省正大力实施新旧动能转换重大工程，加快推进以"四新"促"四化"，积极创建全国医养结合示范省，并将医养健康产业作为全省新旧动能转换的"十强"产业之一，明确提出到2022年打造万亿级医养健康产业的发展目标。作为民生改善与新旧动能转换的重要契合点，全省对医养健康产业的支持力度将持续加大。

——新一轮科技革命和产业变革加速到来。生命科学技术不断取得新突破，基因工程、分子诊断、干细胞治疗、3D打印等重大技术加速应用，大数据、云计算、互联网、人工智能等新一代信息、生物、工程技术与医疗健康领域的深度融合日趋紧密，远程医疗、移动医疗、精准医疗、智慧医疗等技术蓬勃发展，推动健康管理、健康养老、健康旅游、休闲养生、"互联网+健康"等健康产业新业态、新模式蓬勃兴起。

——居民消费结构持续升级。随着生活水平的大幅提高和生活理念的迅速转变，居民消费结构加速向发展型和享受型升级，大众健康意识整体增强，健康需求由单一的医疗服务向疾病预防、健康促进、保健康复等多元服务转变，人民群众对健康产品和服务的需求日益旺盛。同时，社会保障制度的不断完善，医疗保险事业的快速发展，必将进一步激发医养健康市场需求。

——人口老龄化问题日益凸显。近年来，我省老龄人口呈现基数大、增速快、高龄化、失能化、空巢化的特点，人口老龄化程度不断加深。一方面，老年人生活护理需求与医疗健康需求双重叠加，医养健康领域消费需求旺盛，相关产业发展空间巨大。另一方面，我省医养健康产业尚处在起步阶段，供给侧能力相对不足，存在结构性矛盾和政策性壁垒，优质资源缺乏，医养结合覆盖面窄，专业人员不足，难以满足老年人不同层次的健康养老服务需求。

二、总体思路

（一）指导思想

以习近平新时代中国特色社会主义思想为指导，全面贯彻党的十九大和十九届二中、三中全会精神，深入实施"健康中国"战略，认真落实省委、省政府实施新旧动能转换重大工程的决策部署，牢固树立新发展理念，推动实现高质量发展，聚焦聚力以"四新"促"四化"，以提高发展质量和效益为中心，以打造万亿级产业为目标，以创建全国医养结合示范省和建设国家健康医疗大数据北方中心为抓手，围绕"医药养食游"等重点领域，着力转变发展方式、优化产业结构、转换增长动力，推动医疗、养老、养生、文化、旅游、体育等多业态深度融合发展，扩大医养健康产品供给，完善全方位、全周期医养健康产业链条，努力把医养健康产业培育成为我省新的经济增长点和重要支柱产业，为健康山东和新时代现代化强省建设提供强有力支撑。

（二）基本原则

——坚持创新引领、平台支撑。紧密围绕医养健康产业特点，积极探索符合产业发展需求的政策创新、技术创新、业态创新、模式创新。围绕科技研发、成果转化等创新链条环节，推进健康信息平台、数据共享平台、科技创新平台建设。

——坚持政府引导、市场驱动。坚持以人民为中心的发展思想，强化政府引导和规范作用，加强宏观指导和政策协调，优化公共服务，维护市场秩序。发挥市场在资源配置中的决定性作用，充分调动社会力量，满足个性化、多层次市场需求。

——坚持网络覆盖、集群发展。整合存量、优化增量、提高质量，大力拓展服务范围，提升服务水平，构建医养健康服务网络体系。着力优化产业生态链，提高产业协作配套水平，引导特色优势领域优先发展和集聚发展。

——坚持开放共享、业态融合。积极顺应全球科技变革和产业发展趋势，坚持以更开放的理念、更包容的方式，面向国际国内，在更广范围、更高层次配置产业资源要素，促进健康、医疗、旅游、体育等多业态融合发展。

——坚持多方参与、品牌提升。积极发挥医养健康产业对就业的带动作用，搭建社会参与平台，广泛动员全社会参与。充分发挥品牌示范带动作用，大力培育医养健康产业领域名品、名牌、名企，塑造产业和产品核心价值。

（三）发展目标

——到2020年，全省医养健康产业增加值达到8300亿元，年均增长18%左右，其中健康服务业增加值占比达到55%左右，初步构建起具有山东特色、满足群众基本需求的医养健康产业体系。医养健康产业相关政策与标准体系不断完善，教学科研体系初步健全。医养健康产业与相关产业跨界融合发展，产业带动效应初步显现；形成一批在国内具有竞争力的领先技术，打造一批医养健康产业集群和知名品牌。

——到2022年，全省医养健康产业增加值力争达到1.15万亿元，占地区生产总值的11.5%，成为我省国民经济的重要支柱产业，其中健康服务业增加值占比达到60%以上，基本形成覆盖全生命周期、特色鲜明、结构合理、具有较强国际竞争力的医养健康产业体系。产业竞争力、影响力、带动力全面提升，各类技术创新、模式创新、业态创新不断涌现，对新旧动能转换的支撑作用显著增强。我省成为全国医养健康产业发展高地，打造济南、青岛、烟台、淄博、临沂等一批医养健康产业千亿级城市。

到2030年，全省医养健康产业增加值占地区生产总值比重达到14%~
15%，基本达到发达国家平均水平，产业集聚、特色鲜明、布局合理的医养
健康产业体系全面形成，优势领域引领全国，产业发展水平走在全国前列。

表1 医养健康产业发展预期指标

指　标	2022年
医养健康产业增加值（亿元）	11500
医养健康产业增加值占GDP比重	11.5%
健康服务业增加值（亿元）	6900
健康服务业增加值占医养健康产业增加值比重	60%
健康制造业和建筑业增加值（亿元）	4420
医药产业主营业务收入（亿元）	8000
健康农业增加值（亿元）	180
医养健康产业高技术制造企业主营业务收入占比	50%
产值过百亿元的医养健康产业集群、园区、基地（个）	40
规模以上大型医养健康企业（家）	60
纳入中国品牌价值500强的医养健康企业（家）	7~8
特色健康小镇（个）	20

三、区域布局

按照产业集聚、错位协同、均衡发展的原则，依托区位、交通和资源优
势，强化核心引领、带状集聚、多点支撑，整体构筑"三核三带多点"的医
养健康产业发展格局，辐射带动全省医养健康产业健康发展。

（一）三核引领

济南：依托大数据、医疗和科研优势，加快建设国际医学科学中心、国家
健康医疗大数据北方中心，开展健康医疗大数据应用，促进医养健康产业高端
化、专业化和智慧化发展，打造高端医养健康产业集群和创新创业孵化基地。

青岛：突出海洋优势、制造优势、生态优势，加快布局海洋生命大健康产业体系，推进海洋生物医药科技创新中心、健康产业孵化器、崂山湾国际生态健康城等项目建设，打造海洋生物医药高地和高端智能医疗集聚区。

烟台：突出仙境海岸、海洋药物优势，大力引进高端医疗资源，加快建设国际生物科技园、海洋精准医疗科技园、医药健康综合产业园，打造国际生命科学创新区和养生养老胜地。

（二）三带集聚

蓝色海洋健康产业带：位于我省沿海地区，由青岛、东营、烟台、潍坊、威海、日照、滨州七市组成，汇集了以青岛、烟台、威海为代表的仙境海岸、海滩、海岛，以滨州、东营为代表的黄河三角洲湿地生态环境，以青岛、烟台为代表的优质医疗资源，以乳山、文登等为代表的生态资源与长寿文化，以昆嵛山、蓬莱八仙过海、龙口徐福东渡为代表的仙道文化等，着力打造以海洋生物医药、医疗器械、海洋旅游、海洋运动、海洋食品为重点的医养健康产业集聚带。

运河养生健康产业带：位于我省中西部地区，由济南、枣庄、济宁、德州、聊城、菏泽六市组成，京杭大运河纵贯南北，拥有运河、曲阜三孔两处世界文化遗产，汇集了微山湖、东平湖、东昌湖、太白湖和台儿庄运河国家湿地公园、微山湖国家湿地公园等丰富的河湖、湿地养生资源，文化底蕴厚重、农业基础良好，着力打造以健康旅游、健康养生、健康食品为重点的健康产业集聚带。

鲁中南山区健康产业带：位于鲁中南地区，由泰安、淄博、莱芜、临沂四市组成，汇集了以泰山、沂山、蒙山、鲁山为代表的名山大川，以淄博为代表的生物医药和医疗器械制造，以泰安、莱芜、沂源、沂水等为代表的山地养生资源，着力打造以绿色食品、山地养生、医疗器械为重点的医养健康产业集聚带。

（三）多点支撑

潍坊：突出抓好国家农业开放发展综合试验区创建，加快推进中国食品谷、中国潍坊畜禽产品交易城、寿光蔬菜谷建设，大力培育农业"新六产"，规划建设一批特色高效农业园，打造健康食品输出基地。

济宁：依托曲阜优秀传统文化传承发展示范区建设，深入挖掘儒家文化内涵，营造浓厚的养生文化氛围和高雅的养生文化品位，打造集儒家文化体验、山水生态体验、田园农耕体验于一体的健康文化传播和养生养老目的地。

泰安：以创建国家全域旅游示范市为抓手，依托泰山、徂徕山森林氧吧、中医中药、地热温泉、岩盐卤水等优势，推出一批中医药健康旅游精品，加快推进"平安泰山"文化旅游目的地品牌建设，打造高端健康旅游基地。

威海：依托医疗器械与生物医药产业园等载体，以高端医疗器械和医药新材料产业为主导，加快推进检验检测、科技创新、创业孵化等公共服务平台建设，打造国内高端医疗器械研发和制造基地。

临沂：紧密结合人口大市实际，发挥山水、温泉、生态、商贸物流等优势，大力发展医养结合、康养旅游和健康产品贸易，加快汤泉国际健康诊疗服务区、蒙山养生养老基地等项目建设，打造健康养老服务基地。

菏泽：充分发挥生物医药产业优势，依托鲁南药物研究院、生物医药产业众创空间等创新平台，进一步加大生物医药科技研发力度，加快推进牡丹健康城等重点项目建设，打造国家生物医药大健康创新型产业集群，加快建成"中国北方医药城"。

四、重点领域

（一）医疗服务

进一步优化医疗资源配置，实施"双创双提双满意"行动计划，聚焦聚力卫生计生事业高质量发展，构建与我省经济社会发展水平相适应、与居民健康需求相匹配的整合型医疗卫生服务体系。到2022年，每千人口医疗卫生机构床位数达到6.3张，每千人口执业（助理）医师数达到2.8人。

1.加快医疗服务创新发展

支持济南建设国际医学科学中心，加快建成山东质子治疗中心，提升区域肿瘤诊疗水平。推进国家人类遗传基因库山东创新中心、中科院中能医用直线加速器等重大项目建设，充分发挥其在提升医疗技术、重大疾病诊疗水平方面的引领作用。支持青岛建设国际医疗中心，加快建成崂山湾国际生态健康城。加强国家心血管、急危重症、呼吸、肿瘤四大疑难危重疾病诊疗中心建设，加快推进重点疾病防治康复一体化中心规划建设，完善心脑血管急症30分钟救治圈。积极推进省级区域医疗中心建设，争创国家级综合区域医疗中心和专科区域医疗中心。加快康复医疗发展，支持医疗机构重点开展神经、骨科、老年、儿童等康复服务，推广康复医学先进适宜技术；加强中西医协同推进，支持发展中医特色康复服务。到2022年，创建3个左右国家（省部共建）临床医学研究中心或分中心，省级临床医学研究中心达到10个以上。

2. 推进多元化办医

加快推进城市医疗集团建设，大力培育以资产为纽带、三级医院为主体、辐射区域二级医院和专科医院的纵向整合型医疗集团。"发展一批"：进一步放宽准入条件，大力引进优质医疗资源，支持中外合资合作办医，引导社会资本进入高端医疗服务领域，打造国际一流医疗服务综合体。"扶持一批"：探索采取社办公助方式，通过支持学科建设、派出管理技术团队、组建医疗联合体等形式，扶持一批基础较好、有一定技术优势、群众认可度较高的社会医疗机构。"转型一批"：支持城市二级医院以托管、合作等方式与社会资本合作，加快向康复医院、老年病专科医院、护理院、临终关怀医院等老年专业医疗服务机构转型。允许公立医院以特许经营方式开展与社会资本合作，支持社会资本以联合、参股、兼并、收购、托管等方式参与公立医院改制重组。到2022年，全省三级社会医疗机构达到10家以上，每千人口社会办医床位数力争达到1.6张，社会办医服务量占医疗服务总量的25%以上。

3. 强化临床新技术应用

加强基础与临床的协同创新，加快组学技术、系统生物学、干细胞与再生医学、生物治疗、基因检测与靶向治疗等前沿技术的临床应用，增强重大疾病防治科技支撑能力。加快发展与基因技术紧密结合的精准医疗，建立高发疾病专病基因库和诊疗数据信息库，构建精准医学创新平台。加强出生缺陷、肿瘤、心脑血管、神经等疾病发生发展机制研究，支持开展复合手术、微创手术、介入手术、个性化治疗、手术机器人等临床治疗新技术的推广应用。开发多维功能分子影像技术，引导精确放疗，提高常见恶性肿瘤的临床疗效，建设全国一流精准放疗中心。

4. 推动智慧医疗发展

鼓励医疗机构开展云计算、物联网、嵌入式软件、无线传感、人工智能、移动医疗APP等新一代信息技术应用，向患者提供智慧门诊、智慧病房、智慧医技、智慧管理、智慧后勤等智慧医疗服务。在门诊服务等重点领域构建智慧应用体系，为患者提供预约诊疗、移动支付、床旁结算、就诊提醒、结果查询、信息推送等便捷服务。促进"互联网+医疗健康"发展，构建覆盖诊前、诊中、诊后的线上线下一体化医疗服务模式。支持医疗联合体运用互联网技术，加快实现医疗资源上下贯通、信息互通共享、业务高效协同，推动构建有序的分级诊疗格局。到2022年，二级以上综合医疗机构普遍建设互联网医院。

专栏1　医疗服务领域重点建设内容

山大齐鲁医院急诊、省立医院心血管、省肿瘤医院肿瘤、省千佛山医院呼吸专业四大国家疑难危重疾病诊疗中心。

济南国际医学科学中心孵化器，山东省肿瘤防治研究院放射肿学科医疗及科研基地。

鲁中、鲁南、鲁西北、鲁西南、胶东半岛、黄河三角洲省级区域医疗中心。

胸痛中心、卒中中心、创伤中心、危重孕产妇救治中心、危重儿童和新生儿救治中心、癌症中心六大重点疾病防治康复体系建设。

山东第一医科大学建设项目，济南高新区生命科学城发展中心项目，长庚医院青岛分院项目，青岛延世医院项目，北儿医院（烟台）项目，济宁生命科学中心项目，威海东部滨海新城医院项目，日照兰信国际医学中心项目。

（二）健康教育与管理

按照"多元化、个性化、全程化、智慧化"要求，加快构建全生命周期健康评估咨询体系和健康管理服务体系，推动健康教育与管理产业快速发展。

1. 广泛开展健康教育

大力发展医养健康相关图书、报纸、期刊、音像制品和电子出版物市场。发挥好传统媒体、自媒体、新媒体健康教育功能，推广普及医养健康科学知识，倡导积极健康的生活方式，不断提高居民健康素养。到2022年，全省居民健康素养水平提高到25%。加强健康文化传播与交流，支持开展健康题材文艺创作、举办健康促进论坛等学术性和群众性健康文化活动。挖掘儒学、道家等传统文化的养生文化底蕴，开发养生文化体验班、养生文化研修班等养生文化活动。

2. 加快发展多元化健康管理服务

积极引进国内外知名专业健康管理机构和品牌，鼓励公立医院与社会资本合作开展健康管理服务。发展以商业保险机制为支撑，以健康风险管理为核心的健康管理新型组织，积极开展健康筛选咨询、未病管理与治疗等形式多样的健康管理服务。支持社会资本发展健康体检、专业护理、心理健康、母婴照料和残疾人护理等专业健康服务机构。大力发展健康市场调查、咨询、管理等第三方服务机构。到2022年，培育10家以上大型健康管理企业（机构）。

3. 积极拓展预防保健服务

以预防医疗服务为核心，加快完善预防保健产业链条，推动疾病治疗向健康促进转变。加强预防医疗科学研究，加快突破生物医学检测、生物治疗、细胞治疗等关键技术，发展基于基因检测的早期筛查与诊断，支持开展个性化预防和治疗服务。支持医疗机构综合运用现代分子医学、细胞免疫学、功能医学及临床医学等医疗技术和方法，对引起慢性疾病的重大风险因素进行风险评估、风险干预、筛查防治和健康管理。加强区域公共卫生服务资源整合，鼓励组建综合性公共卫生服务中心。加强公共卫生大数据分析应用，提高监测、预测、预警、处置疫情和突发公共卫生事件的能力。

4. 深入推进家庭医生签约服务

进一步拓展和深化家庭医生签约服务，将基本医疗、基本公共卫生和健康管理有机整合，为签约对象提供综合、连续的基本医疗卫生服务。到2020年，实现家庭医生签约服务制度全覆盖。支持各地结合实际，创新服务模式，丰富签约服务内涵，拓展个体化健康管理、社区医疗和双向转诊，促进家庭签约服务智慧化。探索通过购买商业医疗保险的方式，满足居民多层次、多元化的服务需求。

5. 持续提升妇幼健康保障水平

进一步健全妇幼健康服务体系，加强妇幼保健机构标准化建设，引进优质妇幼保健医疗资源，增加优质产院产房资源供给。打造高端人类辅助生殖机构，鼓励开办高端孕产期护理服务机构，引导医疗机构提供多样化的产科、儿科特需医疗服务。落实母婴安全行动计划和健康儿童行动计划，深入推进出生缺陷三级预防，实现免费产前筛查和新生儿筛查全覆盖。积极开展高龄孕产妇、再生育人群的服务和指导。

6. 不断丰富健康保险产品和服务

推进商业保险机构参与医疗保险经办服务，完善多层次医疗保障体系。积极引进国内外大型健康保险机构，满足多样化、多层次的健康保障需求。加快推进长期护理保险，到2020年，实现职工长期护理保险全覆盖；二级以上医疗机构全面推行医疗责任险。鼓励商业保险机构参与经办长期护理保险，积极开发与长期护理保险相衔接的商业护理保险产品。促进个人税收优惠型健康保险业务发展，推动老年人意外伤害保险提标扩面。支持商业保险机构开发适销对路的疾病保险、医疗保险、护理保险、失能收入损失保险、医疗意外保险、手术意外险等健康保险产品。

专栏2　健康教育与管理领域重点建设内容

国家人类遗传资源共享基地山东创新中心。

淄博美中基因有限公司肿瘤基因检测项目，临沂华大基因科技有限公司华大基因健康项目，青岛华大基因集团华大基因二期。

（三）健康养老

积极应对人口老龄化趋势，充分发挥我省生态环境等综合优势，完善老龄健康政策支持体系，做优以医养结合为重点的健康养老产业。到2022年，65岁以上老年人健康管理率达到85%以上。

1. 推进医养结合

创建全国医养结合示范省，加快建立以居家为基础、社区为依托、机构为补充、医养相结合、覆盖全体老年人的健康养老服务体系。深入推进机构医养结合，支持各地改造一批二级以上综合医院及非建制乡（镇、街道）所在地的基层医疗卫生机构，重点向康复、护理和养老服务延伸，或转型发展成为收治高龄、重病、失能、部分失能老年人的医养结合机构。引导养老机构申请开办老年病医院、老年康复医院、老年护理院、中医医院、安宁疗护机构等，配备专业康复人员或引入专业康复机构。建立健全医疗卫生机构和养老机构合作机制，开通预约就诊绿色通道，加快推进医疗养老联合体建设。加强老年病医院、老年护理院、老年康复医院、安宁疗护机构和综合性医院老年病科建设。支持社会资本采取特许经营、公建民营、民办公助等模式，新（改、扩）建以老年医学、老年康复为主的医养结合机构。到2022年，全省老年人医养结合服务覆盖率达到90%左右，护理型养老床位占养老床位总数的40%以上。

2. 开展社区居家健康养老服务

完善社区医养服务设施，推进与卫生、助残等公共服务设施统筹布局、互补共享，在社区养老服务机构配备护理人员、康复护理设施设备和器材，引导老年人日间照料中心、老年人活动中心、托老所等社区养老机构与周边医疗机构"嵌入式"发展或签订合作协议。引导社会力量管理运营社区医疗养老服务机构和设施，培育一批品牌化、连锁化、规模化的龙头社会组织，使社会力量成为提供社区医养服务的主体。加强以农村特困人员供养服务机构为重点的农村养老服务设施建设，按照区域优化、布局合理原则，充分利用乡镇敬老院等现有资源，新（改、扩）建一批农村综合性社会福利服务机构。到2020年，城镇社区养老服务设施覆盖率达到100%；农村社区养老服务设施覆盖率达到70%，2022年达到75%。

3. 丰富养老服务业态

大力发展养老服务企业，鼓励连锁化经营、集团化发展，实施品牌战略，培育一批各具特色、管理规范、服务标准的龙头企业，加快形成产业链长、覆盖领域广、经济社会效益显著的养老服务产业集群。支持养老服务产业与健康、养生、旅游、文化、健身、休闲等产业融合发展，丰富养老服务产业新模式、新业态。鼓励金融、互联网等企业进入养老服务产业，适度发展健康地产，建设健康养老综合体。大力发展智慧养老服务，开展健康养老大数据的深度挖掘与应用，创新发展慢性病管理、居家健康养老、个性化健康管理、互联网健康咨询、生活照护等健康养老服务模式。到2022年，创建国家级智慧健康养老示范基地12个、智慧健康养老示范社区55个、智慧健康养老示范企业15家。

4. 增加老年用品供给

加大老年产品研发力度，编制老年人产品、用品行业目录，支持生活护理、监测呼救等产品、用品开发，优先发展健康促进、健康监测可穿戴设备、慢性病治疗、康复护理、康复辅助、智能看护、应急救援、旅游休闲等产品。丰富老年人用品市场，鼓励设立老年用品专柜、专营店、连锁店，增强老年食品、药品、保健品和生态产品的供给能力，重点发展适合老年人的情感陪护、娱乐休闲、残障辅助、安防监控等智能化产品。

5. 加快适老化建设改造

推进居住区和公共服务区的适老化设施建设，实施老年人家庭适老化改造，开展既有多层住宅加装电梯试点工作，加大已建居住小区公共场所、城市道路和涉老设施场所无障碍化改造力度。完善涉老设施建设标准，落实城乡各类公共设施、老年设施和建筑工程的建设标准、生态标准、技术标准。加强适老化技术标准的实施与监督。到2020年，新建城市道路、社区公共场所和涉老设施场所无障碍化率达到100%。

6.推广普及老年教育

落实老年教育发展规划，扩大老年教育资源供给，拓展老年教育发展路径，加强老年教育支持服务，促进老年教育可持续发展。优先发展城乡社区老年教育，加强对农村散居、独居老人的教育服务。推动普通高校和职业院校结合学校特色开发老年教育相关课程，积极为社区、老年教育机构及养老服务机构等提供支持服务。引导老年大学进一步提高面向社会办学开放度，支持鼓励各类社会力量举办或参与老年教育。到2020年，县级以上城市至少建设一所老年大学。

专栏3　健康养老领域重点建设内容

> 创建6个左右医养结合示范市，80个左右医养结合示范县（市、区）。
> 青岛西海岸新区佳诺华国际医养健康小镇，淄博洪程颐养综合体，枣庄医养结合示范基地，黄河口（东营）生态湿地医养结合示范区，潍坊医养健康产业城，泰安医养融合产业示范基地，日照路加颐养园，莱芜雪野医养结合生态旅游示范园，临沂蒙山国际医疗健康养老中心，聊城医养中心，金柱千岛山庄养老项目，章丘区东部医疗中心健康养老基地。

（四）生物医药

以人民健康需求为导向，瞄准国际医学前沿，重点发展生物技术药物、海洋药物、小分子药物等创新药物，提高原研药、首仿药、中药、新型制剂等创新能力和产业化发展水平。到2022年，国家级企业技术中心达到20家，产值过百亿的生物医药产业园区达到15个。

1.大力发展生物技术药物

围绕基因工程和新型疫苗等创新前沿和关键技术，加快重组单克隆抗体药物、抗体偶联药物、新型重组蛋白质药物、血液制品、干细胞技术与产品、治疗性疫苗和核酸药物、生物诊断试剂等新型生物技术药物的研发。在基因工程药物方面，重点加强重组蛋白的突变体、修饰体、融合体、重组单克隆抗体等类药物研发；在新型疫苗药物方面，重点开展新型抗肿瘤、抗病毒感染、抗细菌感染、抗寄生虫感染等疫苗研究；在生物诊断试剂方面，重点推进临床生化试剂、免疫诊断试剂、分子影像诊断试剂、高通量生物芯片等产品的研发与产业化。

2. 积极培育特色海洋药物

构建海洋生物药物资源库，加快突破海洋药物研发关键技术，开发海洋创新药物。重点发展海洋糖类创新药物、海洋小分子创新药物，创新发展海洋中成药及海洋生物材料。在海洋糖类创新药物方面，重点针对肿瘤、心脑血管、神经系统及代谢性疾病，研制具有自主知识产权的系列海洋糖类创新药物。在海洋小分子创新药物方面，建立靶向性海洋小分子创新药物先导化合物研究技术体系，筛选发现海洋小分子活性天然产物。在海洋中成药方面，重点开发疗效显著的海洋中成药和中药新剂型产品。在海洋生物材料方面，重点研发先进的医用生物材料、组织工程支架、药物载体材料。

3. 加快研发小分子药物

重点突破活性化合物高效合成、手性药物合成与拆分、药物晶型研究等关键技术，重点发展抗肿瘤、心脑血管疾病、糖尿病、神经退行性疾病、精神性疾病、高发性免疫疾病、重大传染性疾病等创新药物。加速罕见病药物、儿童用药、艾滋病药物、老年病用药等临床短缺药物的开发及产业化。在传统原料药方面，重点发展与主导原料药相匹配的精细化工产品、医药中间体。在制剂产品方面，重点开发缓控释、靶向给药、透皮吸收、黏膜给药、载体给药、儿童及老年人特殊给药的新剂型、新产品。

4. 做大做强药品流通业

鼓励大型药品流通企业通过并购、重组和企业内部资源整合等方式，加快形成以大型骨干企业为主体、中小企业为补充的药品流通网络，打造面向全省、辐射全国的药品现代物流配送中心。鼓励药品零售业规模化、集约化、连锁化经营，扩大和完善医保定点药店布局。支持大中型药品流通企业向居民社区、乡镇布局和延伸，构建立体化区域药品供应体系。在药品流通、药品零售和药品工业及第三方药品等领域，积极发展B2B、B2C、O2O等形式的电子商务，创新药品流通商业模式和业态。到2022

年，全省药品销售总额达到1600亿元，培育1-2家年销售额过200亿元、2-3家年销售额过100亿元的跨区域经营的大型药品流通企业。

专栏4 生物医药领域重点建设内容

生物医药产业集群：青岛、烟台、威海海洋生物医药国家创新型产业集群，济南、青岛市城阳区、淄博市淄川区、沂源、滕州、烟台市莱山区、莱阳、烟台开发区、诸城、莱芜、滨州高新区、菏泽高新区生物医药产业集群，青岛西海岸新区、威海经开区海洋生物侯药产业集群，禹城功能糖产业集群，定陶生物蛋白肽产业集群。

生物医药产业园区：齐鲁制药生物医药产业园. 济南药谷产业网，青岛生物医药产业园，烟台山东国际生物科技园、石药集团生物医药基地，潍坊生物医药科技产业网，泰安泰邦生物医药产业园，济宁生物技术产业基地、鲁抗制药高新生物技术产业基地，威高集团生物科技产业园，华润山东现代医药物流中心。

生物医药创新项目：青岛国家海洋基因库、海洋生物医药研究院，新华制药现代医药国际合作中心，注射剂GMP改造项门，友帮生化科技抗癌药物中间体项目，立新制药高端特色原料药及制剂项目，新华制药现代医药国际合作中心，道中道生物医药项目。

（五）医疗器械与装备

突出解决高端医疗器械依赖进口、核心部件国产化程度低的问题，重点加强数字诊疗装备、体外诊断产品、高值耗材等重大产品攻关，加快推动医疗器械技术突破，打造高端医疗器械产业集聚基地。到2022年，培育8家以上具有自主核心知识产权且具备一定规模的创新型医疗器械与装备高技术企业，部分重点产品市场占有率达到30%以上。

1. 研发医疗器械特色优势产品

重点开发数字化探测器、超导磁体、高热容量X射线管等关键部件，手术精准定位与导航、数据采集处理和分析等技术。加快研制核医学影像设备PET-CT及PET-MRI、超导磁共振成像系统（MRI）、多排螺旋CT、彩色超声诊断、图像引导放射治疗、质子/重离子肿瘤治疗、医用机器人、健康监测、远程医疗等高性能诊疗设备。重点开发高性能的数字X射线机、彩色超声成像仪、心电监护系统、呼吸（麻醉）机、血液净化设备、消毒灭菌设备等产品。

2. 发展医用生物材料及高端耗材产品

推动生物三维（3D）打印技术、数据芯片等新技术在植介入产品中的应用，重点开发可降解生物材料、体内植入材料、表面改性及生物功能化修饰技术、生物材料纳米制备技术等。发展心脏瓣膜、心脏起搏器、全降解血管支架、人工关节和脊柱、人工耳蜗等高端植介入产品，支持新型生物医用材料及高端耗材、新型血管支架、组织工程瓣膜、组织功能修复材料、神经修复材料、骨科材料、血液净化材料及设备等重大新产品研发及产业化。

3. 开发智能健康设备

发展适用于智能健康终端的低功耗、微型化智能传感技术，室内外高精度定位技术，大容量、微型化供能技术，低功耗、高性能微处理器和轻量操作系统。围绕家庭和个人医疗、保健、养老需求，发展数字化诊疗设备、健康监测装备、可穿戴医疗装备、医用机器人等新型医疗器械设备。积极开发基于虚拟现实（VR）、增强现实（AR）技术的临床辅助、康复训练设备。

专栏5　医疗器械与装备领域重点建设内容

> 威海国家医疗器械技术创新中心，青岛、泰安国家康复辅助器具发展试点城市，山东省医疗器械检验中心淄博分中心和威海分中心。
>
> 济南迪亚国家级科技企业孵化器医疗器械产业园、博科生物保育箱研发制造基地，烟台东方海洋精准医疗科技园，威海威高医疗器械产业园，淄博医疗器械与生物医药产业园，枣庄海王康力医疗器械产业园。
>
> 新华医疗生物制药装备项目、医学影像产品产业化项目，众阳全科医生机器人项目。

（六）中医中药

依托丰富的中药材资源，积极发展特色优势中药产业，提升中医药健康服务水平，大力弘扬中医药文化，打造全国重要的中医药养生基地。到2022年，建设6个中医药省级工程技术中心，培育60家规模以上中医药龙头企业。

1. 壮大中药材种植基地

依托省中药材良种选育工程技术研究中心，大力开展中药材优良品种选育，加强野生中药资源保护，在泰山、蒙山、昆嵛山、微山湖建立濒危野生药用动植物保护区。支持金银花、银杏、丹参、桔梗、牡丹、玫瑰、西洋参、驴皮等道地药材基地建设和发展。到2022年，全省中药材种植面积达到330万亩，产值180亿元以上，建设中药材产业科技示范园160个，中药材规范化生产基地70个。落实中药材生产质量管理规范（GAP）种植要求，加强道地药材产地加工研究，提升道地药材规模化和标准化生产水平。支持有条件的企业到省外传统产地建设道地药材基地。加强中药资源动态监测与保护，建设中药材追溯系统，打造精品中药材。

2. 加快发展现代中药

支持中药科技创新，加快形成自主知识产权，促进创新成果知识产权化、商品化和产业化。推进中药工业数字化、网络化、智能化建设，加强技术集成和工艺创新，提升中药装备制造水平，强化中药工业知识产权运用能力，培育大型中药企业集团和产业集群。加强重大疑难疾病、慢性病等中医药防治和新药研发，积极推广生物酶仿生提取、膜分离、超临界萃取等技术应用。推进实施中药标准化行动计划，重点开发中药药效及安全性评价、质量综合评价、现代分离纯化、中药饮片（提取物）加工炮制与质量控制等技术，研制一批疗效确切、安全性高、有效成分明确、作用机理清晰的中药产品。发挥中医药在养生保健产业中的作用，加快开发中药保健品、功能食品、药酒、药妆等。

3. 提升中医医疗保健服务水平

充分利用我省中医药特色优势，发挥中医药在治未病中的主导作用、在重大疾病治疗中的协同作用、在疾病康复中的核心作用。实施中医临床优势培育工程，创建国家级区域中医（专科）诊疗中心，打造一批省级中医专科专病诊疗中心。建设中西医结合创新研究平台，开展中西医临床协作试点，建立重大疑难疾病中西医联合攻关协作机制。积极推进中医医院及有条件的综合医院、妇幼保健机构治未病科室建设。加强中医药综合服务区（国医堂、中医馆）建设。支持社会力量举办中医医疗机构、中医药博物馆、中医经络按摩馆、太极运动馆、养生馆、药膳馆等，开展中医特色治疗、康复理疗、针灸推拿、药膳、情志养生等服务项目，实现集团化发展或连锁化经营。鼓励中医药机构充分利用生物、仿生、智能等现代科学技术，研发一批保健用品、保健器械器材等。加快中医治未病技术体系与产业体系建设，促进中医药与健康养老、治未病、旅游文化等融合发展，打造一批中医健康养生基地。到2022年，全省创建10个左右中医药特色医养结合示范基地。

专栏6　中医中药领域重点建设内容

> 　　道地药材基地：重点发展鲁中南山区、胶东半岛、鲁西南、黄河三角洲、微山湖与东平湖五大中药生产基地。
> 　　六大省级工程技术中心：中药材规范化种植工程技术中心、中药材良种选育工程技术中心、中药材产地初加工工程技术中心、中药材资源保护与利用工程技术中心、中药材种子种苗繁育工程技术中心、中药材质量检验检测中心。
> 　　中医药产业园区：临沂罗欣药业中药产业园，枣庄华润三九中药颗粒产业基地，菏泽牡丹种植产业园区。
> 　　中医药综合改革试验区：支持济南、青岛、潍坊、威海、临沂、枣庄建设国家中医药综合改革试验区。

（七）体育健身

深入推进全民健身与全民健康深度融合，大力开发具有消费引领性的健康运动项目，积极推广覆盖全生命周期的运动健康服务，构建健康运动产业生态圈。

1. 拓展体育健身休闲产业

依托山岳、海河、湖泊等资源，重点发展路跑、骑行、登山、冰雪、露营、攀岩、帆船帆板、皮划艇、汽摩、航空、垂钓等户外运动健康休闲产业。鼓励和支持各地因地制宜创建国家体育产业基地、国家级运动休闲基地、国家体育公园和城市体育服务综合体。实施体育医疗康复产业发展行动计划，依托专业医疗机构和运动休闲基地，加快科学健身指导体系建设，培育体育康复产业，探索设立体育康复产业园区。实施精品赛事提升计划，支持各地举办一批高水平、高质量的运动主题赛事活动，进一步提升黄河口

（东营）国际马拉松赛、泰山国际登山节、中国国际航空体育节、青岛国际帆船周、潍坊国际风筝会、济南国际泉水冬泳节等赛事的国际影响力。积极推广太极拳、健身气功等传统养生运动项目。大力培育健身休闲、竞赛表演、场馆服务、体育中介、体育培训与教育、体育传媒等体育服务业，支持各地打造一批优秀体育俱乐部、协会等体育社会组织。

2. 提升体育健身用品制造水平

发挥国家体育用品质量监督检验中心（山东）、国家体育用品工程技术研究中心等平台作用，重点围绕运动健身器材、高科技运动器材、新材料运动器材等，做强做大健身休闲器材装备制造业。支持体育健身用品企业参与高新技术企业认定和国家、行业标准制定，提高关键技术和产品的自主创新能力。鼓励研发新型体育器材装备、可穿戴式运动设备、虚拟现实运动装备等。鼓励企业通过合资合作、联合开发等方式，提升冰雪运动、水上运动、汽摩运动、航空运动等高端器材装备的本土化水平。

专栏7　体育健身领域重点建设内容

国家体育产业示范基地（单位）：乐陵国家体育产业示范基地、日照经开区国家体育产业示范基地、青岛英派斯健康科技有限公司、泰山体育产业集团有限公司。

特色体育用品：风筝（潍坊）、体育绳网（滨州）、射箭（德州）、渔具（威海、淄博等）、全地形车（淄博）、帆船帆板游艇（威海、青岛、烟台）、球用皮革（临沂）、运动手套（济宁）、冰雪器材（威海、德州）、房车（德州、青岛）、航空器材（莱芜、滨州）、电子竞技产品（烟台、济南）、武术搏击器械和服装（潍坊、聊城）、体育橡胶制品（滨州、烟台）、健身器材（德州）。

品牌体育赛事：黄河口（东营）国际马拉松赛、泰山国际登山节、威海国际铁人三项赛、中国国际航空体育节、潍坊国际风筝会、崂山100国际越野挑战赛、中国（日照）国民水上休闲运动会、烟台国际武术节、青岛国际帆船周、菏泽海峡两岸传统武术文化交流大赛、聊城国际象棋大师赛、中国沂河体育节、"好客山东仙境海岸"沿海骑行大奖赛、齐鲁赛车英雄会、山东省武术大会、山东省全民健身运动会等。

（八）健康旅游

依托独特的生态、康养与旅游资源，加快开发滨海疗养、森林康养、温泉浴养、研修康养等健康旅游业态以及高端健康体检、医学美容、养生护理、医疗保健等健康旅游项目，推动医养健康与旅游深度融合。到2022年，建设60家省级康养旅游示范基地。

1. 发展滨海休闲健康旅游

充分利用山东半岛仙境海岸自然环境与养生特点，以海滨城市、优质海岸、特色海岛和广阔海域为载体，合理布局滨海疗养院、绿色健康宾舍、疗养公园，规划建设一批海岛健康旅游目的地、滨海休闲度假养生基地。加快开发海水热疗等健康养生产品，打造独具特色的滨海中医理疗、滨海养老、避暑养生、膳食疗养项目。挖掘养生文化，打造"仙境海岸、养生福地"养老健康旅游服务经济带。

2. 发展山地生态健康旅游

依托丰富的山地生态资源，进一步加强优质森林资源、中医药资源与现代医学及传统医学有机结合，大力开发景区森林浴、登山览胜、天然氧吧、中医药疗养康复、竹林疗养等生态养生体验产品，以及避暑度假养生和生态夏令营项目，鼓励开发森林旅游、中医药健康旅游主题线路，打造具有国际特色的山地生态健康旅游胜地。

3. 发展温泉浴养健康旅游

充分挖掘我省丰富的温泉地热水体资源，发挥美容、瘦身、养生、康体等功能，积极发展温泉养生文化，推动温泉资源综合开发利用，结合辅助养生材料、养生手段及现代科技康疗手法，培育以温泉疗养、温泉保健等为调养手段的健康养生业态，建设一批集休闲度假、特色医疗、保健养生于一体的温泉养生小镇、温泉度假城、温泉保健疗养基地。

4. 发展田园休闲健康旅游

依托各地区位条件、特色资源和市场需求，推进健康养生项目与种植养殖基地、农耕用器、农耕文化、民俗风情、农业劳作过程和农业生产过程相结合，大力发展农业"新六产"，开发田园观光、农耕民俗体验、乡野拓展、乡村度假、乡村慢生活体验等多种乡村休闲业态，设计田园休闲健康旅游精品线路，建设一批休闲农业公园和田园康养综合体。

专栏8　健康旅游领域重点建设内容

> 　　养生休闲旅游：烟台莱州滨海生态旅游度假区、长岛生态旅游度假岛，济南北纬37°温泉悠养小镇、商河都市田园康养小镇，日照莒县红衫健康生态城，德州东海天下温泉健康小镇，滨州滨海温泉养老度假产业园。
> 　　健康文化旅游：青岛炎黄易医园，济南宏济堂中医药文化产业园，日照自然村养生修学基地、白鹭湾艺游小镇，泰安泰山养生文化体验园，聊城东阿阿胶养生文化苑，滨州无棣古城中医药文化养生园。

（九）健康食品

加快以科学保健理论为基础的健康食品生产开发，满足人民群众日益增长和不断升级的安全、多样、健康、营养食品消费需求，加快完善健康食品标准体系，推动健康食品产业高质量发展。

1.积极发展功能性农产品

深化出口食品农产品质量安全示范省建设，深入开展果品、蔬菜等标准园创建活动，重点扶持无公害农产品、绿色食品基地建设，打造高端绿色农产品生产基地。重点支持中药材、菌类和茶叶等营养功能成分提取技术研究，大力发展食药同源农产品种植养殖，开发营养均衡、养生保健、食药同源的加工食品。加强功能农业技术研究，综合采用农业技术、生物工程、生物营养技术等，积极发展功能农业，开发富硒、富锌、富钙等功能性农产品，建设一批功能性农产品生产基地。

2.大力开发营养保健食品

围绕婴幼儿、孕妇、老年人的健康营养问题，患病人群的医学营养临床需求，以及特殊环境工作人员的防护需要，重点推动抗衰老食品、膳食补充剂、营养强化食品、功能食品、特殊医学用途食品研发。发挥人参、西洋参种植规模和品质优势，开发利用其养生保健功效，加快人参、西洋参系列保健产品研发加工。聚焦特色养生保健食品资源，加大研发力度，丰富产品品类，做大阿胶、鱼油等保健品市场。支持研究开发功能性蛋白、功能性膳食纤维、功能性糖原、功能性油脂、益生菌类、生物活性肽等保健和新型营养健康食品。

3.加快发展海洋健康食品

实施"海上粮仓"战略，推进海洋牧场建设，积极发展海参、贝类、藻类等具有药用价值、保健功能的海产品种植养殖，打造海带、刺参、金枪鱼、鱿鱼、三文鱼、鳕鱼等海洋健康食品生产基地。以深海生物组织和海洋活性物质提取为方向，加强海洋生物保健品、功能性食品研发和生产。

专栏9　健康食品领域重点建设内容

> 黄河三角洲万吨红曲国家火炬计划示范项目、东阿阿胶特色产业园、福牌国际中医药产业园。
>
> 烟台、青岛、威海优势海产品健康养殖基地，黄河三角洲国家生态渔业基地，烟台、威海、潍坊、日照、滨州海水鱼工厂化健康养殖基地，中国（威海）海参交易中心。
>
> 威海西洋参种植基地，郯城银杏种植基地。

（十）健康大数据

推动健康医疗信息系统和公众健康医疗数据互联融合、开放共享，探索服务新模式、培育发展新业态，积极营造促进健康医疗大数据创新发展、安全规范的应用环境。到2022年，基本形成以健康需求为导向的健康医疗大数据产业体系。

1.夯实健康大数据应用基础

实施全民健康保障信息化工程，强化公共卫生、计划生育、医疗服务、医疗保障、药品供应、综合管理等应用信息系统数据采集、集成共享和业务协同，促进信息产业与健康产业深度融合。进一步完善以居民电子健康档案、电子病历、电子处方等为核心的基础数据库，大力推广"健康云"应用。鼓励各类医疗卫生机构推进健康医疗大数据采集、存储，加强应用支撑和运维技术保障，打通数据资源共享通道。制定分类、分级、分域健康医疗大数据开放应用政策规范，稳步推进健康医疗大数据开放。加快健康医疗数据安全体系建设。支持高等院校、科研院所开展健康医疗大数据基础研究，积极争取在我省建立国家健康医疗大数据研究院和开放大学。

2. 全面深化健康大数据应用

促进大数据支撑下的健康维护、健康保障、健康产业三大体系融合发展。加强居民健康状况等重要数据精准统计和预测评价。推动社会保障卡融合居民健康卡工作，实现实名就医"一卡通"和就诊信息互认共享。综合运用健康医疗大数据资源和信息技术手段，健全医院评价体系，完善现代医院管理制度，优化医疗卫生资源布局。推进健康医疗临床和科研大数据应用，依托现有资源建设一批心脑血管、肿瘤、老年病和儿科等临床医学数据示范中心，构建临床决策支持系统。支持医疗机构加强人口基因信息安全管理，推动精准医疗技术发展。发挥大数据服务支撑作用，构建数据共享、人才互动、项目共建格局，加快培育富有山东特色的"全息数字人"产业链。

3. 培育健康大数据新业态

加强健康医疗海量数据存储清洗、分析挖掘、安全隐私保护等关键技术攻关，抢占健康大数据产业技术和市场制高点。积极鼓励社会力量创新发展健康医疗业务，促进健康医疗业务与大数据技术深度融合，加快构建健康医疗大数据产业链，不断推进健康医疗与养生、养老、家政等服务业协同发展。鼓励发展基于大数据的精准健康管理服务。大力发展居家健康信息服务，规范网上药店和医药物流第三方配送等服务，推动中医药养生、健康养老、健康管理、健康咨询、健康文化、体育健身、健康旅游等产业发展。推动疾病危险因素监测评估和妇幼保健、老年保健、国际旅行卫生健康保健等智能应用。

专栏10　健康大数据领域重点建设内容

国家健康医疗大数据北方中心和产业园、山东省人口健康信息资源综合平台。"数字疾控·智慧公卫"健康服务平台，疾病监测预警处置信息系统、免疫规划信息系统、健康危害因素监测信息系统、公共卫生应急指挥决策支持信息系统。

五、主要任务

围绕医养健康产业工程、项目、企业、模式、人才、园区、小镇、品牌等关键要素，推进"八个一批"重点任务，做优做强做大医养健康产业。

（一）实施一批创新工程

聚焦医养健康产业发展需求，推动重大关键核心技术突破，推出创新产品和新型健康服务模式，培育形成我省医养健康产业自主创新和产业竞争新优势。实施医养健康产业关键技术创新工程。围绕重大新药创制、高端医疗器械、脑科学与类脑人工智能、中医精方等领域，推进建设一批国家科技计划项目和省重大科技专项，重点攻克新一代基因测序技术、肿瘤免疫治疗、干细胞与再生医学、生物医学大数据分析等关键技术。推动重大慢性非传染性疾病防控科技创新，开展前瞻性队列研究、重大防治关键技术和早期筛查靶点发现与设备研发。实施医养健康产业产学研用协同创新工程。整合新兴学科、交叉学科和边缘学科，统筹推进基础研究、应用研究、产品研发、临床应用、成果转移转化和产业化，加快完善以企业为主体、科研院所为支撑、市场为导向、产品为核心的医养健康产业技术创新体系。强化政府、企业、高校院所协同，组建一批产业技术创新战略联盟。实施医养健康产业特色专业孵化器建设工程。鼓励山东半岛国家自主创新示范区、国家高新区（产业园区）和行业龙头企业围绕医养健康产业共性需求和技术难点，建设一批特色专业孵化器。实施医养健康知识产权战略推进工程，加快形成一批行业关键技术、标准、专利等知识产权。

（二）推进一批重点项目

按照全省新旧动能转换目标方向和重点任务，建立省级医养健康产业重大项目库，谋划一批带动作用大、技术含量高、市场效益好的重大项目，在项目审批、要素保障等方面给予重点支持。每年在全省滚动实施100项医养健康产业重大项目。建立重大项目动态调整机制，实施项目退出和增补制度。强化重大项目信息采集、数据分析、进展监控、结果评价机制，实现对入库项目管理、推进、监管、服务全过程覆盖，保障重大项目顺利实施。积极争取我省医养健康产业重大项目纳入国家重点项目名单。

（三）扶持一批龙头企业

加大医养健康产业领军企业培育扶持力度，在医疗服务、生物医药、医疗器械、健康食品、健康养老、健康旅游、体育健身、健康管理等领域，每年认定一批市场效益好、发展潜力大、龙头带动作用强的医养健康骨干企业。到2022年，全省规模以上大型医养健康企业达到60家左右。实施医养健康产业供给侧改革，推动全省医养健康企业兼并重组，进一步增强龙头企业实力。支持医养健康企业整合国内外创新资源，在全球范围内加快开展创新链和价值链产业布局，与国际一流的科研机构、跨国企业联合建立国际开放实验室和创新中心，或引进国内外先进技术、收购兼并境外拥有先进技术的企业和研发机构，开展前沿技术攻关和重大战略产品产业化，参与国际竞争。支持企业跨领域、跨行业发展，由传统的医药、医疗领域向养生、养老、康体等领域延伸发展，加快形成覆盖医养健康全产业链条的大型企业集团。实施中小微企业成长计划，完善创业孵化体系和中小微企业创新服务体系，鼓励企业开展商业模式创新，培育一批医养健康产业中小创新型企业集群。推动医养健康骨干企业改制，支持其在境内外资本市场上市挂牌融资，利用多层次资本市场做大做强。

（四）探索一批"互联网+"模式

促进云计算、大数据、物联网、移动互联网等信息技术与医养健康相关产业领域深度融合，打造智慧医养健康产业体系。实施"互联网+医疗健康"行动计划，全面推动医疗、公共卫生、家庭医生签约、药品供应保障、医保结算、医学教育和科普、人工智能应用等医疗健康服务与互联网相融合。支持高速宽带网络覆盖城乡医疗机构，建立互联网专线保障远程医疗需要。健全"互联网+医疗健康"标准体系，加快信息互通共享。实施"互联网+健康智能制造"行动计划，推动医疗器械、体育器材、老年产品、绿色食品加工等领域，利用互联网对接用户个性化需求，加快设计研发、生产制造和供应链管理等关键环节升级改造，推广基于个性化产品服务和商业模式创新。实施"互联网+健康农业"行动计划，在绿色食品、中药材种植等领域，建设农业物联网云服务平台、农业大数据管理平台，提高远程监控、数据分析、测土配方、农产品质量安全溯源保障支撑能力。实施"互联网+健康旅游"行动计划，建设定制旅游平台，根据游客个性化需求提供智能化健康旅游产品设计。

（五）集聚一批高层次人才

坚持人才链、产业链、创新链良性互动，大力培养、引进医养健康产业领军人才和创新团队，着力培养一批基础研究类、产业开发类及成果转化类的医养健康产业战略人才、领军人才、创新创业人才、青年科技人才和高技能人才。积极推进世界一流大学和一流学科建设，争取国家支持建设中国康复大学，加快山东第一医科大学建设，支持高等院校开设医养健康产业相关专业，重点打造生命科学、医学、药学、健康信息、健康食品等领域的研究型和应用型人才培养基地。促进产教融合，通过支持校企合作、推行"订单培养"模式，重点培养一批医养健康产业发展急需专业人才。借助国家"千人计划""万人计划"和我省泰山学者、泰山产业领军人才、"外专双百计划"等工程，吸引、集聚和柔性引进医养健康产业领域紧缺人才和团队，引进顶尖人才实行"一事一议"政策。力争通过引进一个高层次人才、集聚一个高层次团队，带来一个高科技项目、崛起一个新兴产业。每年选拔认定一批医德高尚、医术精湛、业绩突出、群众认可的"齐鲁基层名医"，发挥引领带动作用。

（六）打造一批高端产业园区

依托国家和省级经济技术开发区、高新技术产业开发区，整合资源要素，完善基础设施，建设一批发展基础好、潜力大、比较优势明显、主导产业突出、创新能力强的医养健康产业制造园区（基地）。组建省级医养健康产业园区创新发展联盟。依托省级现代服务业集聚区、文化产业基地、重点旅游景区等，打造具有较强区域影响力和显著比较优势的休闲度假、滋补养生、体育健身、健康旅游等特色健康服务园区（基地）。按照有利于集中发力、协调发展、产城融合、项目推进的原则，加快园区整合、产业配套和要素集聚。到2022年，打造40个左右产值过百亿、具有较强竞争力的医养健康产业园区（基地）。

（七）建设一批特色健康小镇

遵循特色小镇集约化发展方式，坚持以生态文明建设为统领，以科技、人才、金融、企业融合创新为重点，以高端教育、医疗、商务、服务等为支撑，突出主导产业，拉长产业链条，打造一批医养健康特色小镇，支持和鼓励健康服务和健康生产融合发展。优化设置小镇范围内各片区功能属性，结合自然生态肌理，打造内生关联度大、互动性好、凝聚力强的小镇空间，提高土地集约化利用水平，打造以医养健康产业重大项目为载体，医疗、养生、养情、养心、休闲功能一体化，健康服务、健康产业、文化旅游融合发展的集聚区。到2022年，建成20个左右产业特色鲜明、文化底蕴浓厚、生态环境优美、富有生机活力、示范效应明显的医养健康特色小镇。

（八）培育一批知名品牌

大力实施品牌强省战略，用足用好品牌发展政策措施，培育一批医养健康产业领域知名产品和品牌企业。实施"品牌农产品质量安全提升工程"，打造国内外享有较高知名度和影响力的山东农产品整体品牌形象。充分发挥地方资源、文化和产业优势，集中打造产业集群和优质产品生产基地，培育医养健康产业区域品牌。积极引导品牌企业"走出去"，充分运用马德里国际商标注册体系优势，推进商标海外注册。鼓励企业到国外投资设厂，开拓国际市场，支持企业在国外建立研发机构，打造国际自主品牌。支持品牌企业以参股、换股、并购等形式与国际品牌企业合作，提高品牌国际化运营能力。组织举办国际性医养健康产业发展论坛等活动，打造行业性活动品牌。到2022年，我省进入中国品牌价值500强的医养健康企业力争达到7-8家。

六、支撑平台

围绕医养健康产业发展所需的科技、金融、数据、交易等共性关键服务，搭建五大公共服务平台，强化医养健康产业新旧动能转换的要素支撑。

（一）科技创新平台

支持重点实验室、工程实验室、工程研究中心、产业创新中心、临床医学研究中心、转化医学中心、药品医疗器械区域检验检测等新型创新平台建设，实现创新药物、高端医疗器械、新型健康产品和健康服务等重点领域关键技术突破。积极推进济南国际医学科学中心建设，重点引进建设心脑血管中心、肿瘤中心、儿童医疗中心、医药研发中心等科研机构，打造全国医学领域产学研高地。围绕疾病防治和产业发展需求，按照新型科研组织模式，组建以医疗机构为主体、临床应用为导向、协同网络为支撑的省级临床医学研究中心，加强临床生物样本库和数据库建设，优先在发病率高、危害性大的疾病诊治领域或临床专科布局建设省级临床中心。加快建设仿制药一致性评价实验室、有源医疗器械实验室和药品医疗器械安全评价实验室。

（二）行业投融资平台

研究设立山东省新旧动能转换医养健康产业母基金，按照"政府引导、市场运作，公开透明、开放包容，依法合规、防范风险"的原则，突出专业化、市场化、国际化特点，遵循整体设计、分期募集、上下联动、滚动发展的思路，引导社会资本、金融资本投资，着力支持全省医养健康产业新旧动能转换。引导基金重点支持设立母基金，根据需要直接出资设立或增资参股子基金，或直接投资省委、省政府确定的重点项目。探索与国有资本投资公司合作，撬动社会资本投入医养健康产业。每年向社会公布政府与社会资本合作（PPP）共建医养健康项目清单。在省内区域性股权市场探索设立医养健康板块，为中小企业融资发展及行业兼并重组提供平台。

（三）信息服务平台

加快国家健康医疗大数据北方中心建设，逐步打造世界级健康医疗云数据中心。发挥大数据中心集聚效应，吸引国内外人才、技术、资金等创新要素，形成数据汇聚、新型医疗、医教研用、创新创业、高端产业发展高地，打造具有核心竞争力的健康医疗"数字硅谷"。授权承建企业采集、存储、开发利用、安全保障、开放共享、管理、"互联网+医疗健康"服务及运营等有关权责，开展数据交易服务、双创应用。搭建健康医疗大数据共享平台，推动可穿戴设备、智能健康电子产品、健康医疗移动应用、国民体质监测设备、科学健身指导等产生的数据资源规范接入全省人口健康信息资源综合平台，实现健康医疗数据集中存储、统一管理。

（四）展示交易平台

策划举办山东省医养健康产业发展大会、医养健康产业合作洽谈会，定期举办医养健康产业博览会。创办医养健康产业国际高峰论坛，积极宣传推介我省医养健康产业投资方向与政策，引导社会资本投资山东医养健康产业。以政府引导、市场运作的方式，建设全省医养健康产品展示贸易平台。充分利用全省及各市的新旧动能转换推介会、旅游推介会等，支持企业参加世界养生大会、中国健康产业博览会等国际国内各类医养健康产业展会，宣传推广医养健康产业。办好山东（临沂）传统医药创新发展国际学术研讨会。

（五）开放合作平台

建立和完善医养健康产业对外合作平台，探索国内外医养健康产业领域科技合作、交流的新机制和新模式，促进国内外人才、技术、资源等方面优势互补和共享。加强与长三角、京津冀等重点经济区域医养健康产业合作。响应"一带一路"倡议，与重点国家开展高层次、多形式、宽领域的科技合作，大力引进韩国、日本、瑞士等国家先进技术和管理经验，积极推动与欧美发达国家在医药制造业方面的交流与合作。依托各类医养健康产业园区，支持引进全球顶尖医养健康产业研发机构、总部或产业组织。

七、保障措施

（一）强化组织领导

成立山东省医养健康产业专班，研究制定专项规划、工作方案，制定工作计划，研究决定医养健康产业发展中的重大事项、重大政策，协调重大项目规划、立项和实施等工作，及时研究解决产业发展中的重大问题，统筹谋划推进产业发展。各级要加强组织领导，健全工作机制，完善政策配套，制定实施意见，落实工作责任，搞好统筹协调，强化要素保障，形成工作合力，加快推进规划实施。

（二）建立推进机制

运用工程管理的办法，建立"统分结合、责权明确、运转高效"的协调推进体系，实行产业重点任务推进情况一月一调度、一季一通报、一年一评估制度，各市要加快编制实施本地区医养健康产业发展规划，省直有关部门要加快制定本部门推进医养健康产业发展的实施意见。建立医养健康产业部门会商研讨、监测评价、信息通报工作制度，统筹协调医疗卫生、食品药品、保险养老、旅游等相关政策配套实施。成立全省医养健康产业智库（研究院）、产业协会（联盟），为产业发展提供有力支撑。

（三）完善扶持政策

全面梳理医养健康产业领域相关政策，取消不合理规定，用好用活新旧动能转换重大工程一揽子政策，从财政支持、土地供给、税收优惠、技术创新等方面，加大对医养健康产业发展的扶持力度。支持利用以划拨方式取得的存量房产和原有土地兴办医养健康产业。对列入省重点建设项目的医养健康项目，给予新增建设用地支持，挖潜指标优先用于医养健康产业发展，医养健康项目涉及占用耕地的，允许耕地占补平衡在省内有偿调剂使用。符合规划的医养健康产业项目，可以混合用地，允许同一地块或同一建筑兼容多种功能。各地要切实落实国家和省各项优惠措施，研究出台优惠扶持政策，建立工作激励机制，破除医养健康领域政策障碍。积极运用"互联网+"新思维、新方法，探索众包众筹众创等方式，加强医养健康产品开发。建立健全政府购买社会服务机制，研究制订政府购买医养健康产业公共产品指导目录。

（四）深化体制改革

进一步简政放权，着力改善政府审批服务，简化项目审批环节，探索医养健康产业发展正面引导和负面清单相结合的管理方式，建立市场准入、重点项目审批"绿色通道"。鼓励支持医疗机构利用现有资源申办养老机构，实现医养融合跨界审批"双向通车"。深化医药卫生体制改革，统筹医疗、医保、医药"三医联动"改革，积极推进分级诊疗制度、全科医生培养与使用制度建设，推动医疗卫生事业与医养健康产业协同发展。鼓励社会资本通过独资、合资、合作、联营、参股、租赁等途径，采取政府与社会资本合作（PPP）等方式，参与医疗、养老、体育健身设施建设和公立机构改革。

（五）加强监测评估

建立医养健康产业监测核算与统计信息发布制度，加强对重点领域、重点企业的统计监测，及时掌握产业发展动态。支持医养健康产业协会、学会、联盟等行业组织发挥协调、服务和监管作用，开展产业运行监测分析、产业发展战略等研究。加大对统计违法行为的查处力度，严禁统计数据弄虚作假。加强产业自律，鼓励行业协会制订医养健康产业行业规范，探索建立不良诚信企业（机构）黑名单制度和不良信用者强制退出机制。突出目标导向、问题导向和结果导向，建立产业发展督查和评估机制，适时开展规划中期评估，调整修改相关政策。

（六）推进试点示范

以创建全国医养结合示范省为契机，开展医养结合示范市、示范县（市、区）创建工作，全面提升医养结合服务水平。大力开展养老服务认证，用标准化认证助推提升医养健康产业服务质量和水平。在技术创新、业态创新和体制机制创新方面，探索实践有效的经验和模式，加快培育一批医养健康新兴业态。加快推动省级生物医药产业集群、医疗器械产业集群、健康养老产业集群、中医药健康产业集群、健康旅游基地、体育健身基地等建设，充分发挥引领带动作用，努力打造全国产业集群（基地）和优势品牌。

（七）营造良好氛围

充分利用广播、电视、报刊、网络、新媒体等媒介，广泛深入开展宣传，搭建创客平台等创新成果转化载体，充分调动社会各界参与产业发展的积极性，倡导健康生活方式，培养健康消费观念。每年遴选一批在医养健康产业发展中作出突出贡献的企业、单位（组织）、优秀企业家及先进个人。发布《山东省医养健康产业发展白皮书》，定期向社会公布我省医养健康产业发展情况和成就，广泛争取各方面关注和支持，吸引社会各界积极参与，营造有利于医养健康产业发展的良好氛围。

山东省人民政府办公厅2018年6月25日印发